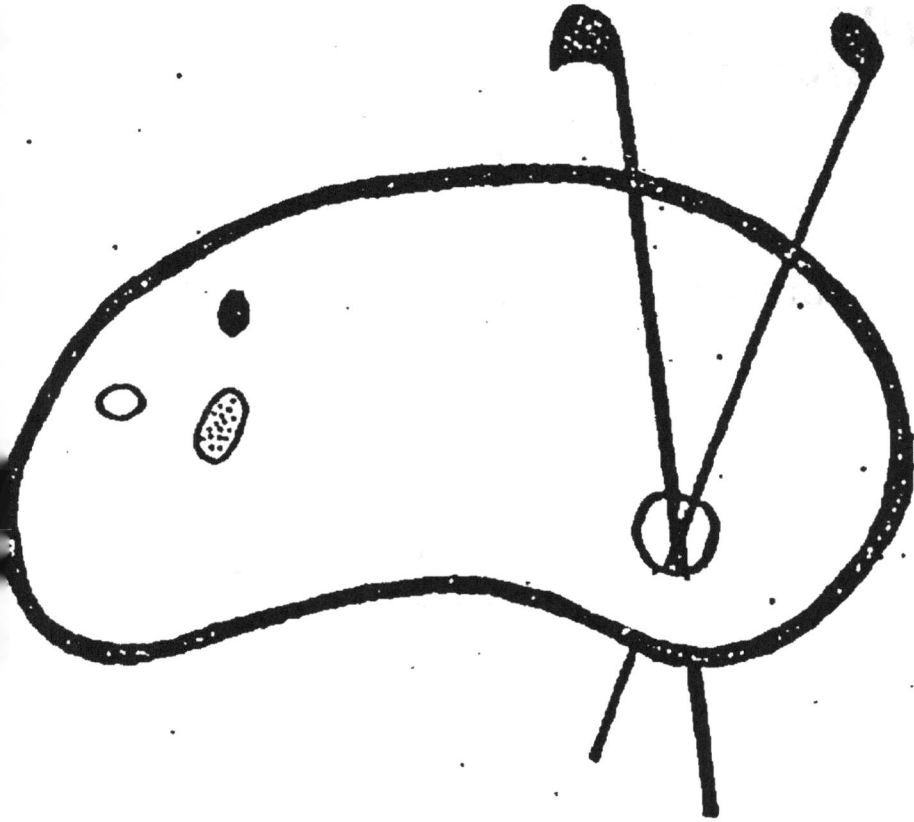

DEBUT D'UNE SERIE DE DOCUMENTS
EN COULEUR

PRÉCIS ÉLÉMENTAIRE

DE

L'HISTOIRE DU DROIT FRANÇAIS

DE 1789 A 1814

RÉVOLUTION, CONSULAT & EMPIRE

PAR

A. ESMEIN

MEMBRE DE L'INSTITUT
PROFESSEUR A LA FACULTÉ DE DROIT DE PARIS
PROFESSEUR A L'ÉCOLE LIBRE DES SCIENCES POLITIQUES
PRÉSIDENT DE SECTION A L'ÉCOLE PRATIQUE DES HAUTES-ÉTUDES

L'ouvrage contient une Table des matières
alphabétique très détaillée.

LIBRAIRIE
DE LA SOCIÉTÉ DU
RECUEIL SIREY
22, rue Soufflot, PARIS, 5e arrond.
L. LAROSE et L. TENIN, Directeurs

Nouveau tirage
1911

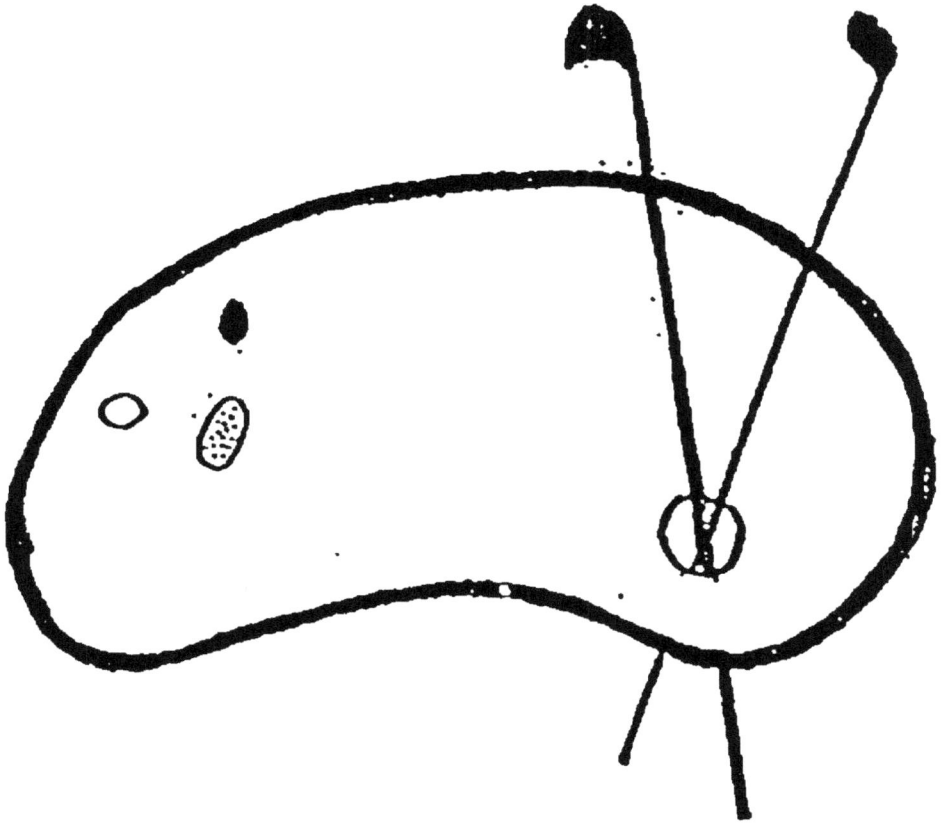

FIN D'UNE SERIE DE DOCUMENTS
EN COULEUR

PRÉCIS ÉLÉMENTAIRE

DE

L'HISTOIRE DU DROIT FRANÇAIS

DE 1789 A 1814

RÉVOLUTION, CONSULAT & EMPIRE

IMPRIMERIE
CONTANT-LAGUERRE

LVXRVITAM

BAR-LE-DUC

PRÉCIS ÉLÉMENTAIRE

DE

L'HISTOIRE DU DROIT FRANÇAIS

DE 1789 A 1814

RÉVOLUTION, CONSULAT & EMPIRE

PAR

A. ESMEIN

MEMBRE DE L'INSTITUT
PROFESSEUR A LA FACULTÉ DE DROIT DE PARIS
PROFESSEUR A L'ÉCOLE LIBRE DES SCIENCES POLITIQUES
PRÉSIDENT DE SECTION A L'ÉCOLE PRATIQUE DES HAUTES-ÉTUDES

*L'ouvrage contient une Table des matières
alphabétique très détaillée.*

LIBRAIRIE
DE LA SOCIÉTÉ DU
RECUEIL SIREY
22, rue Soufflot, PARIS, 5e arrond.
L. LAROSE et L. TENIN, Directeurs

Nouveau tirage
1911

PRÉFACE

———

J'ai arrêté à l'année 1788 l'histoire du droit français contenue dans mon *Cours élémentaire,* publié en 1892. J'en donnais la raison : c'est qu'alors le cours d'histoire du droit en première année était réduit à un semestre, et, dans ces conditions, le professeur ne pouvait exposer le droit de la Révolution, sans donner à son enseignement un caractère tellement élémentaire et restreint qu'il devenait presque inutile.

Aujourd'hui, par une heureuse réforme, le cours s'étend sur l'année scolaire entière. La plupart des maîtres conduiront l'histoire des institutions françaises jusqu'à la fin du premier Empire. C'est ce supplément qu'on trouvera ici.

Je disais dans ma préface de 1892 : « Je compte publier le plus tôt qu'il me sera possible des *Élé-*

ments de droit constitutionnel[1] et j'aurai nécessairement l'occasion d'exposer les principes essentiels
introduits dans le droit public par la Révolution.
Plus tard enfin, si ce n'est pas former de trop vastes
projets, je voudrais relier en quelque sorte ces deux
ouvrages par un troisième, une histoire élémentaire
du droit public français depuis la Révolution jusqu'à
la fin du second Empire ».

C'est la première partie de ce dernier ouvrage que
j'offre aujourd'hui au public et surtout aux étudiants.
Puisse-t-il recevoir, même sous cette forme de frag-
ment, l'accueil favorable qu'ont obtenu ses deux
aînés !

Une table alphabétique détaillée, que l'on trouvera à la fin de l'ouvrage, a été dressée, afin
de faciliter les recherches, par M. AL. MARTINI,
docteur en droit, secrétaire de M. A. DARRAS.

Luzarches, août 1907.

---

[1] La première édition des *Éléments de droit constitutionnel* a paru
en 1896.

PRÉCIS ÉLÉMENTAIRE

DE

L'HISTOIRE DU DROIT FRANÇAIS

DE 1789 A 1814

RÉVOLUTION, CONSULAT & EMPIRE

INTRODUCTION

I

Trois séries de causes principales ont produit la Révolution :

1° Il était impossible que l'ancien régime se maintînt indéfiniment avec ses deux traits essentiels : l'absolutisme politique et la centralisation administrative intense; c'eût été un arrêt de développement dans la vie nationale, impossible chez un peuple progressif. D'autre part, la royauté en triomphant de la féodalité, ne l'avait point supprimée; elle subsistait sans valeur politique mais générale et encombrante, surtout au point de vue économique. Elle devait être éliminée.

2° En un point surtout, l'ancien régime roulait de son propre poids vers la réforme. Le régime fiscal était intolérable. Les impôts, multipliés à l'excès, étaient entachés des inégalités les plus choquantes. Non seulement, il y en avait qui admettaient des privilèges personnels, certaines personnes ou collectivités en étant exemptes; mais toutes les parties du royaume ne payaient pas exactement les mêmes impôts. L'impôt sur l'ensemble du revenu frappait trois fois le revenu du non-privilégié, sous les formes de la taille personnelle, de la capitation et des vingtièmes. Ce régime fiscal s'aggravait progressivement, car les dépenses augmentaient constamment, le déficit étant un mal endémique, qui devenait aigu lorsque quelque crise, telle qu'une guerre, l'augmentait considérablement. Cet état de choses devait entraîner une inévitable liquidation. Elle avait failli se produire à la mort de Louis XIV, coïncidant avec un retour à la liberté politique. Les esprits libéraux qui entouraient le duc de Bourgogne, avaient formé des plans en ce sens, lorsqu'il fut devenu dauphin. Fénelon en particulier et Saint-Simon proposaient des mesures tout à fait semblables à celles qui quatre-vingts ans plus tard ont ouvert la Révolution. L'un et l'autre considéraient la tenue normale et périodique des États généraux comme un élément essentiel du nouveau gouvernement qu'il s'agissait d'établir. Mais Fénelon n'osait proposer une si considérable mesure dès la mort de Louis XIV. Dans une lettre au duc de Chevreuse, le 4 août 1710[1], il demandait seulement pour cette échéance une consultation de notables ; encore voulait-il, de peur que l'ébranlement fût terrible, qu'ils ne formassent pas une assemblée et que le roi les consultât individuellement. Saint-Simon et Fénelon proposaient aussi un moyen, dont le nom retentira lugubrement aux premiers jours de la Révolution, une banqueroute totale ou partielle pour la royauté[2]. Il est vrai qu'ils invoquaient le vieux principe, d'après lequel le roi n'était pas tenu des dettes de ses prédécesseurs, principe dont le souvenir n'était pas alors totalement effacé. L'inévitable solution pouvait être entrevue si clairement que Mably la prédisait et même la procédure première par laquelle on y arriverait[3].

3° La dernière série de causes, la plus importante

---

[1] *Œuvres choisies*, éd. Hachette, t. IV, p. 325.

[2] Saint-Simon, *Projets de gouvernement résolus par Mgr le duc de Bourgogne, dauphin, après y avoir bien mûrement réfléchi*, édités en 1860 par M. Mesnard, p. 18 : « Il ne s'y peut apercevoir que deux moyens ; l'un est de continuer et d'augmenter, s'il est possible, les impôts pour subvenir tant aux arrérages qu'à l'extinction peu à peu de quelques principaux ; l'autre de faire une banqueroute générale et de déclarer le successeur quitte de tous les engagements pris par son prédécesseur ». — Dans sa lettre au duc de Chevreuse, Fénelon demandait seulement de supprimer la moitié des grosses dettes.

[3] Dans son livre *Des droits et des devoirs du citoyen*, Mably indique que la liberté française résultera de ce que les Parlements finiront par refuser d'enregistrer les lois créant de nouveaux impôts et demanderont la réunion des États généraux. L'ouvrage n'a été imprimé qu'en 1788, mais il a été composé bien avant cette date. Les lettres dont le livre se compose sont datées de 1756. V. mes *Éléments de droit constitutionnel, français et comparé*, 4° éd., p. 188, note 3.

en ce sens qu'elle a donné à la Révolution sa forme
et sa portée, c'est le mouvement d'idées qui se déve-
loppa au xviiie siècle, particulièrement dans notre pays.
Le facteur capital est ici la philosophie politique du
xviiie siècle [1]; mais ce n'est pas le seul. En dehors des
grands philosophes et de leurs disciples proprement
dits, tous les esprits cultivés fermentaient en France
dans la seconde moitié du xviiie siècle; il en reste une
immense littérature de livres et de brochures, souvent anonymes ou signés de noms aujourd'hui incon-
nus. La lutte des Parlements contre le pouvoir royal
sous Louis XV et sous Louis XVI en a produit une
grande quantité, qui constituent une branche particulière, mais qui n'ont pas été les moins efficaces
pour ébranler l'ancien régime.

Au point de vue de l'histoire du droit, la Révolution commence, on peut le dire, avec le règne de
Louis XVI et se divise en trois parties. La première
va de l'avènement de Louis XVI, ou tout au moins du
ministère de Turgot, à la réunion des États généraux :
c'est le prélude. La seconde partie va de la réunion
des États généraux, ou plus exactement de la fin du
mois de juin 1789 jusqu'au 18 brumaire an VIII,
de l'Assemblée constituante au Consulat. C'est le
grand courant de la Révolution, la période durant
laquelle elle suit son propre cours. Enfin la troisième
partie va du 18 brumaire an VIII, jusqu'à la chute

---

[1] Esmein, *Éléments de droit constitutionnel*, 4e éd., 1re part.,
tit. II, chap. 2; c'est cette édition qui sera toujours citée dans la
suite.

de l'Empire; c'est le Consulat et le premier Empire. C'est encore, en un sens, la Révolution qui se continue; mais, en se modifiant profondément. D'un côté, si ses autres conquêtes se conservent pour la plupart, la liberté politique, qu'elle avait voulu fonder, est sacrifiée au besoin de conservation sociale et à la gloire militaire. D'autre part, les institutions de la Révolution qui subsistent et se consolident, reprennent aux institutions similaires de l'ancien régime une partie de leurs éléments; c'est l'alliage, d'ailleurs nécessaire, du passé et du présent qui se refait alors.

Dans ce *Précis*, je n'exposerai totalement que la seconde et la troisième parties. Je rappellerai seulement dans cette Introduction et résumerai les principaux faits compris dans la première. La raison est que je veux abréger le plus possible et que la plupart des points dont il s'agit ont été indiqués soit dans mon *Cours élémentaire d'histoire du droit français*, soit dans mes *Eléments de droit constitutionnel français et comparé* [1].

II

Le règne de Louis XVI débuta par des actes importants. Le plus caractéristique ne fut pas la restauration des Parlements, le rétablissement dans leurs charges des parlementaires cassés par Maupeou et,

---

[1] On trouvera aussi d'assez abondants détails sur les débuts de la Révolution dans mon ouvrage intitulé : *Gouverneur Morris, un témoin américain de la Révolution française*, Paris, Hachette, 1907.

d'une façon générale, la révocation des mesures adoptées par ce dernier[1]. Cela, c'était le passé qui rentrait en scène. Bien plus notable fut le choix de Turgot, qui fut nommé le 20 juillet 1774, secrétaire d'Etat à la marine et trente-cinq jours après, contrôleur général des finances et ministre d'État. Ce n'était pas seulement un homme profondément intègre, un administrateur qui avait fait ses preuves comme intendant de la généralité de Limoges ; mais avec lui une école de réformateurs arrivait au pouvoir. C'était celle des Économistes français du xviiiᵉ siècle, l'école des *Physiocrates*, dont il était l'un des principaux représentants. Cette école n'avait pas seulement une doctrine économique importante, dont les principaux dogmes étaient la liberté du travail, des échanges et des contrats et surtout l'idée que seule la terre était productive de richesses nouvelles. Elle avait aussi une doctrine politique des plus intéressantes. Les physiocrates n'étaient point partisans de la liberté politique et du gouvernement représentatif, qu'ils considéraient comme des expédients grossiers et pleins d'inconvénients. Ils voulaient au contraire la liberté civile et économique. Ils acceptaient la monarchie absolue sans en redouter les abus, parce qu'ils étaient persuadés que les sociétés politiques avaient des règles certaines, vraies en tout temps et en tout lieu, qui ne s'imposaient point fatalement, comme les lois physiques et chimiques, mais qui,

---

[1] Esmein, *Cours élémentaire d'histoire du droit français*, 7ᵉ éd., p. 540. C'est cette édition qui sera toujours citée dans la suite.

une fois découvertes par l'esprit humain, s'imposeraient à tous comme les vérités mathématiques, au monarque comme à ses sujets, par la seule force de l'*évidence*. Ils voulaient d'ailleurs de profondes réformes administratives ; non seulement la liberté des métiers, du commerce et de l'industrie, mais encore une réforme radicale des impôts et de l'administration intérieure. Ils voulaient, comme but dernier, ramener tous les impôts à un impôt unique qui serait l'impôt foncier ; car la terre, produisant seule des richesses nouvelles, devait fournir à toutes les dépenses, et quoi qu'on fît, le propriétaire foncier, par des répercussions fatales, devait supporter tout le poids de l'impôt. Les physiocrates voulaient aussi que cet impôt fût réparti et administré par des assemblées de propriétaires fonciers, superposées les unes aux autres : assemblées communales, d'élection, assemblées provinciales, élémentaires les unes des autres. Ces assemblées devaient en outre être chargées de la gestion des intérêts locaux. Les physiocrates admettaient même une assemblée nationale composée de délégués des assemblées provinciales qui n'aurait eu que voix consultative, sauf en ce qui concerne l'administration de l'impôt et les travaux publics[1].

Arrivé au pouvoir, Turgot s'efforça de faire adop-

---

[1] Esmein, *La science politique des physiocrates*, discours prononcé à la séance générale du Congrès des sociétés savantes le 9 avril 1904 ; *L'assemblée nationale proposée par les physiocrates*, Paris, Alphonse Picard, 1904 (Extrait des comptes rendus de l'Académie des Sciences morales et politiques).

ter les principales réformes préconisées par son école[1]
et il y réussit en partie. Il fit supprimer les communautés d'artisans et de marchands, les jurandes et les
maîtrises[2]. La corvée royale[3] fut abolie et remplacée
par un impôt sur les biens immobiliers. La liberté
du commerce des grains fut proclamée. Turgot avait
préparé la réforme de l'impôt, et la constitution
de la série d'assemblées administratives et électives
indiquées plus haut : Dupont de Nemours, son disci-
ple et collaborateur, nous a conservé le *Mémoire sur
les municipalités*, qu'il comptait présenter au roi à ce
sujet. Turgot rencontra une vive opposition de la part
des Parlements; plusieurs des édits de réforme mentionnés ci-dessus durent être enregistrés en lit de
justice au Parlement de Paris. Les royalistes imbus
des traditions de l'ancien régime, les privilégiés lui
firent aussi une opposition formidable, voyant en lui
un révolutionnaire. Il finit par succomber et dut se
retirer le 12 mai 1776.

Cependant on était entré dans la voie des réformes
et le successeur véritable de Turgot, quoique non
immédiat, fut aussi un réformateur, très différent, il
est vrai. Ce fut Necker, ancien banquier genevois,
qui s'était retiré à Paris, avec une immense fortune.
Il était fort mêlé au mouvement d'idées qui préparait la Révolution sans appartenir à aucune école

---

[1] Dupont de Nemours, *Mémoires sur la vie et les ouvrages de
M. Turgot*, Philadelphie, 1782.

[2] Esmein, *Cours élémentaire d'histoire du droit français*, p. 700.

[3] *Ibidem*, p. 597.

proprement dite, et avait publié plusieurs ouvrages.
Ce qui le fit monter au pouvoir, ce fut d'ailleurs son
habileté financière bien connue; et à ce point de vue
il répondit aux espérances. Il fit, dans une administration absolument intègre, d'aussi bonnes opérations
que le permettait l'état déplorable des finances. Il fit
face à tous les besoins sans impôts nouveaux et
seulement par des emprunts annuels; il rétablit le
crédit et gagna la faveur des capitalistes. Sa nomination comme ministre avait fait cependant de
grandes difficultés, car il était étranger et de plus
protestant. Il y avait cependant des précédents (comme
celui de Law), et les idées étaient à la tolérance. Mais
il n'eut point le titre de *Contrôleur général des
finances;* il fut d'abord adjoint à Tabourcau, contrôleur général pour la forme, avec le titre de *Directeur du trésor royal* (22 octobre 1776); puis, au bout
d'un an, Tabourcau se retira et Necker resta seul
avec le titre de *Directeur général des finances.* Cependant il n'avait pas entrée au *Conseil d'en haut,* qui
était le vrai Conseil de gouvernement.

Necker s'était posé comme l'adversaire des principes de Turgot, particulièrement dans un livre publié
en avril 1775 et intitulé « *sur la législation et le commerce des grains* ». Il prit donc volontiers l'initiative
du rappel de certaines réformes que Turgot avait fait
adopter : c'est ainsi qu'il fit rétablir le système des
communautés, maîtrises et jurandes, quelque peu
amélioré [1] et la corvée royale. Mais, à d'autres égards,

---

[1] Esmein, *Cours élémentaire d'histoire du droit*, p. 702.

il fut lui-même un réformateur hardi, quoique pru-
dent, et sans parti pris. En matière de finances il prit
d'utiles mesures en ce qui concerne l'impôt des vingtièmes [1] (1777) et fit édicter (1780) que dorénavant le
chiffre de la taille et de la capitation taillable ne
pourrait plus être augmenté que par une loi enre-
gistrée par les parlements; il suffisait jusque-là
d'un arrêt du Conseil. Il réforma et améliora l'organisation de la *Ferme générale*. — En 1779 un édit
supprima le servage sur les propriétés de la Couronne [2] et en 1780 fut abolie la *question préparatoire*,
c'est-à-dire la torture employée contre les accusés
pour leur arracher un aveu ; mais on laissa subsister
la *question préalable* donnée au condamné pour le
forcer à révéler ses complices. Enfin, Necker voulut
faire l'expérience des *Assemblées provinciales* dans
les pays d'élections. En 1778 il en fit créer une première dans la généralité de Bourges ; puis successivement il en créa trois autres. Elles étaient composées de membres pris dans les trois ordres de l'État ;
mais le Tiers État y avait à lui seul autant de représentants que le Clergé et la Noblesse réunis. Ils
n'étaient point élus à proprement parler ; le Gouvernement en nommait d'abord un certain nombre et
ceux-là faisaient, pour compléter le corps, des présentations que le roi confirmait. C'était aussi par des
présentations de cette sorte que devaient se faire les
renouvellements partiels. Ces corps avaient de larges

---

[1] Esmein, *Cours élémentaire d'histoire du droit*, p. 566.
[2] *Ibid.*, p. 683.

pouvoirs pour la répartition et l'administration des
impôts directs, pour les travaux publics et les ateliers
de charité. Dans l'intervalle des sessions ils étaient
représentés par des procureurs-syndics et des commissions intermédiaires. D'ailleurs, pour tout le reste
les intendants conservaient leurs pouvoirs antérieurs.
Necker comptait établir dans la suite des assemblées
semblables dans toutes les généralités des pays d'é-
lection et présenta au roi un mémoire en ce sens en
1778.

Mais l'acte de Necker qui produisit peut-être le
plus d'effet sur l'esprit des contemporains fut son
Compte rendu au roi, qui parut au commencement
de l'année 1781. C'était purement et simplement l'exposé de l'état des finances, le budget de cette année
en recettes et dépenses. Necker présentait ce budget
comme offrant un excédent de 2.200.000 l. ; alors, disait-il, qu'à son entrée au Ministère il avait trouvé un
déficit annuel de 26 millions. Ces chiffres ont été
énergiquement contestés par ses successeurs ; mais la
publication du *Compte rendu* agita profondément
l'opinion, pour d'autres causes. Jusque-là en effet, les
finances publiques étaient restées dans l'ombre et le
mystère ; c'étaient des arcanes où ne pénétraient que
les hauts fonctionnaires, les initiés. Tout cela était et
devait être ignoré des sujets. Les Parlements, eux-
mêmes qui, dans la seconde moitié du xviii° siècle,
avaient voulu exiger, pour l'enregistrement des édits
fiscaux, qu'on leur démontrât par des pièces et des
comptes la nécessité des nouveaux impôts, n'ayaient

pu obtenir ces communications. Voilà que maintenant Necker dévoilait ces mystères à tous les yeux!
Les monarchistes, fidèles à la tradition, ne pouvaient
que condamner cette pratique; elle constituait déjà·
une révolution. D'ailleurs ils avaient contre Necker
d'autres griefs. C'était un étranger, né dans une République, c'était un protestant. Son ambition, son
désir de popularité excitaient leurs défiances; ils le
considéraient volontiers comme un *républicain* dangereux [1].

Les Parlements étaient aussi fort montés contre lui,
redoutant surtout l'établissement des assemblées provinciales, dans lesquelles ils voyaient une influence
rivale de la leur. Une coalition se formait contre le
brillant ministre. Il voulut tomber fièrement et ré-
clama des faveurs nouvelles, entre autres le titre de
contrôleur général et celui de *ministre d'État*, c'est-
à dire l'entrée au Conseil d'en haut. Cela lui fut
refusé et sa démission fut acceptée le 19 mai 1781.

Le véritable successeur de Necker fut Calonne, bien
qu'entre eux il y eût deux contrôleurs des finances,
sans importance : Joly de Fleury et d'Ormesson. Calonne succéda à ce dernier le 2 novembre 1783. C'était
un homme d'un grand talent et d'un large esprit;
homme du monde des plus brillants, il avait pourtant
une carrière des plus sérieuses derrière lui; il avait
été procureur général à Rennes, et intendant en Flan-
dre et Artois et à Metz. Les émigrés ont accumulé sur

---

[1] Esmein, *Gouverneur Morris*, p. 69.

sa tête les accusations, le présentant, par ses impru-
dences, comme l'auteur, involontaire mais principal,
de la Révolution. En réalité, s'il fut imprévoyant dans
sa gestion financière, il comprit et tenta les réformes
nécessaires, qui, si elles eussent été accomplies, auraient peut-être donné à la Révolution un autre cours.

Au point de vue financier, obligé de faire face aux
besoins avec des ressources insuffisantes, avec un
déficit qui augmentait tous les ans, il montra l'esprit
le plus ingénieux, le plus fécond en expédients, s'in-
géniant à satisfaire toutes les fantaisies de la Cour.
Mais, en définitive, la seule ressource réelle, c'était
alors l'emprunt. En deux ans il emprunta 50, puis
60 millions. En 1785 il proposa un nouvel emprunt
de 80 millions; mais cette fois il rencontra la résistance très nette du Parlement, qui demanda des
comptes; l'édit ne fut enregistré que sur des lettres
de jussion. On ne pouvait continuer ainsi; d'après les
chiffres mêmes donnés par le ministre, le déficit en
1787 devait dépasser 100 millions. Alors une grande
résolution fut prise. Elle comportait deux séries de
mesures : d'un côté la réforme du système des impôts,
aussi profonde, aussi large, aussi libérale que l'ancien
régime pouvait la faire; d'autre part, une assemblée
de notables pour lui faire approuver ces réformes et
ces nouveaux impôts. Qui forma ce plan? La pensée
des réformes appartient incontestablement à Calonne,
qui, bien entendu, s'aida des projets faits avant lui,
soit par les publicistes, soit par l'administration royale.
Quant à l'assemblée des notables, un contemporain,

généralement bien informé, assure que ce fut le duc
d'Orléans, déjà chef d'un parti, qui en aurait donné
le conseil à Calonne[1]. Quoi qu'il en soit, il semble
que la proposition ait été acceptée sans difficulté et
sans beaucoup de réflexion; il n'y a pas trace qu'elle
ait été discutée au Conseil d'en haut[2]. Une pièce officielle dit seulement : « En l'an de grâce 1786, du règne
de Louis XVI roi de France et de Navarre le treizième,
le vendredi 29 décembre, à l'issue du conseil des
dépêches, S. M. a déclaré que son intention était de
convoquer une assemblée composée de personnes de
diverses conditions et des plus qualifiées de son État,
pour leur communiquer les vues qu'Elle se propose
pour le soulagement de son peuple, l'ordre de ses
finances et la réforme de plusieurs abus[3] ». Il semble qu'il n'en avait pas été question auparavant,
même au conseil des dépêches.

Cette assemblée qui s'ouvrit à Versailles le 22 février
1787, était assez différente des anciennes assemblées
de notables. Elle comprenait bien les représentants
des trois ordres, mais groupés par catégories nombreuses et distinctes, tous les membres ayant été choisis par le roi. C'étaient : 1° les princes du sang ; 2° la
noblesse, en tête de laquelle figuraient les pairs de
France et les maréchaux de France; 3° les membres
du Conseil du roi; 4° le clergé ; 5° les Parlements ; la

---

[1] Sallier, *Annales françaises de 1774 à 1789.* Paris, 1812, p. 38.
[2] Sallier, *op. cit.*, p. 49.
[3] *Procès-verbal de l'assemblée des notables tenue à Versailles en
1787*, Imprimerie royale, 1788, in-8°, p. 1.

Chambre des comptes et la Cour des aides de Paris;
6° les députés des Pays d'États, pris indifféremment
dans l'un ou dans l'autre des trois ordres; 7° le lieu-
tenant civil de la Prévôté de Paris; 8° les chefs municipaux des principales villes; en tête venaient le
prévôt des marchands et le premier échevin de Paris,
puis 23 maires ou premiers magistrats des grandes
villes de province. Cela faisait en tout 140 notables.
Les ministres devaient être en contact et en relations
avec l'assemblée, le roi ayant décidé qu'outre « les
personnes comprises dans la liste ci-dessus les quatre secrétaires d'État et le contrôleur général assiste-
ront à ladite assemblée ».

Le président de l'assemblée était *Monsieur*, comte
de Provence (le futur Louis XVIII); mais son rôle, en
cette qualité était peu important, car les séances plé-
nières étaient simplement des séances d'apparat; on
verra pourtant plus loin une séance générale très sé-
rieuse. Pour le travail, la discussion et le vote, les notables étaient répartis entre sept bureaux, dont chacun avait pour président un prince du sang et comptait 20 membres, pris proportionnellement dans les
diverses catégories indiquées plus haut. On ne votait
point par ordres, mais par têtes, dans chaque bureau,
ce qui était dans la tradition des assemblées de notables. Mais pour obtenir la résolution définitive, on
comptait par bureaux, comme dans les anciens États
généraux; on votait par gouvernements : pour qu'une
procédure fût adoptée il fallait qu'elle eût pour elle
quatre bureaux.

Le plan de réformes présenté aux notables était, nous l'avons dit, considérable et libéral. Il était contenu dans 18 mémoires, qui furent successivement remis aux bureaux ; c'était comme l'exposé des motifs d'autant de projets de loi.

Calonne avait d'abord adopté dans son entier le système d'assemblées administratives indépendantes, à peu près tel que l'avaient proposé les physiocrates. C'était l'objet du mémoire n° 1, sur les *assemblées provinciales*. Dans tous les pays d'élections, il proposait de créer d'abord comme municipalités des campagnes, des assemblées de paroisse, comprenant de droit tous les propriétaires ayant 600 livres de revenu foncier, qui pouvaient même jusqu'à une certaine limite, avoir autant de voix qu'ils avaient de fois 600 livres de revenu. Les propriétaires qui avaient moins pouvaient se réunir à plusieurs pour parfaire le chiffre et déléguer alors l'un d'entre eux à l'Assemblée. Au-dessus étaient des *assemblées de district* dont les membres étaient élus à temps par les assemblées paroissiales du district ; au-dessus encore des *assemblées provinciales* dont les membres étaient élus à temps par les assemblées de district de la province. Tous ces corps étaient constitués sans aucune considération de la distinction des trois ordres ; la seule qualité particulière à laquelle on eut égard était celle de propriétaire foncier. Les pouvoirs des assemblées provinciales étaient à peu près les mêmes que ceux qu'avait donnés Necker aux quelques assemblées provinciales qu'il avait créées et les assemblées inférieures étaient sous leur autorité. Seule manquait l'assemblée nationale demandée par les physiocrates. Tout cet organisme décentralisé devait fournir des auxiliaires puissants pour la réforme des impôts qui était proposée en même temps. Celle-ci comprenait deux parties : 1° la suppression ou amélioration des impôts anciens; 2° la création d'impôts nouveaux.

1° Calonne prétendait réduire largement le poids des impôts anciens sans sacrifices trop coûteux pour le Trésor; pour cela, il visait surtout ceux qui gênaient la production ou la circulation des richesses, et s'attaquait hardiment aux inégalités injustes, aux privilèges, soit personnels soit territoriaux.

Il proposait d'abord, ce que n'avait pu faire Colbert[1], d'abolir toutes les *traites* intérieures. A la place de ces droits et pour en fournir à peu près l'équivalent pécuniaire, était modifié le tarif des douanes extérieures, les droits qui se paieraient désormais à toutes les frontières pour le commerce avec l'étranger. Ces droits étaient naturellement relevés et surtout mieux établis; le nouveau tarif était nettement protectionniste, mais non point prohibitif. C'eût été un grand bienfait pour le pays, sans assurer totalement la liberté de la circulation intérieure; car les *péages seigneuriaux* subsistaient. Le Gouvernement annonçait d'ailleurs l'intention de les supprimer ultérieurement; mais, le roi voulant donner une indemnité aux seigneurs qui seraient fondés en titre, leur

---

[1] Esmein, *Cours élémentaire d'histoire du droit*, p. 576 et s.

péage reposant ou étant censé reposer sur une concession royale, il fallait d'abord, procéder à la révision de ces titres.

Un certain nombre d'impôts indirects qui n'étaient point des droits de traites, mais qui ressemblaient à ces derniers en ce qu'ils gênaient la circulation des marchandises, étaient supprimés en même temps. Un projet sur le commerce de grains en établissait la liberté. En revanche la liberté de la culture et de la vente du tabac était supprimée dans les provinces qui l'avaient conservée.

La gabelle était, on le sait, l'impôt le plus détesté du peuple; un mémoire lui était consacré (n° VIII de la 2ᵉ division); il contient la critique la plus acérée et la plus implacable de cet impôt. Cependant Calonne n'en proposait pas la suppression; il en donnait les raisons et la principale était la crainte, si on la remplaçait par un nouvel impôt, de voir bientôt la gabelle renaître, rétablie à côté de celui-ci. Ce qu'il proposait, c'était l'extension de la gabelle aux pays qui ne la subissaient pas (pays exempts ou rédimés), et la modification profonde des régimes, d'ailleurs divers, appliqués dans les pays de gabelles; c'était la gabelle unifiée et adoucie.

La taille (la taille personnelle) n'était guère moins odieuse au peuple que la gabelle. Calonne en annonçait la réforme dans son ensemble; mais il attendait, pour cela les observations des assemblées provinciales, qu'on allait créer dans tous les pays d'élections. Dès maintenant, il proposait deux choses : 1° éta-

blir un *maximum* pour la taille des artisans ouvriers
et journaliers, laquelle ne pourrait pas dépasser la
valeur de deux journées de travail [1]; 2° pour aucun
contribuable, elle ne devait dépasser un sou pour
livre de revenu. Le roi était disposé à consentir une
diminution d'un dixième sur la taille réelle dans tout
le royaume; et quant à la *taille personnelle*, pour
venir en aide aux malheureux paysans, il remettait
à chaque paroisse le 1/20ᵉ de sa taille totale, cette
remise devant servir à soulager les habitants les plus
nécessiteux.

Un mémoire visait la *corvée royale* rétablie sous
Necker. Calonne proposait de la convertir en argent;
mais la somme ainsi fixée, représentant la valeur du
travail qu'aurait dû fournir chaque communauté
d'habitants, devait être répartie seulement entre les
taillables, c'est-à-dire entre ceux-là seuls qui auraient
dû faire le travail, ne pouvant pas dépasser d'ailleurs le sixième de leurs impôts directs réunis.

2° Les impôts nouveaux proposés par Calonne
étaient au nombre de deux principaux : un impôt sur
le timbre, et une *imposition territoriale;* il faut ajouter que c'étaient, en partie, des impôts de remplacement, c'est-à-dire qu'ils prenaient la place et entraînaient la suppression de certains impôts anciens.

L'impôt sur le timbre était très extensif du système antérieur. Jusque-là en effet, un nombre
relativement restreint d'actes juridiques avaient

---

[1] Ce chiffre est à retenir.

été astreints à la nécessité du papier timbré, et, en principe on ne connaissait que le timbre *de dimension :* le papier timbré était payé d'après sa grandeur; les actes importants par leur nature devaient seulement être écrits sur du papier de grande dimension. Le projet de Calonne soumettait au timbre tous les actes juridiques, judiciaires, administratifs, et le droit était, en général, proportionnel à l'intérêt en jeu. Des écrits qui n'avaient rien de juridique, comme les morceaux de musique, étaient soumis au timbre.

Mais l'impôt appelé *imposition* ou *subvention territoriale* avait une bien autre portée; c'était la partie essentielle du plan. On y reconnaissait nettement l'influence des physiocrates. Cet impôt, qui prélevait une quote-part du revenu des biens fonciers, était destiné dans l'avenir à fournir à la monarchie ses principales ressources. Un autre trait le rendait reconnaissable : pour tous les immeubles matériellement frugifères, il devait être perçu *en nature.* C'était là une idée qui hantait l'esprit des économistes français depuis la *dîme royale* de Vauban; elle avait été reprise par les physiocrates, notamment par l'abbé Baudeau. D'ailleurs, comme c'était là l'impôt foncier de l'avenir, pour ne point faire double emploi on proposait de supprimer celui des impôts anciens qui représentait le mieux ce type. Dans l'ancien régime, il n'y avait point de pur impôt foncier (sauf la *taille réelle* dans les quelques pays d'élections où elle se percevait); Calonne considéra que les vingtièmes

étaient l'impôt le plus foncier qui existât alors, et, en
effet, ils tendaient de plus en plus à se concentrer sur
le revenu des immeubles; il proposait donc de supprimer les vingtièmes.

Mais l'*imposition territoriale* ne répondait pas seulement aux idées physiocratiques : elle était imprégnée
de l'esprit de justice et d'égalité qui grandissait tous
les jours. Le mémoire de Calonne contenait la critique
la plus vive des inégalités fiscales et des privilèges de
l'ancien régime. Le nouvel impôt devait porter sur
le revenu de tous les biens immobiliers sans exception,
sur les biens du domaine royal et sur les biens du
clergé qui, jusque-là n'avaient jamais été directement atteints par l'impôt dans l'ancien régime. C'était
là la grande nouveauté, la hardiesse caractéristique.

Jusque-là les bénéfices ecclésiastiques avaient bien
contribué, et d'une façon régulière depuis 1561, aux
charges publiques. Mais ces contributions étaient con-
senties par les assemblées du clergé de France; elles
étaient réparties, levées et jugées par l'Église, agissant
à cet égard aussi comme une puissance autonome.
Elle avait d'ailleurs consenti souvent de grands sacrifices, et, pour cela, elle avait dû faire des emprunts.
Elle avait une dette, qui avait été facilement contractée,
car son crédit était bon, mais qui avait toujours
grossi, car l'Église n'amortissait pas. Maintenant que
les biens ecclésiastiques allaient être soumis d'autorité
à l'imposition territoriale, le roi estimait qu'il n'était
pas juste qu'elle continuât à payer les intérêts de cette
dette, fruit d'un régime qu'on allait profondément

modifier. Il prenait donc ces intérêts à sa charge ; mais en même temps et naturellement, il cherchait à assurer l'amortissement du capital par l'Église. A cet effet, par un projet le clergé était invité et autorisé à aliéner les droits de justice, de chasse et les droits honorifiques dépendant des bénéfices qu'il possédait. D'autre part, on déclarait *rachetables*, contrairement aux principes, les rentes foncières « dues aux gens de mainmorte sur les biens de la campagne. Les propriétaires dont les terres en sont chargées, acquerront la faculté, toujours désirée, de se rédimer d'une servitude onéreuse. L'agriculture y trouvera un encouragement pour l'amélioration des fonds ». Sans doute, cela n'était pas défendu par l'ancien droit. Le roi pouvait autoriser l'aliénation des biens ecclésiastiques. Il pouvait plus encore : il pouvait ordonner et imposer cette aliénation lorsque l'intérêt de l'Église l'exigeait. Mais visiblement, dans les propositions de Calonne, se manifestait un esprit nouveau. C'était la Révolution qui s'en prenait déjà aux biens de l'Église et qui, en même temps, commençait par eux cet affranchissement de la propriété foncière qu'elle devait opérer en bloc quelques années plus tard.

Voilà quels étaient, dans leurs principaux points, les plans soumis aux notables. Ceux-ci ne se montrèrent pas dociles, comme on avait pu l'espérer, mais indépendants, ou plutôt querelleurs. Ils se montrèrent surtout disposés à défendre les privilèges de la noblesse et du clergé ; ce fut principalement l'influence de ce dernier qui pesa sur l'Assemblée.

Deux projets, plus que les autres, suscitèrent leurs critiques. Ce fut d'abord celui sur les assemblées provinciales, auquel ils reprochèrent d'être *inconstitutionnel*, en ce qu'il créait des assemblées représentatives sans tenir compte de la distinction et de la représentation particulière des trois ordres. Ce fut ensuite l'impôt territorial ; on lui reprocha sa portée illimitée possible ; on critiqua la perception en nature, à laquelle le gouvernement renonça d'ailleurs. En réalité, ce qu'on visait surtout, c'était la transformation des contributions du clergé et la soumission à la loi commune qui lui était imposée. Bientôt les notables s'enhardirent et, de simple corps consultatif qu'ils étaient, ils se transformèrent en censeurs, presque en un parlement moderne.

Calonne se défendit avec énergie et talent. Pour qu'on pût débattre contradictoirement avec lui, eut lieu le 23 avril sous la présidence de Monsieur, ce qu'on appela un *Comité général*. Ce fut une séance où les divers bureaux furent représentés par des commissaires, qui discutèrent avec le Contrôleur général. Celui-ci parut l'emporter. Mais il compromit cet avantage, en publiant alors, en tête des mémoires remis aux notables, une note où on lisait : « Déjà les premiers ordres de l'État ont reconnu que la contribution territoriale devait s'étendre sur toutes les terres sans aucune exception et en proportion de leurs produits. Déjà ils ont offert de sacrifier, pour le soulagement du peuple les exemptions personnelles que le roi avait trouvé juste de leur accorder ». C'était pré-

maturé. D'autre part, Calonne demanda au roi la
destitution du garde des Sceaux Miromesnil, qu'il ac-
cusait de réunir chez lui, pour combiner une opposition, ceux des notables qui étaient des parlementaires.
Miromesnil dut se retirer, mais Calonne en même
temps que lui (8 avril). Il avait d'ailleurs contre lui
une véritable coalition d'ennemis, dont les principaux
étaient Necker et l'archevêque de Toulouse Loménie
de Brienne, qui devait bientôt lui succéder. En 1790,
dans un livre, publié à Londres, il disait : « On a
trouvé que je ne parlais pas avec assez de ménage-
ment des privilégiés, et, pour les apaiser, on m'a sa-
crifié. Si j'avais fait répandre de l'argent pour exciter le peuple contre les opposants, j'aurais eu grand
tort, mais ce tort eût peut-être épargné bien des
maux [1] ».

Les notables d'ailleurs ne furent point apaisés par
la chute de Calonne. Étant consultés sur l'établissement de nouveaux impôts, ils avaient demandé qu'on
leur en démontrât la nécessité en produisant des pièces et des comptes; c'est ce qu'avaient demandé déjà
les Parlements pour l'enregistrement des édits fiscaux. Ils voulaient constater exactement le déficit. Le
sixième bureau refusa même pendant quelque temps
de donner son avis sur l'imposition territoriale tant
qu'il n'aurait pas reçu les états de recettes et
de dépenses [2]. Ils finirent par les obtenir, ni très

[1] *De l'état de la France présent et à venir*, p. 440.
[2] *Procès-verbal*, p. 63.

complets, il est vrai, ni très sincères [1]. Mais en définitive, ils n'arrivèrent à aucune conclusion ni à aucun acte. La clôture de l'Assemblée eut lieu le 25 mai.

Calonne eut d'abord pour successeur Fourqueux ; Loménie de Brienne avant la fin de l'Assemblée devenait chef du Conseil des finances, et ministre d'État, en réalité premier ministre.

Quelques-uns des projets préparés par Calonne furent maintenus et édictés, mais revus et amendés dans le sens des observations présentées par les notables. Au premier rang est l'édit du 22 juin 1787 sur les Assemblées provinciales [2]. Les deux impôts du timbre et de l'imposition territoriale furent aussi conservés et les édits qui les contenaient envoyés au Parlement à fin d'enregistrement. Mais là se produisit un fait d'importance capitale. Le Parlement de Paris, après diverses escarmouches, refusa net l'enregistrement, déclarant qu'il n'avait pas qualité ni compétence pour accorder de nouveaux impôts; que ceux-ci devaient être consentis par les contribuables ou par leurs représentants, c'est-à-dire par les États généraux. C'était effectivement la vieille doctrine, encore en vigueur à la fin du xvi⁰ siècle, et qu'avait remise en lumière le mouvement d'idées du xviii⁰ siècle; le Parlement prétendait même, par un raisonnement subtil, ne l'avoir jamais abandonnée. C'était

---

[1] V. Séance royale du 23 avril, *Procès-verbal*, p. 218.
[2] Esmein, *Cours élémentaire d'histoire du droit*, p. 608.

donc lui qui le premier demandait la convocation des États généraux [1]. Le conflit était aigu. Loménie de Brienne se servit des anciennes armes, qui réussirent encore cette fois-là. Le Parlement de Paris fut transféré à Troyes, en exil, et là l'accord se fit assez vite par voie de transaction. Le Gouvernement retira les édits sur le timbre et sur l'imposition territoriale. En revanche, non seulement les vingtièmes furent rétablis mais encore le Parlement accorda la prorogation du second vingtième qui allait venir à terme [2]. A la fin de septembre tout était réglé et le Parlement réinstallé à Paris. Mais bientôt le conflit renaissait. L'occasion en fut une séance royale du 19 novembre 1787, dans laquelle le roi venait faire enregistrer une loi établissant un système d'emprunts successifs et annonçait que l'année 1792 n'arriverait pas sans une convocation préalable des États généraux. Un malentendu sur le caractère de la consultation que le roi demandait au Parlement en cette occasion, amena de violentes protestations du duc d'Orléans et des parlementaires. Le conflit se prolongea pendant les derniers mois de 1787 et les premiers de 1788. Le roi crut y mettre fin par une série de lois qu'il fit enregistrer dans un lit de justice tenu à Versailles le 8 mai 1788. C'étaient en partie des mesures destinées à affaiblir les Parlements, en partie des réformes

[1] Certains pourtant soutiennent que déjà l'appel aux États généraux aurait été produit à l'Assemblée des notables. V. not. Weber, *Mémoires*, t. 1, p. 161.

[2] Esmein, *Cours élémentaire d'histoire du droit*, p. 540.

destinées à satisfaire l'opinion publique. Une ordonnance *sur la justice*, enlevait aux Parlements le jugement d'un grand nombre de causes. Elle érigeait
toute une série de présidiaux en *grands bailliages*,
auxquels elle donnait le droit de juger en appel et
en dernier ressort les causes criminelles et les procès
civils où l'intérêt engagé ne dépassait pas 20.000 livres. Elle faisait du présidial l'unité première et véritable des justices royales. Elle anéantissait les justices seigneuriales sans les supprimer : en matière
répressive, elles ne devaient plus faire que les premiers
actes d'instruction; en matière civile, les parties pouvaient les déserter pour s'adresser directement à la
justice royale : le défendeur de sa seule volonté pouvait demander le renvoi à cette dernière. L'ordonnance réalisait à peu près l'idéal qui depuis plusieurs siècles hantait les esprits des hommes éclairés :
la réduction à deux des degrés de juridiction. Un autre édit supprimait un grand nombre de juridictions
d'exception en matière administrative laissant jusqu'à
nouvel ordre aux magistrats qui les composaient leurs
attributions purement administratives. — Une déclaration royale opérait d'utiles réformes en matière criminelle : elle supprimait l'interrogatoire ignominieux
des accusés sur la sellette, et la question préalable;
elle exigeait que les Parlements motivassent leurs
condamnations; elle prescrivait qu'il fût sursis à
l'exécution des sentences capitales, pendant un
délai suffisant pour qu'un recours en grâce pût
être adressé au roi; elle accordait des indemnités

aux condamnés victimes d'une erreur judiciaire[1].

Les mesures directement dirigées contre les Parlements comprenaient d'abord le *rétablissement d'une cour plénière*, chargée d'enregistrer les lois générales à la place des Parlements[2]. L'Édit portait ce titre singulier, parce que le Gouvernement s'était emparé de théories historiques alors en faveur, qu'il exposait dans le préambule et d'après lesquelles cette cour plénière aurait existé dans l'ancienne Constitution française. Ce même préambule signalait les États généraux comme étant un trait essentiel de cette Constitution et l'Édit lui-même sanctionnait le principe que les impôts nouveaux devaient être consentis par ces États. Enfin un assez grand nombre de charges étaient supprimées au Parlement de Paris, qui était mis en vacances jusqu'à nouvel ordre.

Avant d'aller plus loin, rappelons qu'une autre réforme importante avait été opérée pendant ce conflit; c'était la restitution aux protestants de l'état civil, de la capacité civile et de la liberté de conscience, mais non de la liberté de culte[3]. L'idée en avait été produite à l'Assemblée des notables; et Louis XVI avait porté l'Édit à la séance royale du 19 novembre 1787. Le Parlement l'enregistra, après une certaine résistance et quelques modifications.

Les actes du 8 mai 1788 soulevèrent une résistance plus vive encore que celle qu'avait suscitée le *coup*

---

[1] Esmein, *Histoire de la procédure criminelle en France*, p. 399.
[2] Esmein, *Cours élémentaire d'histoire du droit*, p. 542.
[3] *Ibid.*, p. 669.

d'État de Maupeou. Tous les Parlements de France
agirent de concert, et, d'accord avec les avocats, or-
ganisèrent une véritable grève judiciaire, une suspension générale de la justice[1]. Des villes se soulevèrent
et imposèrent leur volonté aux gouverneurs. Les
États provinciaux, le clergé, la noblesse intervinrent
dans la querelle. Il y eut là une période de véritable
anarchie et cette secousse profonde est sûrement
une des causes qui ont précipité la Révolution.

La royauté dut céder. Au mois d'août 1788, Loménie de Brienne dut se retirer et, en même temps fut
suspendue l'exécution des mesures qu'il avait prises
contre les Parlements et l'application de la nouvelle
organisation judiciaire. Le 25 août, Necker, réclamé
par l'opinion publique, fut appelé à prendre sa place;
il reprit son ancien titre de Directeur des finances,
mais avec la qualité de ministre d'État. Dès lors, on
peut le dire, toute l'attention et tout l'effort de la politique se porta vers la convocation des États généraux. Le Parlement s'efforça d'établir qu'aucun
changement ne devait être apporté aux formes anciennes à cet égard. Mais telle n'était point l'idée
de Necker ni le vœu de l'opinion libérale. Pour fixer,
s'il était possible, les règles sur ce point, les notables
qui avaient siégé en 1787 furent réunis de nouveau
le 6 novembre 1788 ; leur session dura jusqu'au 12
décembre suivant, et nous avons le recueil de leurs

---

[1] Le livre récent de M. Marion, *Le chancelier de Lamoignon
et les Parlements*, tend à prouver qu'on a exagéré quelque peu la
généralité de ce mouvement.

travaux, les réponses faites par les divers bureaux au questionnaire que leur avait soumis le Gouvernement. Enfin la convocation des États généraux fut décidée pour le mois de janvier 1789 (leur réunion fut plus tard remise au mois de mai), et le 27 décembre, Necker présenta au Conseil du roi son célèbre rapport, qui proposait les règles pour les élections et les délibérations, et dont les conclusions furent acceptées. Il décidait le *doublement du Tiers*, c'est-à-dire que le Tiers État aurait à lui seul autant de députés que le clergé et la noblesse réunis. C'était alors une solution inévitable, car c'est la règle qui avait été suivie pour les assemblées provinciales que Necker avait créées pendant sa première administration et pour celles qu'avait établies dans tous les pays d'élections l'Édit de 1787. Le rapport de Necker laissait non résolue une autre question, étroitement liée à celle-là et d'une importance capitale, le vote par ordres ou par têtes. Un règlement du 24 janvier 1789 fut promulgué pour les élections.

Nous n'étudierons point ici les élections de 1789, ni les cahiers qui furent la première expression des vœux des électeurs. Ce sont des questions plutôt d'histoire politique que d'histoire du droit. Nous ne dirons pas non plus comment les États généraux devinrent l'Assemblée Constituante ; cela intéresse surtout l'histoire du droit constitutionnel. C'est un point, du reste, que nous avons soigneusement étudié ailleurs[1]. Nous passons immédiatement au droit public de la Révolution.

[1] Esmein, *Gouverneur Morris,* chap. 3, p. 87 et s.

TITRE I

DE 1789 AU 18 BRUMAIRE AN VIII

CHAPITRE I

LES CONSTITUTIONS

La Révolution a produit trois constitutions : celles du 3 septembre 1791, du 24 juin 1793 et du 5 fructidor an III. La première est l'œuvre de l'Assemblée constituante ; c'est la Convention qui a successivement voté les deux autres, dont une seule, celle de l'an III, a été effectivement appliquée. La Convention d'ailleurs, assemblée souveraine, exerça pendant toute sa durée, non seulement le pouvoir législatif, mais aussi le pouvoir exécutif suprême, ayant pour organes d'abord les ministres qu'elle élisait et qui formaient le Conseil exécutif provisoire, puis ses grandes Commissions et principalement le Comité de salut public et le Comité de sûreté générale, et, enfin les 12 commissions créées, pour remplacer les ministres, par la loi du 12 germinal an II. D'autre part, depuis la fin du mois de juin 1789 jusqu'au 14 septembre 1791 (jour où Louis XVI accepta la Constitution achevée) en réalité il n'y eut pas en France de Constitution. L'ancien régime était à bas, Louis XVI n'était plus qu'un roi provisoire et l'Assemblée possédait le pouvoir souverain ; cependant on appliquait à peu près les nouvelles règles constitutionnelles, au fur et à mesure qu'elles étaient votées, jusqu'à la fuite de Varennes. Au 10 août 1792, la Constitution de 1791 devint caduque par le fait de la nouvelle révolution qui venait de s'accomplir; mais l'Assemblée législative, restée debout, se contenta de modifier les règles sur les élections, en établissant pour l'élection de la Convention, le suffrage universel, d'ailleurs à deux degrés. Elle confia le pouvoir exécutif aux ministres qu'elle nomma, formant le *Conseil exécutif provisoire*.

Les trois constitutions indiquées plus haut, reposent sur des principes que leurs auteurs ont pris soin de proclamer solennellement dans les *Déclarations des droits de l'homme et du citoyen* qui les précèdent. J'ai soigneusement étudié ces Déclarations dans mes *Éléments de droit constitutionnel*, auxquels je renvoie sur ce point[1].

---

[1] Esmein, *Éléments de droit constitutionnel*, p. 456 et s.

I

La Constitution de 1791 était, comme elle le porte elle-même, monarchique et représentative. Elle reposait essentiellement sur deux principes : la souveraineté nationale et la séparation des pouvoirs.

A. — En vertu du principe de la souveraineté nationale, tous les pouvoirs créés par la Constitution : législatif, judiciaire, exécutif, avaient pour source la Nation. Cela était évident, vrai au pied de la lettre, pour les deux premiers, puisque les membres du Corps législatif et les juges étaient élus à temps. Pour le troisième, le pouvoir exécutif, cela était moins apparent, puisqu'il était attribué à un roi et que la monarchie était maintenue à titre héréditaire, au profit de la dynastie régnante et selon les anciennes règles de dévolution. Cependant la conciliation avait été obtenue entre des principes, en apparence opposés. D'après la Constitution, le pouvoir exécutif n'appartenait pas au roi : il lui était seulement *délégué* par la Nation (*héréditairement délégué à la race régnante*); et c'était le même terme qu'elle employait pour l'institution des deux autres pouvoirs.

Le roi, qui portait le titre de *roi des Français* et non celui de *roi de France*, ne pouvait commander qu'au nom de la loi, et le décret du 12 septembre 1791 sur la résidence des fonctionnaires le qualifiait « premier fonctionnaire public ». Cependant la Constitution lui donnait aussi la qualité de *représentant de la Nation*, pouvant vouloir pour elle. Après avoir déclaré que la

Constitution française était représentative, elle ajoutait : « les représentants sont le Corps législatif et le roi ». Mais il est facile de voir que la balance penchait en faveur du Corps législatif, qui était le représentant par excellence de la Nation ; le roi n'avait vraiment ce caractère que dans les relations avec les puissances étrangères.

Enfin le roi n'était pas absolument inamovible. Non pas que le Corps législatif pût le destituer à volonté. Mais la Constitution admettait des causes de déchéance qui étaient au nombre de trois : 1° quand un nouveau roi à son avènement, s'il était alors majeur, ou à sa majorité, ne jurait pas de respecter la Constitution ; 2° quand le roi se mettait à la tête d'une armée dirigée contre la Nation, ou ne s'opposait pas à une pareille entreprise exécutée en son nom ; 3° lorsque, sorti du royaume et rappelé par le Corps législatif, il ne rentrait pas dans un délai déterminé. Le texte constitutionnel déguisait d'ailleurs au moyen d'une fiction la déchéance qu'il prononçait. Dans ces hypothèses, le roi était censé avoir abdiqué ; c'était l'*abdication légale* à côté de l'abdication volontaire et expresse.

B. — Le second principe essentiel de la Constitution était la séparation des pouvoirs qui, selon la doctrine de Montesquieu, étaient au nombre de trois : le législatif, l'exécutif et le judiciaire. Chacun devait avoir des titulaires distincts et devait, en principe, être indépendant des autres ; cependant des rapports entre eux étaient inévitables.

Le Corps législatif, en qui résidait le pouvoir législatif, ne comprenait qu'une assemblée, une seule
Chambre. Le premier Comité de Constitution avait
proposé deux Chambres : une Chambre des représentants et un Sénat. Mais dans une longue et admirable discussion, il avait été battu[1]. On avait admis
une assemblée unique, l'*Assemblée nationale législative*. Elle se composait de 745 membres élus pour
deux ans par les assemblées électorales de département, dont on parlera plus loin, parmi tous les *citoyens
actifs* du département. Ils étaient répartis entre les
83 départements d'après la triple proportion du territoire, de la population et de la contribution directe.
La Constitution n'exigeait aucun cens d'éligibilité particulier. Mais cette solution n'avait été adoptée qu'en
dernier lieu, après d'ardents débats. La loi du 22 décembre 1789, que la Constituante avait d'abord votée
et d'après laquelle l'Assemblée législative elle-même
fut élue, exigeait (art. 33) : « une contribution directe équivalant à la valeur d'un marc d'argent et une
propriété foncière quelconque ». Sur ce point, la
tendance démocratique l'avait emporté en définitive.
Le renouvellement était intégral.

L'Assemblée législative était *permanente*, ce qui
veut dire qu'une fois réunie (et une fois élus, ses
membres étaient convoqués de plein droit par la loi),
elle ne pouvait être ajournée que par sa propre décision[2]. Cependant la Constitution n'impliquait pas que

[1] Esmein, *Éléments de droit constitutionnel*, p. 95 et s.
[2] *Ibid.*, p. 607.

l'Assemblée dût en fait siéger continuellement; elle parlait au contraire de sa *session annuelle* et supposait qu'à un certain moment, elle pouvait se trouver en vacances. Dans le langage de cette époque et en parlant des assemblées, *permanente* s'opposait souvent à *périodique* et signifiait une assemblée qui siégeait tous les ans.

L'Assemblée législative avait deux ordres de fonctions : 1° elle votait les lois ; 2° elle votait les impôts et les dépenses publiques et en contrôlait l'administration ; elle votait tous les ans le contingent militaire ; elle exerçait ce qu'on appelait la *police constitutionnelle* sur les corps administratifs. Cette seconde série d'attributions ne rentrait point nécessairement dans la conception logique de la loi ; logiquement, c'était, au moins en partie, un empiètement sur les attributions naturelles du pouvoir exécutif. Mais quelques-uns des actes qui lui étaient ainsi attribués, étaient considérés, d'après l'exemple des Anglais, comme la garantie des Assemblées contre le monarque : tels le vote annuel de l'impôt et de l'armée. Quant à la police constitutionnelle, elle s'expliquait par des idées qui seront exposées un peu plus loin.

Pour ce qui est de l'élaboration des lois, le principe de la séparation des pouvoirs avait été rigoureusement appliqué. Non seulement le vote, mais encore la proposition, l'initiative en étaient réservés à l'Assemblée législative. Le roi, comme le président des États-Unis d'Amérique, ne pouvait pas lui proposer un projet de loi en forme. Il pouvait seulement signaler

à son attention les objets sur lesquels il pensait qu'il
serait utile de légiférer. L'initiative était refusée au
roi, même pour les lois de finances, pour le budget ;
il avait, au contraire, la proposition du contingent
militaire annuel.

La logique du système eût voulu aussi que le roi
ne pût arrêter, empêcher la promulgation, l'application des lois votées par l'Assemblée. C'est ce qu'avait
soutenu Sieyès avec beaucoup de force. Mais la théorie de la monarchie constitutionnelle, telle que, sur
le modèle de l'Angleterre, l'avaient construite les
publicistes, particulièrement Locke et Montesquieu,
considérait comme nécessaire, pour assurer l'indépendance même du roi à l'égard du pouvoir législatif,
de lui donner un droit de *veto* absolu sur les lois. Ce
fut encore là l'objet d'un débat solennel à la Constituante.

Un parti important, celui qui voulait une monarchie à l'anglaise et qui dominait dans le premier
Comité de Constitution, voulait donner au roi la *sanction* des lois, ce qui eût été un *veto* radical et absolu :
le roi eût été partie du pouvoir législatif, et aucune
loi n'aurait pu se former sans son adhésion, qu'il eût
pu indéfiniment refuser. Certains amis sincères de la
Révolution, Mirabeau en particulier, soutenaient cette
opinion. Mais elle était trop contraire au principe de
la séparation pour se faire adopter. La Constitution
donna au roi un *veto*, mais simplement suspensif et
Louis XVI adhéra à cette solution. Ce *veto* pouvait
durer environ quatre ans. Le roi pouvait, en effet,

l'opposer à la même loi votée par une première législature, puis par une seconde. Mais si la troisième
législature la votait encore dans les mêmes termes,
le *veto* était épuisé. Ici encore ce résultat était mas-
qué par une fiction. La Constitution donnait en apparence la *sanction* au roi. Les projets votés par l'Assemblée législative portaient simplement le nom de *décrets;* ils ne devenaient des lois que lorsque le roi les
avait sanctionnées. Mais lorsque le *veto* était épuisé,
la Constitution disait que le roi était *censé* y avoir
donné sa sanction. D'ailleurs certains *décrets* du Corps
législatif étaient soustraits au *veto* et avaient force de
loi par eux-mêmes : les lois de finances et les décrets
par lesquels s'exerçait la police constitutionnelle.

La solution du *veto* suspensif était très peu satisfai-
sante. En effet, au lieu de résoudre les conflits, elle les
prolongeait, les rendait plus irritants. Combien avait
été meilleure la solution adoptée par la Constitution
des États-Unis. Elle donnait aussi un droit de *veto* au
président; mais ce droit, lorsqu'il est opposé, a pour
effet de faire revenir la loi immédiatement devant les
deux Chambres. Celles-ci peuvent la voter à nouveau,
mais pour qu'elle passe, il faut qu'elle réunisse cette
fois, dans chaque Chambre, non plus la majorité simple, mais les deux tiers des voix. Ainsi votée, elle
triomphe du *veto;* sinon, c'est celui-ci qui l'emporte.

Le roi, étant le titulaire du pouvoir exécutif, aurait
dû, d'après le principe de séparation, posséder ce pouvoir dans son entier et l'exercer librement, à condition
de se conformer aux lois. Il était loin d'en être ainsi.

En ce qui concerne les *relations extérieures*, il l'avait vraiment et largement. Les puissances étrangères n'avaient affaire qu'à lui. Il nommait et dirigeait les ambassadeurs et agents diplomatiques de la France. Il négociait par eux tous les traités : il est vrai qu'il ne pouvait ratifier ceux-ci que si le Corps législatif les avait approuvés ; mais c'est là une règle qu'on retrouve dans plusieurs constitutions françaises ou étrangères. La guerre ne pouvait être déclarée que sur sa proposition. A la vérité, il fallait qu'elle fût décrétée par le Corps législatif, mais c'est là le droit commun des peuples modernes. La guerre étant déclarée, l'Assemblée pouvait d'ailleurs toujours requérir de lui qu'il négociât la paix.

Mais relativement à l'administration intérieure sa condition était toute différente. Pour l'administration générale, comme on le verra plus loin, il n'avait pas un seul agent à sa nomination et ne pouvait en révoquer aucun. Les corps administratifs élus dont il devait se servir pouvaient être seulement suspendus par lui de leurs fonctions ; mais alors l'affaire était portée devant l'Assemblée législative exerçant la police constitutionnelle et c'était elle qui disait le dernier mot. Le roi nommait seulement les préposés en chef aux contributions indirectes et aux douanes et les officiers des monnaies.

Dans l'ordre judiciaire, il ne nommait que les commissaires qui exerçaient certaines fonctions de l'ancien ministère public.

Dans l'ordre militaire, il conférait le commandement des armées et des flottes de guerre ainsi que les grades de maréchal de France et d'amiral. Quant aux autres grades, il disposait seulement d'une fraction qui décroissait à mesure qu'on descendait dans la hiérarchie.

Reste un point d'importance capitale : le choix et le rôle des ministres. La Constitution, complétée à cet égard par la loi des 27 avril-25 mai 1791 sur l'organisation du ministère, avait adopté une solution bâtarde et pleine de dangers. La Constituante avait eu à choisir entre deux systèmes.

L'un, conséquence logique et rigoureuse de la séparation des pouvoirs, fait des ministres de simples agents du pouvoir exécutif. Il en résulte qu'ils ne peuvent pas être en même temps membres du Corps législatif, et même qu'ils n'ont pas de relations suivies avec lui, n'assistant pas et ne prenant pas part à ses débats. Il en résulte aussi qu'ils ne dépendent que du titulaire du pouvoir exécutif, qui les nomme et les révoque à son gré. Ils ne dépendent en aucune façon du Corps législatif, qui ne peut leur demander de comptes tant qu'il ne les met pas en accusation. C'est le système suivi aux États-Unis d'Amérique.

L'autre système, c'est le *gouvernement parlementaire*, qui était alors pleinement développé en Angleterre, et suffisamment connu en France, comme le prouvent les débats de l'Assemblée constituante. Les ministres, dans ce système, sont naturellement membres du Corps législatif, et pris dans la majorité de celui-ci. Ils participent aux débats des Chambres, où ils prennent la direction politique. Ils doivent quitter le pouvoir lorsqu'ils ont perdu la confiance et l'appui de la majorité parlementaire.

L'Assemblée constituante n'adopta franchement ni l'un ni l'autre de ces systèmes et voulut, chose impossible, avoir à la fois les avantages de l'un et de l'autre.

La Constitution proclamait, d'un côté, qu'au roi seul appartenait le choix et la révocation des ministres, et n'édictait que leur *responsabilité pénale*. Elle interdisait au roi de les prendre parmi les membres du Corps législatif, et même parmi les anciens députés si ce n'est deux ans après la cessation de leurs fonctions. Cette disposition qui allait plus loin que ne l'exige logiquement le principe de la séparation des pouvoirs, avait été surtout inspirée par la crainte, si répandue au xviii° siècle, de voir les défenseurs du peuple tentés et corrompus par l'appât du pouvoir.

Mais, d'autre part, la loi du 27 avril décida que le Corps législatif pourrait toujours adresser au roi (art. 28), telles « observations qu'il jugera convenables sur la conduite des ministres et même lui déclarer qu'ils ont perdu la confiance de la nation ». La Constitution portait aussi que les ministres auraient entrée et place réservée au Corps législatif et « qu'ils seront entendus toutes les fois qu'ils le demanderont, sur les objets relatifs à leur administration ou lorsqu'ils seront requis de donner des éclaircissements. Ils seront également entendus sur les objets étrangers à leur administration, quand l'Assemblée nationale leur accordera la parole ». Termes ambigus, comme le système qu'ils traduisaient, et que l'Assemblée législative interprétera de manière à faire des ministres du roi simplement, dans leurs rapports avec elle, les serviteurs de l'Assemblée. Le roi, bien entendu, n'avait pas le droit de dissoudre l'Assemblée avant l'expiration de ses pouvoirs. Le droit de dissolution est un des traits naturels du gouvernement parlementaire.

Dans ce régime qui, non seulement, reposait sur le principe de la souveraineté nationale, mais encore mettait à l'élection la plupart des fonctions publiques, le régime électoral était le grand ressort et la force vitale. Il reposait sur deux principes essentiels.

Le premier était la distinction, due à Sieyès, des *citoyens actifs* et des *citoyens passifs;* les premiers jouissaient seuls des droits politiques c'est-à-dire de ceux qui donnent une participation à l'exercice de la puissance publique, au gouvernement ou à l'administration. Par suite, seuls ils avaient le droit de suffrage. Les seconds jouissaient seulement des droits que nous appelons les *droits individuels* et qu'alors on appelait ordinairement les *droits civils.* D'après la Constitution, étaient citoyens actifs ceux qui étaient nés ou devenus Français, âgés de 25 ans accomplis, domiciliés de fait dans un canton depuis un an, et qui payaient une contribution directe de la valeur de trois journées de travail[1]. Il fallait de plus qu'ils

---

[1] V. ci-dessus, p. 19.

ne fussent pas domestiques ou serviteurs à gages.

On le voit ce n'était pas le suffrage universel ; mais on s'en rapprochait de bien près, car pour le calcul de ce léger cens électoral, on prenait pour base la valeur de la journée du manœuvre, c'est-à-dire la moins payée.

Le second principe, c'est que sauf de rares exceptions (élection des municipalités, des juges de paix) le scrutin n'était pas direct, mais à deux degrés. Les citoyens actifs réunis au chef-lieu de chaque canton, en *assemblée primaire*, élisaient, non des députés ou des fonctionnaires, mais des *électeurs*, comme on disait alors, c'est-à-dire des électeurs du second degré. Pour être choisi comme électeur, il fallait des conditions particulières de cens ou de propriété, dont la réglementation a toute une histoire sous la Constituante. Les électeurs du second degré formaient des *assemblées électorales* où se faisaient les élections proprement dites. Il y avait les *assemblées électorales de département*, comprenant les électeurs choisis par toutes les *assemblées primaires* du département ; et les *assemblées électorales de district*, qui comprenaient seulement les électeurs choisis par les assemblées primaires du district.

Ces électeurs qui étaient élus pour deux ans (à chaque renouvellement du Corps législatif) étaient le grand moteur du système gouvernemental et administratif créé par la Constituante. Ils devaient procéder à toutes élections qu'il y aurait lieu de faire pendant ce laps de temps.

L'Assemblée électorale de département élisait les députés au Corps législatif, les membres de la Cour de cassation, les hauts jurés de la Haute-Cour de justice, le président et l'accusateur public du tribunal criminel de département, les administrateurs de département et enfin l'évêque.

L'assemblée électorale de district élisait les administrateurs du district, les juges du tribunal de district et le curé[1].

On a accusé, soit sur le moment, soit depuis, les auteurs de la Constitution de 1791 d'avoir sciemment organisé pour un roi une constitution profondément républicaine. Le reproche n'est pas fondé, en ce sens qu'en 1791 comme en 1789, l'Assemblée constituante, presque sans discordances, voulait maintenir la monarchie. Mais, la majorité, plus attachée encore aux principes dégagés par le mouvement d'esprits du xviiie siècle, n'admettait la monarchie que si elle se pliait à la suprématie de la souveraineté nationale. Cette majorité était en même temps imbue de l'idée, si souvent répétée au xviiie siècle, qu'il fallait se défier du pouvoir royal et surtout du pouvoir ministériel pour conserver la liberté. Ainsi s'explique la Constitution de 1791.

II

La Convention, dès sa première séance, proclama un principe nouveau et important, c'est que toute

[1] Sur l'application de la Constitution de 1791, V. Esmein, *Gouverneur Morris*, ch. 4, p. 210 et s.

constitution devait être ratifiée par le suffrage populaire [1]. Au bout de quelques mois elle se mit à en préparer une nouvelle. Dans le premier comité nommé à cet effet dominaient les Girondins, et l'on appelle ordinairement *Constitution girondine* le projet que prépara ce comité [2] et dont Condorcet fut l'éminent et éloquent rapporteur. La discussion commença; mais bien avant qu'elle fût terminée, se produisit la chute des Girondins. Le Comité de salut public fut alors chargé de préparer un autre projet dont le rapporteur fut Hérault-Séchelles. Le nouveau projet fut discuté et accepté par l'Assemblée avec quelques modifications. Ce fut la Constitution du 24 juin 1793, qui fut soumise à la ratification des assemblées primaires et votée par elles à une très grande majorité. Les idées qu'elle traduisait étaient bien à cette époque celles de la majorité de la Convention; ce qui le prouve c'est qu'avec bien des divergences quant aux procédés par lesquels elles en faisaient l'application, les idées essentielles se trouvent les mêmes dans le projet de Constitution girondine et dans la Constitution jacobine que rapporta Hérault-Séchelles. Le but que l'on visait, c'était l'extrême démocratie, telle qu'on la concevait alors. J'ai étudié ailleurs l'essai de gouvernement direct en matière législative que contenait la Constitution de 1793, le système de *referendum* qu'elle établissait à cet égard, et qui a exercé une réelle influence sur les institutions

[1] Esmein, *Éléments de droit constitutionnel*, p. 320.
[2] Duguit et Monnier, *Les Constitutions de la France*, p. 55.

de la Suisse contemporaine [1]. Voici les autres points saillants :

Le suffrage universel était établi : tout homme né et domicilié en France, à l'âge de 21 ans accomplis, était électeur. Pour l'élection des députés au Corps législatif le suffrage était direct (art. 8); il continuait à être à deux degrés pour le choix des administrateurs et des juges (art. 9), et, chose notable, Robespierre avait beaucoup insisté sur ce point, afin d'éviter que ces fonctionnaires locaux ne se considérassent comme les vrais représentants de la Nation. La population étant la seule base de la représentation nationale; il y avait un député par quarante mille individus et les assemblées primaires étaient groupées afin d'élire chacune un député.

Le pouvoir législatif (avec la ratification nécessaire du peuple dans certains cas) était confié à une assemblée unique, une, indivisible et permanente. Elle n'était élue que pour un an, se réunissant le 1er juillet de chaque année et se renouvelant intégralement. Ses séances étaient nécessairement publiques. Le Conseil exécutif (pouvoir exécutif), était en rapports constants avec elle. « Il a entrée et une place marquée au lieu de ses séances. Il est entendu toutes les fois qu'il a un compte à rendre. Le Corps législatif l'appelle dans son sein, en tout ou en partie, lorsqu'il le juge convenable ». Un trait bien curieux, qui indiquait à la fois la sincérité et le manque de sens pratique chez

---

[1] V. Esmein, *Éléments de droit constitutionnel*, p. 325 et s.

ceux qui avaient rédigé cette Constitution, c'est que,
d'après l'art. 48, l'Assemblée ne pouvait refuser la parole à ses membres dans l'ordre où ils l'ont réclamée.
Ce qui montre encore cet état d'esprit c'est que d'après
l'art. 53 devaient être soumis au suffrage populaire
en tant que lois « l'administration générale des revenus et des dépenses ordinaires de la République (le
budget)..., la nature, le montant et la perception des
contributions, la déclaration de guerre;... la poursuite et la responsabilité des membres du Conseil et
des fonctionnaires publics ».

Le pouvoir exécutif était confié à un Corps et non
à un individu, tout pouvoir individuel paraissant alors
clairement et inévitablement monarchique; mais on
avait poussé l'idée jusqu'à l'absurde, ou plutôt, on
avait constitué ce Corps à l'image des grands comités
exécutifs de la Convention. C'était un Conseil exécutif de 24 membres. Il était élu cependant dans des
conditions, qui n'étaient point faites pour l'affaiblir
encore. Il était élu, en effet, pour deux ans, renouvelé par moitié dans les derniers mois de chaque législature, tandis que le Conseil législatif n'était élu
que pour un an. Mais par qui était-il élu? La logique démocratique et celle de la séparation des pouvoirs auraient peut-être voulu qu'il fût élu directement par le peuple. La Convention se garda bien de
le décider ainsi. Elle le fit élire par le Conseil législatif. Il est vrai que celui-ci devait en choisir les membres sur une liste de candidats présentés par les assemblées électorales des départements (suffrage à

deux degrés) à raison d'un candidat par département.
Que de précautions et de complications !

Le Conseil exécutif avait sous lui des ministres, qui
étaient appelés (art. 66) « les agents en chef de l'administration générale de la République ». Il les choisissait hors de son sein. Il était dit d'ailleurs
(art. 68) « Ces agents ne forment point un Conseil;
ils sont séparés, sans rapports immédiats entre eux;
ils n'exercent aucune autorité personnelle ».

Quant aux pouvoirs du Conseil exécutif, ils étaient
ainsi déterminés :

« *Art. 65.* — Le Conseil est chargé de la direction
et de la surveillance de l'administration générale; il
ne peut agir qu'en exécution des lois et des décrets
du Corps législatif. — Art. 70. Il négocie les traités.
— Art. 73. Il nomme et révoque les agents à sa nomination. — Il est tenu de les dénoncer, s'il y a lieu,
devant l'autorité judiciaire ».

Les membres du Conseil exécutif ne pouvaient point
être révoqués par le Corps législatif. Ils pouvaient
seulement (art. 71) être « en cas de prévarication
accusés par le Corps législatif ». L'art. 72 ajoutait :
« Le Conseil est responsable de l'exécution des lois et
des décrets et des abus qu'il ne dénonce pas ».

La Constitution de 1793 n'a jamais été appliquée.
Avant qu'elle fût entrée en vigueur l'application en
fut suspendue par les lois de l'an II qui établissaient
le Gouvernement révolutionnaire proprement dit jusqu'à la paix. Après le 9 thermidor an II, un changement profond se produisit dans l'opinion publique.

Les hommes politiques, ceux des conventionnels qui avaient survécu, firent un retour sur eux-mêmes. Le passé avait porté ses fruits; le rêve de démocratie sans bornes s'était dissipé. Bien d'autres erreurs commises étaient maintenant reconnues, et notamment les dangers d'une assemblée unique : tout en conservant l'amour de la liberté, on la voulait réglée et pondérée. Cependant la Constitution du 24 juin 1793 était là, munie de toutes les sanctions. Pouvait-on se dispenser de la mettre en activité? Une Assemblée constituante (et c'était essentiellement ce qu'était la Convention) pouvait-elle, après avoir voté une Constitution, en voter une autre, ou ses pouvoirs à cet égard, n'étaient-ils pas épuisés? D'ailleurs la Constitution de 1793 avait ses partisans, les survivants des Jacobins, et ce fut en partie pour en réclamer l'application que se produisit l'insurrection du 1er prairial an III. Des discussions assez confuses avaient eu lieu à la Convention sur cette question. Une commission fut nommée pour préparer des lois organiques destinées à compléter la Constitution. Par l'organe de son rapporteur Cambacérès, elle proposa, le 29 germinal an III, de nommer une nouvelle commission de onze membres, avec des pouvoirs tels qu'il était clair qu'on chargeait les onze de faire une Constitution nouvelle. C'est ce qui eut lieu, et le rapporteur Boissy d'Anglas en déposa à l'Assemblée le nouveau projet le 5 messidor an III. Il fut discuté pendant les mois de messidor et de thermidor et devint la Constitution du 5 fructidor an III. Elle fut soumise aux assemblées

primaires, et le 1ᵉʳ vendémiaire an IV, la Convention
constatait l'acceptation du peuple français. Ce fut
d'ailleurs, il faut le reconnaître, cette intervention
directe du peuple en matière constitutionnelle qui
permit de mettre de côté la Constitution du 24 juin
1793 : si le peuple souverain le voulait, il n'y avait
plus d'obstacles.

III

La Constitution de l'an III, c'est la Constitution de
1791, corrigée, améliorée et, de monarchique, devenue républicaine. C'est, on peut le dire, la mieux
rédigée des diverses Constitutions qu'a eues la France.
Par la forme républicaine, les principes reprenaient
leur véritable équilibre, et les deux essentiels : la souveraineté nationale et la séparation des pouvoirs,
pouvaient s'appliquer sans détours et sans fictions.

Le système électoral était, à peu de chose près, le
même qu'en 1791. C'était toujours non seulement
l'élection à deux degrés, mais, à la base, un suffrage
restreint, non universel; seulement il était encore
élargi. Avait droit de vote dans les assemblées primaires tout Français âgé de 21 ans, inscrit sur le
registre civique d'un canton et domicilié en France
depuis un an, qui payait une contribution directe
quelconque, foncière ou personnelle (art. 8 et 13). Il
fallait de plus qu'il fût inscrit aux rôles de la garde
nationale sédentaire et qu'il ne fût pas domestique ou
serviteur à gages : la Révolution est toujours restée
fidèle à ce dernier principe. En outre, l'art. 304 per-

mettait à tout individu non porté sur les rôles des
contributions directes de se faire inscrire à l'administration municipale de sa commune pour une contribution personnelle égale à la valeur locale de trois
journées de travail agricole. C'était offrir la qualité
d'électeur à toute personne qui consentait à payer
environ 1 fr. 50 d'impôt direct. L'article 16 portait
enfin qu'à partir de l'an VIII les jeunes gens ne pourraient se faire inscrire sur le registre civique (et, par
suite, exercer le droit électoral) que s'ils prouvaient
qu'ils savaient lire et écrire et exercer une profession
mécanique ou agricole.

Les assemblées primaires choisissaient les électeurs du second degré parmi les citoyens âgés de
25 ans présentant les conditions de propriété ou de
cens fixées à cet égard par l'art. 35. *L'assemblée
électorale de département*, formée par ces électeurs
du second degré (il n'y avait plus de districts, ni par
suite d'assemblée de district) procédait à toute la série d'élections que nous avons constatées précédemment sous la Constitution de 1791 (art. 41), sauf que
maintenant il n'y avait plus d'évêques, ni de curés à
élire.

Le Corps législatif était composé de deux Chambres, appelées Conseils : le *Conseil des Cinq-Cents* et
le *Conseil des Anciens*. Chose notable, — alors que
la Constituante avait si énergiquement voulu une
Assemblée unique, alors qu'à la Législative et à la
Convention avant le 9 thermidor, le système des
deux Chambres était honni, considéré comme un

signe d'aristocratie, — cette fois non seulement la Commission des Onze le fit immédiatement sien et le proposa, mais de plus pas une voix ne s'éleva à la Convention pour le contester.

Les deux Chambres se présentaient sous un aspect particulier et nouveau : elles étaient à la fois semblables et différentes.

Elles étaient semblables par leur origine; étant élues par les mêmes électeurs, par les assemblées électorales, qui procédaient d'abord à l'élection des membres du Conseil des Anciens, puis à celle des membres du Conseil des Cinq-Cents, attribués au département. Quant à leur composition, les deux assemblées ne différaient que : 1° par le nombre de leurs membres, l'une en comptait 500 (de là son nom), et l'autre (les Anciens) 250 ; 2° par les conditions exigées pour l'éligibilité : pour être élu (à partir de l'an VIII) au Conseil des Cinq-Cents, il fallait avoir 30 ans et avoir résidé sur le territoire de la République pendant les dix années précédentes; pour être élu au Conseil des Anciens, il fallait avoir 40 ans d'âge, quinze ans de résidence et être marié ou veuf (art. 8). Le Corps législatif ainsi composé était *permanent* et perpétuel, chacun des deux Conseils se renouvelant par tiers tous les ans.

Mais les deux Chambres différaient par leurs attributions. Aux Cinq-Cents seuls appartenait la proposition, l'initiative de la loi. Les Anciens ne l'avaient pas, ni même le droit d'amendement. Ils ne pouvaient qu'admettre en bloc ou repousser purement et sim-

plement le projet qui avait été voté par les Cinq-
Cents.

D'ailleurs, toutes les précautions avaient été prises
pour que dans ces Assemblées, les désordres antérieurs ne pussent pas se reproduire. Leur règlement
fut fait par une loi de la Convention. Il leur était défendu par la Constitution de déléguer leurs pouvoirs,
de créer dans leur sein aucun comité permanent. Dans
les tribunes, ces tribunes qui avaient été si terribles
sous la Constituante, la Législative et la Convention,
le nombre des spectateurs admis était limité. Enfin
même, pour éviter les ententes concertées, les coalitions formées au cours des séances, les places des
membres des deux Conseils devaient être périodiquement tirées au sort.

Le pouvoir exécutif était confié à un *Directoire
exécutif*, composé de cinq membres, dont un sortait
tous les ans (le tirage au sort déterminant pour la
première fois le roulement) et n'était rééligible qu'au
bout de cinq ans. C'était la conséquence de l'opinion
persistante qui aurait considéré comme un roi, un
président, un magistrat unique investi du pouvoir
exécutif; mais cette fois on ramenait le collège à des
proportions à peu près normales. Quant au nom, on
n'avait pas eu à le chercher; il était en circulation
déjà avant 1789. C'est le terme par lequel les lois de
la Constituante désignaient les administrations collectives des départements et des districts.

Les directeurs étaient élus par le Corps législatif;
du moment qu'ils en étaient indépendants, la Com-

mission des Onze et la Convention, après elle, n'avaient pas cru que cela fût contraire au principe de la séparation des pouvoirs, qu'elles appliquaient rigoureusement. Mais, le Corps législatif étant divisé en deux Chambres, la Constitution, dans cette élection comme dans l'élaboration des lois, donnait à chacune d'elles un rôle différent. Les Cinq-Cents dressaient une liste de candidats contenant dix noms pour chaque Directeur à nommer, et les Anciens élisaient, en choisissant un de ces candidats. Par là, on avait voulu, non seulement garder à chaque Conseil son individualité et son influence propre, au moins nombreux comme à l'autre, mais encore donner la prépondérance aux Anciens. Dans les faits, ce calcul fut déjoué : les Cinq-Cents dictaient en réalité l'élection en ne mettant sur la liste des candidats qu'un seul candidat qui fût réellement possible pour cette haute fonction.

Le Directoire prenait ses décisions à la majorité des voix et malheureusement comme le montra l'expérience, il y eut toujours une majorité et une minorité. Chaque Directeur à tour de rôle avait la présidence pendant trois mois.

Quant aux rapports entre le Directoire et le Corps législatif, le principe de la séparation des pouvoirs était logiquement appliqué. Le Directoire n'avait pas la proposition, l'initiative des lois : il pouvait seulement signaler au Conseil des Cinq-Cents les objets sur lesquels il croyait utile de légiférer. Il n'avait aucun *veto;* dans un délai déterminé et très bref il était obligé de promulguer les lois votées par le Corps

législatif; il ne pouvait et devait s'y refuser que lorsqu'elles étaient irrégulières dans la forme, c'est-à-
dire celles dont le préambule n'attestait pas qu'elles
avaient été votées conformément à la procédure établie par la Constitution (art. 131). Le Directoire
n'avait pas non plus et à plus forte raison le droit de
dissoudre le Corps législatif.

Le Corps législatif de son côté n'avait pas légalement prise sur le Directoire. Il ne pouvait pas mander et faire comparaître ses membres devant lui,
mais simplement leur demander des renseignements
et explications par écrit. Il pouvait seulement les
mettre en accusation devant une Haute Cour de justice ; la proposition en appartenait, comme celle des
lois, au Conseil des Cinq-Cents et le Conseil des Anciens admettait ou rejetait.

Le choix et le rôle des ministres répondaient bien
à la forme de gouvernement qui avait été adoptée.
Ils étaient nommés et révoqués librement par le Directoire. Ils ne pouvaient être en même temps membres du Corps législatif ; et même, à partir de l'an V
(art. 136), les anciens membres du Corps législatif
ne pouvaient devenir Directeurs, ou ministres pendant
la première année qui suivait l'expiration de leurs
fonctions (les anciens membres du Corps législatif
pouvaient d'ailleurs seuls fournir les Directeurs).

Les ministres ne formaient pas un Conseil, n'ayant
que des attributions et une responsabilité individuelles ; leur responsabilité était simplement pénale.

Il est remarquable que les pouvoirs du Directoire

étaient sensiblement plus étendus que ceux accordés au roi par la Constitution de 1791 [1]. Cela était vrai pour les relations extérieures ; cela était vrai aussi, comme on le verra plus loin, pour l'administration intérieure.

[1] Esmein, *Gouverneur Morris*, ch. VI, p. 311 et s.

CHAPITRE II

L'ABOLITION DU RÉGIME FÉODAL

L'abolition du régime féodal devait être une des
premières tâches qui s'imposaient à la Révolution.
Depuis des siècles il avait perdu sa raison d'être et
ne rendait plus aucun service réel. Mais les débris
en subsistaient encombrants, gênants et malfaisants.
Les populations des campagnes surtout réclamaient
l'abolition des droits féodaux; toutes en souffraient;
mais ceux-là surtout, parmi les paysans, qui avaient
déjà acquis la terre (il y en avait déjà un assez grand
nombre dans certaines régions) ou qui étaient avides
de l'acquérir, demandaient l'affranchissement de la
propriété[1]. Pour les paysans, c'était alors presque
toute la Révolution.

[1] Les cahiers des paroisses pour les États généraux de 1789 sont
particulièrement instructifs à cet égard. La commission nommée
pour la publication des documents intéressant la vie économique
de la Révolution en a provoqué et organisé la publication aussi
complète que possible. Ont déjà été publiés, au moins en partie,
ceux du Loiret, de la Marne, de la Manche, de la Charente. **V.**

Le régime féodal subsistait encore par les institutions suivantes :

1° Le *servage*. L'édit de 1779 ne l'avait aboli que sur les propriétés de la Couronne et l'avait seulement adouci sur les terres des seigneurs.

2° Les *justices seigneuriales*. Elles subsistaient toujours, innombrables, réduites dans leur compétence, subordonnées étroitement aux justices royales, mal tenues pour la plupart. L'édit de 1788, qui avait pour but de les ruiner sans les supprimer, avait été emporté avec les autres actes se rattachant au lit de justice où il avait été enregistré. D'ailleurs elles n'avaient plus qu'une utilité pour les seigneurs : compétentes pour ordonner le paiement des droits fiscaux et féodaux qui leur étaient dus par leurs sujets et tenanciers, elles étaient pour eux un moyen d'exploitation économique très précieux.

3° Des droits fiscaux importants encore appartenaient aux seigneurs justiciers; profits de justice, confiscations; impôts seigneuriaux indirects, principalement sous la forme de péages ou droits de marché. En dehors de la taille servile, l'impôt direct seigneurial avait à peu près disparu. La taille roturière ne se présentait plus d'ordinaire que sous la forme de taille aux quatre cas; toujours elle était fondée sur un titre ou sur la prescription. Les *banalités*, ou monopoles seigneuriaux, étaient considérées

dans la même collection, *Les comités des droits féodaux et de législation et l'abolition du régime seigneurial*, documents publiés par MM. Sagnac et Caron.

ainsi comme des droits établis sur la convention, ou, à défaut, la prescription immémoriale.

4° Les tenures féodales qui représentaient la forme commune du droit plein sur la terre. C'étaient (en laissant de côté les tenures serviles) les tenures nobles, les fiefs, qui ne comportaient aucune redevance pécuniaire à la charge du vassal, mais entraînaient encore certains devoirs personnels, spécialement l'hommage, et qui étaient soumises à des règles particulières de dévolution. C'étaient les tenures roturières, censives, champarts, rentes féodales, etc., qui mettaient à la charge du tenancier des prestations périodiques (généralement annuelles), en argent ou en nature. Certaines de ces prestations, le cens en particulier, étaient souvent légères, simplement récognitives du *domaine éminent;* mais beaucoup d'autres étaient sérieuses, comme un fermage perpétuel. Les tenures nobles et les tenures roturières valaient surtout au seigneur féodal de qui elles relevaient des *profits :* des droits de mutation lui étaient payés en cas d'aliénation de la tenure; ils étaient dus même lorsqu'elle était transmise héréditairement.

A ces tenures féodales, impliquant une supériorité du seigneur sur le tenancier et souvent au profit du premier des voies d'exécution spéciales pour forcer le second à exécuter ses obligations envers lui, se superposaient d'autres tenures *simplement foncières,* indépendantes du régime féodal et pouvant survivre à son abolition. Ainsi le vassal et le censitaire avaient pu bailler à rente foncière leur fief ou leur censive; et de là des complications nouvelles. Sans doute, le plus souvent ces tenures féodales ou foncières, avaient eu pour origine une concession de terre, favorable au tenancier; mais à mesure que le temps s'écoulait, l'origine première, qui remontait souvent à plusieurs siècles en arrière, s'oubliait : le souvenir du bienfait se perdait, et le poids de la charge restait seul. Bien entendu, ces droits féodaux étaient autant de gênes pour le commerce des terres, d'autant plus qu'aux droits de mutation des seigneurs s'était ajouté le centième denier dû au roi.

Une liquidation était nécessaire et inévitable. Mais comment la faire pacifique et équitable? Tous ces droits, même celui du seigneur sur ses serfs, c'étaient des propriétés qui, depuis des siècles étaient légitimes, se transmettaient, se vendaient, faisaient partie des patrimoines. Sans doute la monarchie avait eu la pensée de supprimer, sans indemnité, les juridictions seigneuriales[1], mais c'était parce qu'elles coûtaient aux seigneurs plus qu'elles ne leur rapportaient. Au xviiie siècle, le pouvoir royal avait plus profondément le respect de cette propriété. Dans le préambule de l'Édit de 1779, Louis XVI déclarait que, s'il avait supprimé le servage sur les terres des seigneurs, il se serait cru obligé de leur donner une indemnité. Dans les déclarations qu'il vint apporter aux États généraux le 23 juin 1789, il proclamait encore que les droits seigneuriaux et féodaux étaient des propriétés sacrées et intangibles.

[1] Esmein, *Histoire de la procédure criminelle en France*, p. 184.

Cependant cela ne pouvait se soutenir, sans distinctions. Les hommes de ce temps, formés par la philosophie du xviiie siècle, tenaient, avec raison, que la liberté humaine est inaliénable ; les droits sur la personne même du serf devaient tomber : l'ancien droit lui-même n'admettait-il pas qu'un esclave en touchant le sol de la France, devenait libre ?

Quant aux droits seigneuriaux de justice et de fisc, c'étaient des démembrements de la puissance publique qui, selon les principes exacts, ne pouvaient appartenir à des particuliers, mais seulement à l'État. C'étaient donc des usurpations que rien ne pouvait justifier, pas même les concessions que pouvait en avoir faites le pouvoir royal dans des temps de barbarie et de décomposition sociale. Même d'après les principes de notre ancien droit, tel qu'il existait au moins depuis le xive siècle, ces droits seigneuriaux étaient fort difficiles à justifier pour les juristes ; car c'étaient des droits de la Couronne ; ils faisaient partie du domaine de la Couronne, qui était inaliénable et imprescriptible.

Restaient les tenures féodales et les autres droits féodaux que l'on considérait comme le résultat d'une concession originaire ou d'un contrat. Ceux-là étaient bien de véritables propriétés privées et légitimes, à une condition pourtant, c'est qu'il fût reconnu qu'ils étaient bien nés d'un contrat et n'avaient pas été établis par la force ; qu'ils avaient été créés par l'accord des volontés libres et non imposés par la violence. Mais comment le savoir ? Il semble que le moyen était bien simple : exiger que le seigneur représentât le contrat primitif, ou des titres postérieurs qui en étaient la reconnaissance. Mais cela eût presque équivalu — on le verra bien plus tard — à l'abolition pure et simple des droits féodaux. Car le titre primitif était souvent si ancien, qu'il avait dû se perdre fatalement dans le cours des siècles. Souvent ce titre primitif, contemporain de la concession, n'avait jamais existé. Il fallait forcément suppléer à cette preuve impossible par des présomptions raisonnables.

Les droits féodaux de cette nature, dépouillés de la supériorité qu'ils supposaient et des protections privilégiées dont ils jouissaient, devaient être respectés et conservés. Devaient-ils être conservés indéfiniment? Non, car tous réclamaient la propriété foncière libre, l'affranchissement des terres. C'était le vœu des juristes, qui depuis des siècles considéraient comme le vrai type de la propriété foncière la propriété absolue du droit romain. C'était le vœu des économistes. C'était, nous l'avons dit, le vœu ardent des paysans. Il fallait abolir les droits féodaux, mais en donnant aux seigneurs une juste indemnité; il fallait les déclarer *rachetables*, et peut-être aussi les droits perpétuels simplement fonciers. Mais qui paierait cette indemnité aux seigneurs? Cela aurait pu être l'État; mais, étant donnée la condition où se trouvaient les finances, il n'y fallait pas songer. Ce pouvait être les communautés d'habitants, et des projets en ce sens seront produits à l'Assemblée constituante. Mais la solution la plus simple et la plus

équitable était de laisser le rachat à la charge de ceux
qui en profitaient immédiatement et privativement,
c'est-à-dire des tenanciers eux-mêmes.

Ces idées s'agitaient dans les années qui ont précédé la Révolution. On voit émis par Le Trosne, dans
son livre sur *L'administration provinciale et la réforme de l'impôt* [1], un plan très hardi sur l'abolition
des droits féodaux. Il repose surtout sur cette idée
que le roi devrait d'abord renoncer aux droits féodaux, sur les fiefs et tenures qui relèvent de lui;
on pourrait alors demander le même sacrifice aux
autres seigneurs, car chacun gagnerait d'un côté ce
qu'il perdrait de l'autre, étant déchargé des obligations qu'il avait comme vassal à l'égard de son propre seigneur. En 1787, dans un opuscule qui fut condamné par le Parlement de Paris, Boncerf, employé
du domaine, exposait tout un système de rachat des
droits féodaux [2]. L'Assemblée constituante trouvera
la question préparée.

Mais la solution sera aussi dictée en partie et imposée par un autre facteur : la pression grandissante
de l'opinion publique, issue des masses populaires.
C'est elle qui produira la nuit du 4 août; elle qui
poussera l'Assemblée législative à remplacer par un
système plus radical le système équitable admis par
la Constituante; elle enfin qui inspirera la condam-

---

[1] Édition de 1788, t. II, p. 358. *Dissertation sur la féodalité*,
p. 438 et s., particulièrement, p. 479 et s. D'ailleurs, au dernier
degré inférieur il admettait le rachat des droits féodaux, p. 484
et s.

[2] *Les inconvénients des droits féodaux*, Londres, 1786.

nation absolue prononcée par la Convention. Sans
doute aussi ce qui fouetta l'opinion, ce fut l'attitude
qu'avait prise la noblesse, à qui appartenait la plus
grande partie des droits féodaux ; ce fut un résultat
de l'émigration, qui retomba même sur les nobles qui
n'avaient point émigré.

Dans de nombreuses régions, pendant le printemps
et l'été de 1789, des bandes de paysans, profitant de
l'état d'anarchie qu'avaient préparé les conflits de
1788 et qui se prolongeait par suite de la Révolution,
cherchaient à résoudre elles-mêmes le problème par
la méthode de la jacquerie; elles brûlaient les châ-
teaux et détruisaient les titres des seigneurs. Le mal
prenait des proportions redoutables, et le 4 août, dans
une séance de nuit, l'Assemblée nationale délibérait
sur ces désordres et sur les moyens de les prévenir.
Le duc de Noailles et le duc d'Aiguillon avaient soutenu le rachat des droits féodaux par les communautés d'habitants, lorsque monta à la tribune un député
breton, Kérengal, qui, dans un langage ardent, demanda aux seigneurs et aux privilégiés de sacrifier
au salut de la patrie leurs droits et leurs privilèges.
L'élan se communiqua à l'assemblée entière, et amena
à la tribune un long défilé des principaux représentants de la féodalité subsistante et des ordres et corps
privilégiés qui vinrent solennellement renoncer à
leurs prérogatives. Ce fut une suite admirable de
déclarations généreuses, d'ailleurs souvent inconsi-
dérées et confuses. C'était comme une enchère du
sacrifice, et rien ne donne mieux l'impression pro-

fonde dés mouvements passionnés de l'Assemblée
que le procès-verbal officiel de cette séance, qui n'é-
tait possible que chez des Français cultivés du xviii°
siècle[1]. La liste des sacrifices dépassait de beaucoup
la question des droits féodaux ; on mit dans le tas les
exemptions, les ordres privilégiés, les privilèges des
provinces et des corps, la dîme. Au point de vue féodal, à côté des renonciations d'une portée générale
on visait des droits très particuliers et en apparence
peu importants, mais très odieux aux populations.
C'était un peu le chaos. Dans les jours qui suivirent,
l'Assemblée, par une série de résolutions, chercha à
mettre un peu d'ordre dans cet effondrement, à clas-
ser les droits qu'avait jetés à bas la tempête bienfaisante, à sauver ceux qui devaient être préservés. Ce
fut l'objet du décret des 4, 7, 8 et 11 août 1789. L'article 1er, qui posait le principe de la liquidation, était
ainsi conçu : « *L'Assemblée nationale détruit entière-*
ment la féodalité et décrète que dans les droits féodaux, tant féodaux que censuels, ceux qui tiennent à
la mainmorte réelle ou personnelle et à la servitude
personnelle et ceux qui les représentent, sont abolis
sans indemnité, et tous les autres déclarés rachetables ; et que le prix et le mode du rachat seront
fixés par l'Assemblée nationale. *Ceux de ces droits qui*
ne sont point supprimés par le décret continueront

[1] *Procès-verbaux de l'Assemblée nationale* (collection Baudoin),
t. II : « Alors comme à l'envi, les âmes saisies d'un enthousiasme
qui croissait à chaque instant se sont élevées à toute la franchise
de leur zèle ».

néanmoins à être perçus jusqu'au remboursement.
Les art. 2 et 3 abolissaient le droit des fuies et
colombiers, le droit exclusif de chasse et des garennes
ouvertes. Les justices seigneuriales étaient supprimées sans indemnité (art. 4) et les dîmes abolies
(art. 6), sauf les dîmes inféodées.

Les intentions étaient excellentes, mais la loi était
imprudente. L'opinion publique, les paysans intéressés, s'empareront du principe proclamé au début.
« L'Assemblée nationale détruit entièrement la féodalité », sans s'inquiéter des réserves qui suivent,
sans tenir compte de l'avertissement précis qui ter-
mine cet article ; si bien que, dès lors, les lois postérieures, précises et détaillées qui maintiendront certains droits, jadis féodaux, comme simplement rachetables et en organiseront le rachat, seront discrédi-
tées d'avance et ne seront pas obéies.

L'Assemblée constituante se mit pourtant aussitôt
au travail pour préciser les conditions de cette immense liquidation. Dès le 12 août elle nomma un Comité des droits féodaux dont le président fut Goupil
et dont le membre le plus influent fut le grand jurisconsulte Merlin (de Douai), assisté de Tronchet,
Salmon et Rewbell.

Le principe, auquel le Comité s'arrêta, et après
lui l'Assemblée, fut la distinction entre la *féodalité contractante* et la *féodalité dominante*. Elle
se trouve admirablement exposée (bien que les termes mêmes n'y soient pas) dans le rapport de Merlin,
sur lequel fut rendu le décret des 15-28 mars 1790,

la loi capitale de l'Assemblée constituante sur la matière. La *féodalité contractante* désignait les droits féodaux nés des libres accords ou des concessions de terres et qui devaient être maintenus, sauf rachat. La *féodalité dominante*, au contraire, c'étaient les obligations que les seigneurs, dans la période d'anarchie ancienne, avaient imposées par la force à quelques-uns ou à l'ensemble de leurs sujets et ces droits, qui le plus souvent étaient aussi un empiètement sur les droits de l'État, devaient être supprimés sans indemnité. Mais pour faire le départ entre les deux catégories, le décret posait des présomptions légales. Elles étaient tirées de la nature même des droits qu'il s'agissait de conserver ou d'abolir, et, en effet, on ne pouvait guère procéder autrement. Parfois la présomption était irréfragable, n'admettant aucune preuve contraire qui pût faire ranger le droit dans l'autre catégorie; tantôt, la présomption cédait devant la preuve contraire : ainsi on pouvait prouver que le droit n'avait été établi au profit du seigneur qu'en retour d'une concession obtenue ou d'un avantage fourni par ce dernier. Voici, dans les grandes· lignes, quelle était l'économie de cette loi.

A. — Étaient abolis sans indemnité :

1° Le servage et tous les droits qui en dérivaient. Les tenures serviles étaient à peu près assimilées aux tenures roturières. Cependant la loi maintenait, toujours sauf rachat « les charges, redevances, tailles et corvées réelles ».

2° La suppression sans indemnité des justices sei-gneuriales était confirmée.

3° Pour ce qui est des droits qui représentaient plus ou moins exactement l'ancien impôt féodal, y compris les banalités, ils étaient un peu moins sévèrement traités. Ils étaient bien, en principe, compris dans la féodalité dominante. Mais assez souvent la loi permettait au seigneur de faire la preuve contraire et indiquait dans chaque cas, comment elle devait être administrée. Cela s'appliquait aux droits de péage et de marché sous leurs formes diverses (art. 9-26) et aux monopoles, banalités et prélèvements faits d'autorité seigneuriale. D'après l'art. 8, étaient supprimés sans indemnité « les droits de meilleur cattel ou mortemain, de taille à volonté, de taille ou d'indire aux quatre cas, de cas impérieux, d'aide seigneuriale » et, d'après l'art. 27 « toutes corvées, à la seule exception des réelles, sont supprimées sans indemnité et ne seront réputées corvées réelles que celles qui seront prouvées être dues pour prix de la concession de la propriété d'un fonds ou d'un droit réel ».

4° En tête du titre III qui avait pour rubrique « des droits seigneuriaux rachetables » était posé (art. 1) ce principe : « sont simplement rachetables et continueront d'être payés jusqu'au rachat effectué tous les droits et devoirs féodaux ou censuels utiles qui sont le prix et la condition d'une concession primitive de fonds ». Et l'art. 2 continuait : « Sont présumés tels, *sauf la preuve contraire* : 1° toutes redevances seigneuriales annuelles en argent, grains, volailles, cire,

denrées ou fruits de la terre... qui se paient et ne sont
dues que par le propriétaire ou possesseur d'un
fonds, tant qu'il est propriétaire ou possesseur et à
raison de la durée de sa possession ; 2° les droits casuels qui, sous le nom de quint, requint, treizièmes,
lods et treizains, lods et ventes, lods et issues, mi-
lods, rachats, venteroles, reliefs, relevaison et autres
dénominations quelconques, sont dus à raison des
mutations survenues dans la propriété, et la possession d'un fonds, par le vendeur, l'acheteur, les dona-
taires, héritiers et tous autres ayant-cause du précédent propriétaire ou possesseur ».

En réalité, étaient ainsi maintenues jusqu'au
rachat, presque toutes les tenures féodales (non serviles) quant au profit pécuniaire qu'elles rapportaient
aux seigneurs. Pour la preuve de ces droits utiles
étaient maintenues (art. 3) les règles du droit antérieur, les effets de la maxime « nulle terre sans seigneur » et même de l'enclave, lorsqu'elle était admise
par la coutume. La preuve proprement dite était
facilitée pour « les propriétaires de fiefs dont les ar-
chives et les titres auraient été brûlés ou pillés à l'occasion des troubles survenus depuis le commencement de l'année 1789 » (art. 6). Enfin les conditions
du rachat furent soigneusement déterminées par le
décret des 3-9 mai 1790.

Mais dans la mesure où elles étaient maintenues,
les anciennes tenures féodales devenaient simplement
foncières. Le propriétaire du fonds au profit duquel
ces charges étaient maintenues perdait toute supério-

rité et toute distinction particulière; les obligations
simplement personnelles qui, jadis en dérivaient,
telles que la foi et hommage, étaient supprimées ;
l'étaient également les voies d'exécution propres aux
seigneurs, telles que la saisie féodale ou censuelle,
et les prérogatives exorbitantes, telles que le retrait
féodal et la retenue censuelle. Enfin les anciens fiefs
devenant des propriétés comme les autres, les règles de
dévolution qui leur avaient été propres, le droit de
l'aînesse en tête disparaissaient (V. encore le décret
des 3-12 avril 1791).

Les tenures simplement foncières et non féodales,
pouvaient survivre purement et simplement à la féodalité. Mais les Assemblées de la Révolution, pour
rendre complet l'affranchissement de la propriété foncière, estimèrent qu'en principe il valait mieux les
déclarer rachetables. Ce fut l'objet d'une législation
particulière à chacune d'elles.

L'Assemblée constituante voulut aussi assurer les
effets de cet affranchissement pour un avenir indé-
fini. Elle voulut empêcher que, par des accords et des
contrats, les particuliers ne créassent, sinon une nouvelle *féodalité contractante*, du moins de nouvelles
charges foncières qui imposeraient de nouveaux
liens. La loi des 18-29 décembre 1790, *sur le rachat
des rentes foncières* qui reste à cet égard la règle fondamentale de notre droit, a décidé dans son article
1er : « Il est défendu de ne plus créer à l'avenir
aucune redevance foncière non remboursable, sans
préjudice des baux à rente ou à emphytéose non per-

pétuels, qui seront exécutés pour leur durée et pourront être faits à l'avenir pour quatre-vingt-dix-neuf ans et au-dessous, ainsi que les baux à vie, même sur plusieurs têtes, à la charge qu'elles n'excèdent pas le nombre de trois ».

II

La législation de l'Assemblée constituante sur la féodalité était sage et équitable ; mais elle était assez compliquée et, en partie, factice. D'autre part, elle ne répondait pas aux impatiences de l'opinion, à laquelle malheureusement la conduite d'un grand nombre de nobles donnait des armes terribles. Aussi cette législation ne resta pas longtemps debout ; un coup décisif lui fut porté par l'Assemblée législative, dans le décret des 18 juin-6 juillet 1792, qui fut voté dans la période où l'Assemblée était engagée dans un conflit avec le roi, dont la principale cause avait été les décrets contre les émigrés et les prêtres insermentés. La nouvelle loi ne répudiait point la distinction entre la *féodalité dominante* et la *féodalité contractante*. Mais pour maintenir effet à cette dernière, elle exigeait la production du titre primitif d'inféodation. L'art. 1er portait : « L'Assemblée nationale, dérogeant aux art. 1 et 2 du titre II du décret du 15 mars 1790 et à toutes lois à ce relatives, décrète que tous les droits casuels, soit censuels, soit féodaux et tous ceux qui en sont représentatifs... sous quelque dénomination que ce soit... sont et demeurent supprimés sans indem-

nité, à moins que lesdits droits ne soient justifiés par
le titre primitif d'inféodation ou d'accensement ou de
bail à cens, être le prix et la condition d'une concession du fonds pour lequel ils étaient perçus, auquel
cas ces droits continueront d'être perçus et d'être
rachetables ». C'était la logique absolue, terrible
pour les anciens seigneurs, qui faisait son apparition.
On ne l'appliquait cependant qu'à une catégorie des
droits précédemment déclarés rachetables, aux droits
casuels; sans doute parce qu'ils paraissaient un empiètement sur les droits de l'État. Mais l'extension de
la règle nouvelle était fatale, et ne devait pas tarder
à se faire. Elle fut réalisée après le 10 août, lorsque
le roi était tombé et son *veto* avec lui, par le décret
des 25-28 août 1792. « Toute propriété foncière, portait l'art. 2, est réputée franche et libre de tous droits
tant féodaux que censuels, si ceux qui les réclament
ne prouvent le contraire dans la forme qui sera pres-
crite ci-après »; et l'art. 1 abolissait dans le passé
« tous les effets qui peuvent avoir été produits par la
maxime *Nulle terre sans seigneur*, par celle de l'enclave, par les statuts, coutumes et règles, soit générales soit particulières, qui tiennent à la féodalité »
L'art. 5 abolissait sans indemnité « tous droits féodaux ou censuels utiles, toutes redevances seigneuriales annuelles en argent, grains, volailles, cire,
fruits de la terre »; tous les droits fiscaux, péages,
droits de marché et banalités qui avaient été conservés
sauf rachat par les lois antérieures « et généralement
tous les droits seigneuriaux, tant féodaux que cen-

suels, conservés ou déclarés rachetables par les lois
antérieures, quelles que soient leur nature et leur
dénomination, même ceux qui pourraient avoir été
omis dans lesdites lois ou dans le présent décret, ainsi
que tous les abonnemens, pensions et prestations
quelconques qui les représentent, à moins qu'ils ne
soient justifiés avoir pour cause une concession primitive de fonds, laquelle cause ne pourra être établie
qu'autant qu'elle se trouvera clairement énoncée dans
l'acte primordial d'inféodation, d'accensement ou de
bail à cens, *qui devra être rapporté* ».

Cette fois, cela équivalait en fait, à la suppression
pure et simple de tous les droits seigneuriaux et féodaux. C'est ce que proclama franchement la Convention par son décret du 17 juillet 1793[1]. Son économie
est résumée dans les deux premiers articles : « Toutes
redevances ci-devant seigneuriales, droits féodaux
censuels, fixes et casuels, même ceux conservés par
le décret du 25 août dernier, sont supprimés sans indemnité. — Sont exceptées des dispositions de l'article
précédent les rentes et prestations purement foncières
et non féodales ». Pour assurer qu'ils ne renaîtraient
jamais et pour en effacer le souvenir, l'art. 6 ordonnait la
destruction de tous les titres féodaux : « Les ci-devant
seigneurs, les feudistes, commissaires à terrier, notai-
res ou autres dépositaires de titres constitutifs ou réco-
gnitifs de droits supprimés par le présent décret ou
par les décrets antérieurs rendus par les Assemblées

---

[1] Le 25 juillet, la Convention votait un décret capital sur les
émigrés.

précédentes, seront tenus de les déposer dans les trois
mois de la publication du présent décret, au greffe
des municipalités des lieux. Ceux qui seront déposés
avant le 10 août prochain seront brûlés ledit jour en
présence du conseil général de la commune; le surplus sera brûlé à l'expiration des trois mois ».

CHAPITRE III

L'ORGANISATION ADMINISTRATIVE

La France soupirait après les libertés locales, autant qu'après la liberté politique. Elle était depuis près de deux siècles enserrée dans une centralisation étouffante, qui avait été relâchée, il est vrai, par l'Édit de 1787 sur les assemblées provinciales. Mais on voulait mieux encore. D'ailleurs l'Édit de 1787 ne concernait que les pays d'élections. Les pays d'États avaient conservé une autonomie plus grande encore, mais leurs privilèges avaient disparu dans la nuit du 4 août. D'ailleurs l'esprit nouveau voulait un régime qui fût uniforme pour la France entière. Mais dans cette réaction contre le passé, on alla trop loin, comme il arrive presque toujours. On fit la décentralisation non seulement administrative, dans le sens des intérêts locaux, mais encore politique, pour la direction des intérêts généraux, et ce fut l'une des erreurs graves de l'Assemblée constituante, la source de bien des maux.

En dehors de cette question de *self government*, la réorganisation administrative en comportait une autre qui était même préalable. L'ancienne France connaissait des divisions administratives multiples et diverses, chaque service public ayant les siennes. Pour ne prendre que les divisions supérieures et principales, il y avait les *gouvernements*, qui étaient surtout des divisions militaires, les ressorts des Parlements pour la justice, les *généralités* pour les impôts, les archevêchés et évêchés pour le culte. Le besoin de régularité et d'uniformité qui dominait maintenant voulait, au contraire, qu'une seule et même division s'adaptât à tous les services : c'est ce que sera le département. Au début on alla même plus loin dans le sens de la régularité. Reprenant des idées émises par certains publicistes du xviiie siècle et notamment par Le Trosne, le Comité de Constitution (qui présenta les projets sur l'organisation administrative) proposa d'abord de faire des divisions égales quant à la contenance et à la forme, toutes celles de la même catégorie, ayant les mêmes dimensions au carré. On revint bientôt de cette aberration.

Dans l'organisation administrative établie par l'Assemblée constituante il y a en réalité deux parties, étroitement liées ensemble, mais distinctes. C'est d'un côté l'*organisation communale*, la commune étant considérée comme l'unité première. Elle fut réglée par le décret du 14 décembre 1789 relatif à l'organisation des municipalités. Puis vint l'*organisation administrative* proprement dite, celle des départements et des districts; elle fut réglée par le décret du 22 décembre 1789, relatif à la constitution des assem-

blées primaires et des assemblées administratives.
Ces deux décrets étaient accompagnés de longues
instructions rédigées par l'Assemblée elle-même (par
l'organe de son Comité).

I

L'organisation municipale prit des traits tout nouveaux. Dans l'ancienne France, elle avait été pendant des siècles un véritable privilège, et les villes
qui le possédaient, qui avaient un *corps de ville*,
présentaient de grandes diversités dans leur organisation, qu'avaient seulement atténuées les ordonnances de Louis XV[1]. Pendant des siècles, dans les
pays d'élections tout au moins, les paroisses des
campagnes n'avaient point eu de véritable organisation municipale; mais simplement l'organe rudi-
mentaire que fournissait l'assemblée générale des
habitants[2]. L'Édit de 1787 sur les assemblées provinciales avait bien créé une organisation plus complète
et normale dans les paroisses des campagnes, mais
fort différente de celle des villes.

Le nouveau régime municipal devait au contraire
s'étendre à toutes les parties du royaume, et l'organisation être la même pour toutes les municipalités,
sauf des différences secondaires tenant au chiffre
plus ou moins élevé de la population. Aussi l'art. 1er
commençait, par détruire toutes les organisa-

---

[1] Esmein, *Cours élémentaire d'histoire du droit français*, p. 616.
[2] *Ibidem*, p. 614.

tions municipales antérieures : « Les municipalités actuellement subsistant en chaque ville, bourg, paroisse ou communauté sous le titre d'hôtels-de-ville, mairies, échevinats, consulats, et généralement sous quelque titre et qualification que ce soit, sont supprimées et abolies »[1].

Mais en un point les nouvelles municipalités ressemblaient aux anciennes. Elles avaient en principe la même circonscription. C'était là un acte conservateur, d'une valeur douteuse. Beaucoup de paroisses des campagnes fournissaient en effet des unités municipales trop peu importantes, sans ressources suffisantes et, par suite, incapables d'une utile administration. Les économistes, Le Trosne en tête, l'avaient bien senti et avaient proposé de créer, à la place des anciennes communautés, de grandes communes. C'est l'idée que s'appropria d'abord le Comité de Constitution et la proposition qu'il fit. Mais elle fut vivement combattue. Mirabeau en particulier l'attaqua avec son prodigieux talent. Il avait combattu les divisions égales et rectilignes et il avait eu raison; il se fit aussi l'avocat des anciennes paroisses, des communautés traditionnelles de l'ancienne France, et ce fut la solution qui l'emporta.

Voici quelle était l'organisation de chaque commune[2] :

Chaque commune avait un corps municipal com-

---

[1] Comp. art. 3.

[2] La ville de Paris fit l'objet d'une législation particulière qui a son histoire et que nous ne pouvons étudier ici.

prenant (selon l'importance de la population) trois membres au moins et vingt et un au plus, le maire compris. Les membres du corps municipal étaient élus directement au scrutin de liste par les citoyens actifs de la commune. Ils étaient élus pour deux ans et renouvelés tous les ans par moitié. Les citoyens actifs élisaient aussi pour deux ans le *maire*, par un scrutin particulier, et, par un autre scrutin, le *procureur de la commune* (et dans les communes importantes, un substitut) chargé de défendre les intérêts et de suivre les affaires de la communauté.

Mais ce n'était là que le noyau de l'organisation municipale; elle se compliquait de deux côtés. En premier lieu, selon le principe qui sera suivi dans l'organisation administrative et qui excluait les fonctionnaires individuels, le maire n'était pas seul chargé de l'exécution pour les intérêts dont la municipalité avait la charge, sauf dans les corps municipaux qui ne comptaient que trois membres. Les autres étaient divisés en *conseil* et en *bureau*. Le bureau, dont le maire faisait toujours partie, était chargé de l'exécution, comme jadis un collège d'échevins; il comprenait le tiers des officiers municipaux, nommés à cet effet pour un an par le corps municipal. Le conseil comprenait en principe tout le corps municipal.

D'autre part, le conseil recevait souvent un fort supplément. Les citoyens actifs de la commune devaient encore élire un nombre de notables double de celui des officiers municipaux. Ils étaient également élus pour deux ans et renouvelables tous les ans par moitié.

Réunis au corps municipal, ils composaient le *Conseil général* de la commune. Le conseil général était appelé à délibérer sur toutes les affaires importantes, que la loi déterminait (art. 54); il s'assemblait de plus toutes les fois que l'administration municipale le jugeait convenable. Ce rouage n'avait pas été prévu dans le projet du Comité; l'Assemblée constituante le créa, sur les observations présentées par certains de ses membres, pour continuer en quelque sorte l'*assemblée générale des habitants* qui existait dans l'ancien droit et qui au xviii° siècle n'était plus composée que de notables[1]. D'ailleurs l'art. 62 parlait aussi de réunions générales des citoyens de la commune, mais simplement dans le but de présenter « des adresses et pétitions soit au corps municipal, soit aux administrations de département ou de district, soit au Corps législatif, soit au roi ».

Pour être élu officier municipal ou notable, il fallait être éligible, c'est-à-dire payer une contribution directe égale à la valeur locale de dix journées de travail. La réélection immédiate n'était pas toujours admise.

Les attributions des municipalités étaient, comme on le verra plus loin, très importantes. Mais leurs pouvoirs libres, en ce qui concerne la gestion des intérêts locaux étaient assez peu étendus (V. art. 50, 56 et s.). Pour tous les actes importants, leurs décisions étaient soumises à l'approbation de l'adminis-

---

[1] Esmein, *Cours élémentaire d'histoire du droit*, p. 612.

tration de département, parfois à celle du Corps
législatif.

II

La grande œuvre de l'Assemblée constituante pour
l'organisation de la France nouvelle fut la division
du royaume en départements. D'après le décret du
22 décembre 1789 les départements devaient être au
nombre de 75 à 85; ils furent d'abord au nombre de 83.

Par là, l'Assemblée voulait obtenir deux résultats :
1° avoir des unités administratives à peu près égales
et s'adaptant à tous les services; 2° rompre la diversité provinciale de l'ancien régime, soit en découpant
une ancienne province en plusieurs départements,
soit en réunissant dans un département les fragments
de plusieurs provinces. On voulait absorber dans la
grande patrie ce qui restait des anciennes patries provinciales. On a beaucoup discuté sur la valeur de ce
grand acte. Souvent on a reproché à l'Assemblée
d'avoir dépecé les anciennes provinces, qui formaient
de grandes unités vivantes, homogènes, disposant de
vastes ressources, pour créer des unités médiocres et
factices. Ce qu'on peut dire, c'est que l'Assemblée
nationale a bien atteint le but qu'elle visait, c'est-à-
dire la complète unification de la patrie française. En
même temps, on peut constater qu'au bout d'un siècle les divisions qu'elle a créées sont encore debout
et que le département est devenu, à son tour, une
unité bien vivante et non pas seulement une circonscription administrative. Son action, quant à la ges-

tion des intérêts locaux est devenue de plus en plus
importante, surtout depuis la loi du 10 août 1871 sur
les conseils généraux, qui a introduit une décentralisation véritable et bienfaisante.

Le travail fut mené à bien par une bonne méthode.
La loi ne détermina pas directement elle-même ces
divisions. Elles furent faites et délimitées par l'avis
et l'entente des députés de chaque province, de chaque région. Les populations y collaborèrent elles-
mêmes activement, en exprimant leurs vœux à cet
égard ou leurs réclamations sous forme d'adresses
ou de pétitions à l'Assemblée. On peut suivre pas à
pas cette élaboration dans les pages des journaux qui
rapportent les débats de l'Assemblée. De même fut
faite la division du département en districts, qui devaient être au nombre de trois au moins et de neuf au
plus. A son tour (art. 3) « chaque district sera par-
tagé en divisions appelées *cantons* d'environ quatre
lieues carrées (lieues communes de France) »[1]. Quant
aux dénominations nouvelles, elles étaient fournies
par la langue courante. On appelait alors, même
dans la langue officielle[2] *département* la circonscription à laquelle était préposé un intendant, et surtout
celle qu'il déterminait lui-même pour l'action de

---

[1] On voit dans cet article un vestige oublié des délimitations
géométriques d'abord proposées par le Comité.

[2] Circulaire du baron de Breteuil du mois de mars 1784 aux intendants du royaume, Funck Brentano, *Les lettres de cachet à
Paris*, p. XLII : « Vous trouverez ci-joint, Monsieur, un état des
différentes personnes de *votre département* actuellement enfermées
en vertu d'ordres du roi ».

chacun de ses *subdélégués*, et qui ont certainement
servi à la détermination des départements nouveaux.
Le mot *district* avait été employé pour désigner les
subdivisions des provinces dans le projet présenté par
Calonne aux Notables ; enfin *canton* était un vieux
mot de la langue française, qui prenait une significa-
tion technique.

Mais l'organisme administratif que créa la Constituante était très particulier : ce système fut encore
l'une des erreurs qu'elle commit, en suivant d'ailleurs une pente naturelle.

· 1° Les autorités qui étaient chargées de l'administration dans le département et dans le district étaient,
en principe, non pas des fonctionnaires individuels,
mais des corps, des collèges composés de plusieurs
membres. Ils étaient élus, à court terme, par les assemblées électorales de département et de district,
c'est-à-dire par le suffrage à deux degrés. D'ailleurs
ils fournissaient à la fois une assemblée délibérante
et un comité d'exécution, un *Conseil* et un *Directoire*.
Le Conseil était l'Assemblée élue par les électeurs ; il
choisissait lui-même un certain nombre de ses membres, qui composaient le *Directoire ;* c'était le même
système qui avait été appliqué aux corps municipaux,
divisés en *Conseil* et en *Bureau*.

2° Les corps administratifs élus et, sous eux, les
municipalités, étaient chargés à la fois de l'administration locale et de l'administration générale.
Le décret du 14 décembre 1789 portait (art. 49) :
« Les corps municipaux ont deux espèces de fonc-

tions à remplir : les unes propres au pouvoir municipal, les autres propres à l'administration générale de l'État et déléguées par elle aux municipalités ». Et le décret du 22 décembre 1789, sans répéter textuellement ce principe pour les administrations de département et de district, faisait pour elles dans la section III, la détermination précise de ces deux catégories d'attributions. Parmi celles qui se rapportaient à l'administration générale les unes étaient exercées par elles *sous l'inspection du Corps législatif* (art. 1); les autres (art. 2) *sous l'autorité et l'inspection du roi.*

3° Le roi était bien le chef du pouvoir exécutif; il avait la direction de l'administration du royaume; mais pour faire exécuter les lois (sauf pour ce qui concerne les contributions indirectes et les douanes) il n'avait pas à sa disposition d'autres agents que ces corps électifs. Il n'avait pas dans l'ordre de l'administration générale un seul agent à sa nomination. Sans doute ces corps formaient une hiérarchie. Les municipalités étaient subordonnées aux administrations de département, les administrations de district servant d'intermédiaire entre elles. Sans doute le corps supérieur pouvait annuler l'acte illégal accompli par le corps immédiatement inférieur, et le roi pouvait annuler tous les actes illégaux émanant des corps administratifs et municipaux. Mais il ne pouvait révoquer leurs membres, pas plus qu'il ne les nommait. Il pouvait seulement, comme nous l'avons dit, les suspendre de leurs fonctions, et alors l'affaire allait devant

le Corps législatif, qui en était juge. C'était la décentralisation politique dont il a été parlé plus haut; et,
dans ce système, tout le poids de la machine, entraînant le·pouvoir le plus efficace, portait sur le dernier rouage, sur celui qui était en contact immédiat
avec les populations, c'est-à-dire sur les municipalités.
D'elles en réalité dépendait l'exécution des lois et le
maintien de l'ordre public. Elles avaient le droit de
requérir la force armée et en principe ce droit n'appartenait qu'à elles (Décret du 14 décembre 1789,
art. 52). Cela fut une des causes principales qui
maintinrent l'anarchie administrative de 1790 à 1793.

Deux causes avaient produit ce résultat :

La décentralisation n'avait existé dans l'ancien
régime que là où existaient des corps administratifs,
et surtout des corps administratifs élus. Les pays
d'États avaient par là conservé une large autonomie,
et l'Édit de 1787 avait cherché à assurer les mêmes
bienfaits, ou à peu près, aux pays d'élections, en leur
donnant des assemblées dont les principales étaient
les assemblées provinciales. Ces assemblées avaient
des pouvoirs étendus, qui, à certains égards, dépassaient
de beaucoup la gestion des intérêts locaux, puisqu'elles étaient chargées de l'administration des impôts
directs. Il est vrai qu'à côté d'elles subsistaient les
représentants du pouvoir royal, choisis et révocables
par lui, — les intendants, antérieurement tout puissants et dont elles étaient destinées à limiter le pouvoir. Mais les intendants étaient condamnés par
l'opinion publique. Les *cahiers* mêmes de 1789 en

demandaient la suppression. A l'Assemblée constituante toutes les voix s'élevaient contre cette institution. Ils furent donc supprimés, mais par suite nécessairement les corps administratifs restèrent seuls,
maîtres du terrain.

En outre, dans le parti alors dominant, ce fut un
résultat voulu, prémédité. On se défiait du roi et on
ne voulait point lui abandonner l'administration
intérieure. C'était pour lui résister au besoin qu'on
créait ces corps élus. A l'Assemblée constituante on
exposait déjà très clairement le système. Duport déclarait qu'à la différence du roi d'Angleterre, le roi
des Français n'était point le pouvoir exécutif, mais
seulement le chef du pouvoir exécutif et que, d'après
le génie de la Constitution française, le roi ne pouvait
atteindre le citoyen qu'en se servant d'organes élus
par le peuple. Barnave considérait ces corps élus
comme un pouvoir à part, le *pouvoir administratif*.
A la Convention, dans la discussion de la Constitution
de l'an III, ces idées furent produites sans voiles : il
y avait eu là une précaution prise contre la royauté [1].

Voici maintenant quelques détails sur les administrations de département et de district.

L'administration de département se composait de 36
membres élus pour quatre ans et renouvelés par moitié
tous les deux ans. Ils formaient le *Conseil de département*, qui avait une session annuelle, et élisait huit
de ses membres pour composer le *Directoire de dé-*

---

[1] Esmein, *Gouverneur Morris*, p. 162-167.

partement, comité permanent renouvelé par moitié tous les deux ans. Les membres du Directoire continuaient à faire partie du Conseil, sauf lorsqu'il s'agissait d'approuver leurs comptes et leur gestion.

L'assemblée électorale de département élisait aussi par un scrutin individuel, un *Procureur général syndic*, élu pour quatre ans et même rééligible pour quatre autres années. La loi disait : « Les procureurs généraux syndics auront séance aux assemblées générales de l'administration sans voix délibérative ; mais il ne pourra être fait aucuns rapports sans qu'ils en aient eu communication, ni être pris aucune délibération sur ces rapports sans qu'ils aient été entendus. — Ils auront de même séance aux directoires avec voix consultative, et seront de plus chargés de la suite de toutes les affaires ». Il arriva naturellement que ces hommes, qui n'avaient aucun pouvoir de décision, pas même voix délibérative, devinrent les agents les plus influents de l'administration départementale, qu'ils dirigèrent en fait. Cela venait de ce que, devant être entendus sur toutes les affaires, c'étaient eux qui les préparaient toutes. D'ailleurs ils bénéficiaient d'une tradition antérieure. Les États provinciaux, les assemblées provinciales du règne de Louis XVI avaient eu leurs syndics, leurs procureurs syndics qui en avaient été les chevilles ouvrières. L'administration du département élisait bien un président, mais son rôle était bien moins important que celui du procureur général syndic.

Le district avait, à l'imitation du département, un

conseil de 12 membres, dont la session annuelle ne pouvait excéder quinze jours, un directoire de quatre membres et un procureur syndic.

Les attributions souveraines de ces corps, même de l'administration départementale, pour la gestion des intérêts locaux, n'étaient pas très étendues. Il était dit en particulier (section III, art. 6) : « Les administrations de département et de district ne pourront établir aucun impôt pour quelque cause et sous quelque dénomination que ce soit, en répartir aucun au delà des sommes et du temps fixés par le Corps législatif, ni faire aucun emprunt sans y être autorisées par lui, sauf à pourvoir à l'établissement des moyens propres à fournir les moyens nécessaires au paiement des dépenses locales et aux besoins imprévus et urgents ».

III

Le premier pouvoir qui porta la main sur cette organisation fut la Convention, lorsqu'elle sentit le besoin impérieux de rétablir l'autorité centrale et gouvernementale, lorsqu'elle établit le gouvernement révolutionnaire proprement dit. Voici les modifications profondes qu'y apporta la loi du 14 frimaire an II :

Elle mutila les administrations départementales, ne laissant subsister que le *Directoire* (section III, art. 6) : « Les conseils généraux, les présidents et les procureurs généraux syndics des départements sont et demeurent supprimés. L'exercice des fonctions de pré-

sident sera alternatif entre les membres du Directoire
et ne pourra durer plus d'un mois. Le président sera
chargé de la correspondance, de la réquisition et surveillance particulière dans la partie d'exécution confiée
aux directoires de département ». C'était là une mesure principalement d'ordre politique. Les conseils de
département étaient d'importantes assemblées délibérantes et l'on voulait affaiblir cette administration
départementale. Après le 20 juin 1792, de nombreux
départements avaient envoyé des adresses au roi. Les
Girondins s'appuyaient sur les départements.

Mais surtout cette loi donnait au Gouvernement
central ses agents propres, nommés et révocables par
lui, et si nécessaires, quoique la Constituante n'en
eût pas voulu. Ils portaient le titre significatif d'*a-
gents nationaux* (section II, art. 14) : « A la place des
procureurs syndics de district, des procureurs de la
Commune, et de leurs substituts, qui sont supprimés
par ce décret, il y aura des agents nationaux, spécialement chargés de requérir et de poursuivre l'exécution des lois, ainsi que de dénoncer les négligences
apportées dans cette exécution et les infractions qui
pourraient se commettre. Ces agents nationaux sont
autorisés à se déplacer et à parcourir l'arrondissement
de leur territoire pour surveiller et s'assurer plus positivement que les lois sont exactement exécutées ». Le
procureur syndic élu par l'assemblée électorale du
district, était l'homme du district, indépendant. L'a-
gent national était l'homme de la nation, dépendant
de l'autorité centrale qui l'avait nommé. Dans ce

régime d'ailleurs, on procédait à l'épuration des corps élus : le Comité de salut public et les représentants du peuple en mission destituaient ceux de leurs membres qui n'inspiraient pas confiance et nommaient directement leurs successeurs.

On n'avait pas cru nécessaire de créer un agent national près de l'administration départementale, suffisamment affaiblie. Tout le poids de l'administration allait porter sur le district; les districts avaient le plus souvent suivi la marche en avant de la Révolution. D'ailleurs on trouva un moyen simple de mettre une transition entre le régime antérieur et celui qu'on inaugurait (art. 15) : « Les fonctions des agents nationaux sont exercées par les citoyens qui occupent maintenant les places des procureurs-syndics de district, des procureurs des communes et de leurs substituts, *à l'exception de ceux qui sont dans le cas d'être destitués* ». N'être pas destitué cela équivalait bien alors à une nomination.

Il est vrai qu'après thermidor le décret du 28 germinal an III abrogea la loi du 14 frimaire an II « en ce qui concerne les administrations du département et de district ». Les procureurs généraux syndics étaient rétablis. Les directoires de département composés de huit administrateurs élisaient leur président. Mais le conseil général n'était point nommément reconstitué. Les procureurs généraux syndics et les membres des directoires réorganisés devaient être nommés par les représentants en mission ou par le Comité de législation de la Convention dans les départements où il n'y avait pas de représentants en mission.

La Constitution du 5 fructidor an III contenait l'organisation municipale et administrative ; et, en rédigeant cette partie, la Convention persévéra dans la voie de simplification et de réformes où elle s'était engagée en réglementant le gouvernement révolutionnaire.

1° Elle supprima le district et l'administration de district. C'était un rouage inutile, un simple intermédiaire entre la commune et le département. Dans la discussion les orateurs les plus sérieux déclarèrent qu'en 1789 on n'avait créé le district que pour des raisons contingentes, qui n'existaient plus. On aurait alors créé des administrations de département très puissantes, avec leurs conseils généraux, afin que ces grands corps pussent résister, s'il le fallait, au pouvoir royal. Mais, afin d'empêcher qu'ils n'opprimassent les citoyens, on aurait créé les districts pour faire contrepoids aux départements. Maintenant qu'il n'y avait plus à prendre ces précautions contre un exécutif monarchique, les administrations de district devenaient inutiles dans la République. Elles furent pourtant énergiquement défendues par un certain nombre de conventionnels, qui n'oubliaient point les services qu'elles avaient souvent rendus à la cause révolutionnaire.

2° En supprimant le district, la Constitution transformait et élargissait la municipalité. Elle avait repris l'idée du Comité de la Constituante, la création des grandes communes, et établissait des *municipalités de canton*, qui embrassaient chaque canton dans son entier.

Mais en même temps, respectant cet amour du vieux clocher qui avait dominé la Constituante, la Convention voulut conserver toutes les petites communes alors existantes, et qui avaient succédé aux anciennes paroisses. Voici à quelle combinaison elle avait abouti :

Dans chaque commune dont la population était inférieure à six mille âmes, il y avait un agent municipal et un adjoint élus pour deux ans et dont la loi du 21 fructidor an III déterminait les attributions propres. Mais la réunion des agents municipaux de toutes les communes d'un canton formaient la vraie municipalité, à laquelle revenaient toutes les décisions importantes. Elle avait un président qui était élu pour deux ans par l'assemblée primaire du canton [1].

3° L'administration départementale était considérablement réduite et simplifiée. Elle ne comprenait plus qu'un seul corps de 5 membres, chargé à la fois de la délibération et de l'exécution, ou plutôt on avait considéré que cette administration, n'étant chargée que de faire exécuter les lois, ne devait point comprendre une assemblée délibérante. Art. 177 : « Chaque administration de département est composée de cinq membres; elle est renouvelée par cinquième

---

[1] Les communes de 5.000 à 10.000 habitants avaient une municipalité propre. Dans les communes au-dessus de 100.000 âmes il y avait au moins trois municipalités séparées avec un bureau commun de trois membres nommés par l'administration départementale et confirmés par le Directoire exécutif.

tous les ans ». C'était l'image réduite du Directoire
exécutif. Il y avait pourtant une différence notable :
elle avait un président « par elle nommé *annuelle-
ment* parmi ses membres ».

4° Enfin le Directoire exécutif obtenait nettement,
ce que Louis XVI n'avait pu obtenir, des agents à sa
nomination pour surveiller partout et assurer l'exécution des lois; il obtenait en même temps des pouvoirs suffisants à l'égard des administrateurs élus.
D'après l'art. 191 « le Directoire nomme auprès de
chaque administration départementale et municipale
un commissaire qu'il révoque lorsqu'il le juge convenable. Ce commissaire surveille et requiert l'exécution des lois ». Une seule restriction, mais peu gênante,
était apportée à la liberté des choix. Ce commissaire,
âgé de 25 ans, devait être « pris parmi les citoyens
domiciliés depuis un an dans le département où l'administration (départementale ou municipale) est établie ».

D'autre part, les droits nécessaires du pouvoir exécutif étaient établis à l'encontre des administrateurs
élus. — Art. 193 : « Les administrations municipales
sont subordonnées aux administrations de département et celles-ci aux ministres. — En conséquence,
les ministres peuvent annuler, chacun dans sa partie,
les actes des administrations municipales, lorsque ces
actes sont contraires aux lois ou aux ordres des autorités supérieures ». — Art. 194 : « Les ministres
peuvent aussi suspendre les administrateurs de département qui ont contrevenu aux lois ou aux ordres

des autorités supérieures; et les administrations de
département ont le même droit à l'égard des membres des administrations municipales. » — Art. 195 :
« Aucune suspension ni annulation ne devient définitive sans la confirmation formelle du Directoire
exécutif. » — Art. 196 : « Le Directoire peut aussi
annuler immédiatement les actes des administrations départementales et municipales. Il peut suspendre ou *destituer* immédiatement, *lorsqu'il le croit
nécessaire*, les administrateurs soit de département,
soit de canton, et les renvoyer devant les tribunaux
de département s'il y a lieu. » — Art. 198 : « Lorsque
les cinq membres d'une administration de département sont destitués, le Directoire exécutif pourvoit à
leur remplacement jusqu'à l'élection suivante ; mais
il ne peut choisir leurs suppléants provisoires que
parmi les anciens administrateurs du même département ».

CHAPITRE IV

L'ORGANISATION JUDICIAIRE [1]

————

L'organisation judiciaire de l'ancien régime avait des parties mortes déjà, qu'il avait lui-même condamnées dans ses derniers jours : telles les juridictions seigneuriales et ecclésiastiques, les juridictions royales d'exception, les diverses applications de la justice retenue. Le système de la vénalité des charges, qui servait au recrutement de la magistrature, d'une extrémité à l'autre de la hiérarchie, n'avait plus de défenseur. Mais d'autres parties paraissaient solides et précieuses, en particulier ces grands corps judiciaires qu'étaient les Parlements, avec leurs traditions d'intégrité et de science. Ils semblaient destinés à durer, d'autant que pendant longtemps ils avaient osé seuls résister au pouvoir royal au nom de la Nation : c'était le Parlement de Paris qui avait réclamé et amené la convocation des États généraux. Il semblait qu'ils dussent être conservés. Mais juste-

[1] V. E. Seligman, *La justice en France pendant la Révolution.*

ment ils étaient d'avance les premiers condamnés.

Ce n'est pas seulement parce que, en 1788, lorsque la réunion des États généraux eut été décidée, ils s'efforcèrent d'établir que l'on suivrait les mêmes formes qu'en 1614, combattant ainsi les prétentions et les plans du Tiers État. Mais surtout leurs luttes traditionnelles avec la royauté, leurs anciennes rivalités avec les États généraux, leurs prétentions à jouer un rôle important dans la politique, la qualité de représentants de la nation qu'ils avaient prise au XVIIIe siècle, les faisaient considérer par les nouveaux représentants du peuple comme une autorité dangereuse. Cette crainte des Parlements, ou en général des grands corps judiciaires, a pesé constamment sur l'esprit de la majorité dans l'œuvre de la reconstitution judiciaire.

I

L'esprit dominant tendait en cette matière, plus encore peut-être qu'en toute autre, à faire œuvre entièrement nouvelle. Deux courants d'ailleurs étaient bien saisissables.

L'un s'attachait presque uniquement à la logique abstraite, en utilisant cependant quelques idées qui s'étaient affirmées en France depuis longtemps déjà, telles que celle de ramener à deux les degrés de juridiction. Ceux qui représentaient cette tendance étaient, au premier rang Siéyès, qui déposa un projet si intéressant et si ingénieux sur l'autorité judiciaire, et Chabroud, qui joua dans les débats, un

rôle important. Il suffit de lire le rapport que Bergasse présenta au nom du premier Comité de Constitution, pour voir que celui-ci s'y rattachait aussi.

L'autre courant, également très puissant, venait
d'Angleterre. Les études des publicistes du xviiie siècle avaient mis les institutions anglaises fort à la
mode. On les avait étudiées soit dans le genevois De
Lohne, soit dans le jurisconsulte anglais Blackstone;
de nombreux livres et brochures avaient été publiés
en France les concernant. L'Angleterre, dès cette
époque, avait une admirable magistrature. Certains
traits de son organisation judiciaire séduisaient beaucoup les Français du xviiie siècle : le petit nombre
des juridictions, les juges ambulants et surtout le
jury, intervenant non seulement en matière répressive, mais aussi en matière civile, le jury tant vanté
par Montesquieu et où les érudits français de cette
époque croyaient à tort retrouver une vieille institution nationale, le jugement par les pairs du Moyen
âge. Ils ne se rendaient pas compte de deux faits, qui
expliquaient comment ce système pouvait fonctionner
en Angleterre. Le premier c'est qu'il avait amené,
en matière civile, la formation d'une procédure compliquée et coûteuse, destinée surtout à dégager les
questions simples qui devaient être soumises aux
jurés; le second c'est l'influence morale et doctri-
nale que le juge anglais, présidant les assises, a toujours exercée sur les jurés. Il dit quelle est la règle
de droit aux *jurymen* et ceux-ci l'écoutent et le
croient; on peut donc soumettre à leur décision

même des questions de droit[1]. L'homme qui, à l'Assemblée constituante, défendait surtout l'imitation des institutions judiciaires de l'Angleterre était Duport ; il présenta un projet extrêmement bien étudié sur l'intervention du jury en toutes matières. Le jury était d'ailleurs, très en faveur, et demandé des côtés les plus divers. Mais tous ne le comprenaient point de la même façon. C'étaient des jurés très différents des jurés ordinaires, que ceux proposés par Siéyès. La confusion était telle que Robespierre pourra plus tard, dans la discussion de la Constitution de 1793, dire à la Convention qu'entre des jurés et des juges populaires, élus par le peuple, il n'y a guère qu'une différence de nom.

Toutes ces questions, et bien d'autres, furent discutées elles-mêmes par l'Assemblée constituante; car celle-ci, comme elle l'avait fait pour le projet de Constitution présenté par le premier Comité, laissa momentanément de côté les articles sur l'organisation judiciaire présentés par Thouret au nom du second Comité de constitution, pour discuter préalablement et résoudre une série de questions de principe.

Somme toute, ce fut la première des deux tendances qui l'emporta. L'école des anglicisants fut battue presque sur toute la ligne. L'Assemblée repoussa les juges ambulants et le jury en matière civile. Sur ce dernier point elle fut convaincue par un lumineux et magistral discours de Tronchet. Il partait d'une idée

---

[1] Esmein, *Éléments de droit constitutionnel*, p. 427 et s.

admise par tous, à savoir que, si les jurés sont très
capables de résoudre les questions de fait, ils sont
incompétents pour résoudre les questions de droit,
faute de connaissances juridiques. Tronchet montra,
contrairement à ce que d'autres soutenaient, que chez
nous, en matière civile, il est le plus souvent impossible de séparer la question de droit de la question
de fait, surtout quand il s'agit de l'interprétation des
actes écrits qui jouent un si grand rôle dans notre
droit. Le jury fut au contraire admis en matière criminelle, où la distinction du fait et du droit est généralement facile. La solution adoptée par notre première assemblée représentative est toujours restée
depuis celle de la loi française.

II

Le 24 mars 1790, l'Assemblée constituante avait
décidé que l'ordre judiciaire serait reconstruit dans
son entier. Mais cette immense rénovation comprenait deux parties. Il fallait : 1° déterminer d'abord par
qui et comment seraient choisis les juges; 2° cons-
truire la nouvelle hiérarchie judiciaire : déterminer
la qualité, la compétence et la composition des
diverses juridictions.

Sur le premier point il y eut de grandes batailles
et d'admirables discussions. Il s'agissait de savoir si
les juges seraient nommés à vie par le roi ou s'ils
seraient élus à temps et par qui. A lire les discours
qu'entendit l'Assemblée, cela aurait été avant tout

une question de principes constitutionnels. La solution aurait dépendu de cette autre question : fallait-
il reconnaître dans l'État l'existence de trois pouvoirs
distincts, le législatif, l'exécutif et le judiciaire ; ou,
au contraire, fallait-il n'en admettre que deux, le
législatif et l'exécutif, le pouvoir judiciaire n'étant
qu'une partie du pouvoir exécutif[1]. Si l'on admettait
trois pouvoirs, la logique voulait que chacun d'eux
tirât directement son institution de la souveraineté
nationale, les juges comme les membres du Corps
législatif. Si le pouvoir judiciaire n'était au contraire
qu'une branche du pouvoir exécutif, c'était au roi,
titulaire de ce dernier, qu'il appartenait de nommer
les juges. Sans doute les deux thèses furent soutenues
et avec cette portée. Cependant, beaucoup comme
Barnave, soutenaient que, même en admettant que le
pouvoir judiciaire rentrait dans le pouvoir exécutif,
on pouvait faire élire les juges par le peuple : n'avait-
on pas fait élire de même les administrateurs, le *pouvoir administratif?*

Mais si ces discussions théoriques tiennent une
grande place dans le débat, en réalité, elles étaient
à la surface. Les motifs profonds venaient d'ailleurs,
et l'élection des juges était alors une solution naturelle et inévitable.

Tous, en effet, condamnaient et repoussaient le
système alors existant : la vénalité des charges. Aussi
la loi fondamentale sur l'organisation judiciaire votée

---

[1] Sur cette question, V. Esmein, *Éléments de droit constitutionnel*,
p. 400 et s.

par l'Assemblée constituante, celle des 16-24 août 1790
porte-t-elle (tit. II, art. 1) : « La vénalité des offices de
judicature est abolie pour toujours ; les juges rendront gratuitement la justice et seront salariés par
l'État ». Les titulaires des offices furent d'ailleurs
remboursés par l'État de leur finance.

Mais la vénalité étant abolie, donner au roi le choix
et la nomination des juges c'était mettre la magistrature
dans sa dépendance plus qu'elle ne l'avait été depuis
des siècles. Aussi, à la veille même de la Révolution,
les esprits y répugnaient déjà visiblement. Les cahiers
de bailliage pour le Tiers État en 1789 parlent souvent de l'élection des juges. Souvent aussi ils n'en
précisent pas davantage les conditions. Certains parlent cependant de les faire élire par l'Assemblée législative. D'autres plus nombreux reprennent le système de présentations par les corps judiciaires
qu'avaient cherché à établir les ordonnances des xvᵉ
et xviᵉ siècles[1]. D'autres enfin proposent la présentation de trois candidats pour chaque place par l'assemblée provinciale, entre lesquels le roi choisirait.
C'était une idée qu'avaient soutenue des publicistes
de marque, entre autres Mably et Le Trosne.

En 1790 la majorité de l'Assemblée répugnait plus
énergiquement encore à laisser au roi le choix des
juges. On se défiait de lui. On avait pris contre lui
les précautions que nous savons dans l'ordre administratif ; à plus forte raison fallait-il les prendre dans

---

[1] Esmein, *Cours élémentaire d'histoire du droit*, p. 402-403.

l'ordre judiciaire. Le système de la présentation par les assemblées provinciales était dépassé : c'était l'élection proprement dite qu'il fallait, l'élection à court terme. La loi du 16 août 1790 pose le principe dans l'article qui suit celui sur la suppression de la vénalité : « Les juges seront élus par les justiciables ». La formule n'était point tout à fait exacte ; ils devaient être élus non par tous leurs justiciables, mais soit par les citoyens actifs, soit par les assemblées électorales.

En un sens cependant les juges étaient nommés par le roi ; ils étaient institués par des lettres patentes émanées de lui. Mais c'était une simple forme, le roi étant tenu de les décerner (tit. II, art. 6). « Les juges... recevront du roi des lettres patentes scellées du sceau de l'État, lesquelles ne pourront être refusées et seront expédiées sans retard et sans frais, sur la seule présentation du procès-verbal d'élection ». Les magistrats d'ailleurs, pendant la durée de leurs fonctions, étaient inamovibles. Ils étaient élus pour six ans et toujours rééligibles (art. 4). L'Assemblée constituante avait cru nécessaire d'exiger, pour l'éligibilité aux fonctions de juges des preuves de savoir professionnel. Il était dit (art. 9) : « Nul ne pourra être élu juge... S'il n'a pas trente ans accomplis et s'il n'a pas été pendant cinq ans juge ou homme de loi exerçant publiquement près d'un tribunal ». La loi des 25 août-11 septembre 1790 (art. 5) ajoutait : « la qualité d'homme de loi ayant exercé pendant cinq ans près des tribunaux ne s'entend provisoire-

ment et pour la prochaine élection que des gradués
en droit qui ont été admis au serment d'avocat et ont
exercé cette fonction dans les sièges de justice royale
ou seigneuriale en plaidant, écrivant ou consultant.
L'Assemblée nationale se réserve de statuer ultérieurement sur cette condition d'éligibilité lorsqu'elle
s'occupera de l'enseignement public ».

Ainsi, le roi, titulaire du pouvoir exécutif, ne choisissait aucun juge pas plus qu'aucun administrateur.
Cependant on lui avait laissé la nomination de certains magistrats, que d'ailleurs il ne pouvait pas révoquer : « les officiers chargés des fonctions du ministère public seront nommés à vie par le roi et ne
pourront, ainsi que les juges, être destitués que pour
forfaiture dûment jugée par les juges, compétents »
(art. 8). Cela fut présenté à l'Assemblée comme une
grande concession faite au roi.

D'ailleurs ce ne furent pas, en réalité, tous les
officiers chargés des fonctions du ministère public,
qui furent laissés à sa nomination. On divisa dans
la suite ces fonctions, qui devinrent en partie électives. Ceux qui restèrent à sa nomination furent les
commissaires du roi, chargés de requérir l'application des lois devant les tribunaux auxquels ils
étaient attachés[1].

---

[1] Sur l'élection des juges en général et en particulier pendant
la Révolution, V. Esmein, *Éléments de droit constitutionnel*,
p. 419.

III

Pour l'établissement de la nouvelle hiérarchie judiciaire l'Assemblée constituante s'attacha à un principe dominant : la distinction des juridictions civiles et des juridictions répressives. C'étaient des tribunaux différents qui devaient administrer la justice civile et la justice pénale. Nous allons suivre cette division.

A. — Juridictions en matière civile.

Au bas de l'échelle (très courte d'ailleurs) était le *juge de paix*. Le nom avait été emprunté à l'Angleterre (*justice of the peace*). Mais le juge de paix anglais du xviiie siècle était bien différent de ce que devait être le juge de paix français. Les meilleurs historiens du droit en Angleterre tiennent aujourd'hui que les *justices of the peace* ont été élus d'abord par les Comtés, mais ils sont vite devenus des commissaires royaux, dont la liste pour le Comté est périodiquement révisée. Surtout, au xviiie siècle, le juge de paix présentait deux traits distinctifs : c'était d'abord un personnage important, pris dans la petite noblesse ou la *gentry*. D'autre part, ses attributions étaient surtout administratives ou, du moins, il n'avait qu'une compétence civile très réduite.

Le juge de paix que l'on allait créer en France était conçu d'une façon très différente par l'Assemblée et par l'opinion publique. Ce devait être l'homme

juste, jouissant de l'estime et de la confiance de ses
concitoyens et exerçant sur eux une influence morale
plus encore qu'un pouvoir judiciaire. Ses attributions,
il est vrai, étaient exclusivement judiciaires; mais
elles étaient de deux sortes. Il connaissait, soit sans
appel, jusqu'à 50 livres, soit à charge d'appel au tribunal de district, des causes civiles peu importantes
déterminées par la loi. Mais de plus, dans les matières qui excédaient leur compétence, le juge de paix,
(avec les assesseurs dont il sera bientôt parlé), devaient
former un « bureau de paix et de conciliation ». Ils
devaient employer leur médiation à concilier les
parties, et, en principe, aucune demande n'était admise
en première instance au tribunal de district si cette
tentative de conciliation n'avait précédé (L. 16 août
1790, tit. X). Ce n'était point là un emprunt aux
institutions anglaises. Mais une institution semblable existait dans d'autres pays étrangers, notamment en Hollande. Voltaire l'avait vantée particulièrement et l'opinion lui était très favorable, comme le
prouvent les Cahiers de 1789. Elle subsiste toujours
chez nous : mais, pour diverses causes, elle n'a point
donné les fruits qu'on en espérait.

Il y avait un juge de paix dans chaque canton
(plusieurs dans les villes importantes). Il était élu
pour deux ans par l'assemblée primaire du canton
(c'est-à-dire par les citoyens actifs), immédiatement et
indéfiniment rééligible. Il ne pouvait « être choisi
que parmi les citoyens éligibles aux administrations
de département et de district, et âgés de trente ans

accomplis, *sans autre condition d'éligibilité* ». Ainsi, on n'exigeait du juge de paix aucune connaissance juridique, et cela était conforme au rôle qu'on lui assignait.

Mais dans le système adopté, le juge de paix n'était point un juge unique, soit qu'il jugeât, soit qu'il cherchât à concilier. Il avait des assesseurs, fournis par quatre notables élus par l'assemblée primaire parmi les citoyens actifs de chaque municipalité.

Au-dessus du juge de paix (dont il recevait les appels) était le *tribunal de district*. « Il sera établi, dans chaque district un tribunal composé de cinq juges auprès duquel il y aura un officier chargé des fonctions du ministère public »; il devait en plus y avoir quatre suppléants. Ces magistrats étaient élus dans les conditions indiquées plus haut par l'assemblée électorale du district : « Celui des juges qui aura été élu le premier présidera; dans les tribunaux qui se trouveraient divisés en deux chambres, celui qui aura été élu le second présidera la seconde chambre ».

Les tribunaux de district (en dehors du cas où ils statuaient sur les appels des juges de paix) jugeaient tantôt en première et dernière instance et tantôt à charge d'appel (tit. IV, art. 5) : « Les juges de district connaîtront en premier et dernier ressort de toutes affaires personnelles et mobilières jusqu'à la valeur de mille livres de principal et des affaires réelles dont l'objet principal sera de 50 livres de revenu déterminé soit en rente, soit par prix de bail ».

Ils connaissaient de toutes les autres affaires civiles, dépassant ce taux, mais alors à charge de l'appel.

L'Assemblée borna là la hiérarchie des justices civiles ; elle ne créa point de tribunal supérieur au tribunal de district, sauf le Tribunal de Cassation, dont il sera parlé plus loin et dont les attributions étaient d'une nature particulière.

Dans cette construction, elle avait été évidemment guidée par deux mobiles principaux : 1° le désir de rapprocher la justice des justiciables, pour la rendre accessible à tous ; 2° la crainte des grands corps judiciaires, en qui pourraient ressusciter les Parlements.

Mais pour faire le tribunal de district, elle avait eu, en plus, devant les yeux un modèle antérieur et bien connu : le siège présidial de l'ancienne France. Comme le tribunal de district, l'ancien présidial tantôt jugeait en dernier ressort et tantôt en première instance. Nous avons vu que l'ordonnance de 1788 avait choisi, au fond, le présidial pour en faire l'unité judiciaire. C'est cette pensée que reprit l'Assemblée constituante. Elle réalisa en même temps l'idéal, plusieurs fois séculaire, des deux degrés de juridiction.

Mais comment, dans ce système, l'appel pouvait-il fonctionner par rapport aux jugements des tribunaux de district ? Il semble que l'appel n'est possible que s'il existe un tribunal supérieur à celui qui a rendu le jugement attaqué. Ici il n'en existait point, car le Tribunal de Cassation n'était pas un tribunal d'appel.

Il faut le dire, l'institution même de l'appel avait

été mise en question devant l'Assemblée : c'est un
des points touchant aux principes qui avaient été
discutés préalablement. Certains orateurs avaient contesté la valeur de cette institution : les juges d'appel
étaient faillibles comme ceux de première instance ;
ce n'était qu'une chance de plus, un *aléa* supplémen-
taire introduit dans les procès. Il ne faut pas trop
s'en étonner. La tendance était alors de s'en rappor-
ter en tout aux données de la raison naturelle, et
la raison naturelle comprend mal des institutions
comme celle-ci qui sont le fruit de la science et de
l'expérience, mais qui ne sont pas simples [1]. Cependant l'appel avait triomphé, et, comme le projet de
Bergasse, le projet de Thouret contenait l'établissement d'un tribunal d'appel, qui était aussi réduit
que possible en grandeur sous la forme d'un tribunal
départemental. Mais c'était trop encore. Dans un
discours inspiré par un sentiment d'égalité jaloux
et étroit, Chabrond proposa et fit accepter à l'Assemblée un système qui maintenait l'appel sans créer
de juridiction d'appel particulière. Il consistait à
rendre les tribunaux de district juges d'appel les uns
par rapport aux autres. C'est un procédé qui n'est
point sans exemples ; l'ordonnance de 1788 soumettait
parfois les appels des jugements rendus par une
chambre d'un Grand bailliage à une autre chambre
du même corps. Mais jamais il n'avait reçu une si large
application. C'était encore une erreur. L'appel n'est

---

[1] Esmein, *Cours élémentaire d'histoire du droit*, p. 257.

une garantie pour les justiciables, il n'est vraiment bienfaisant, que si les juges d'appel, par leur science ou leur expérience, ou par leur nombre, sont vraiment supérieurs aux juges de première instance. Dans le système créé par l'Assemblée, ces appels pourraient rappeler le juge Bridoye que Rabelais nous montre jugeant au moyen des dés.

Mais, parmi les innombrables tribunaux de district, comment trouver celui devant lequel l'appel devait être porté? Si les deux parties s'entendaient à cet égard, elles pouvaient choisir n'importe quel tribunal du royaume. Sinon, le Directoire de district ayant dressé la liste des sept tribunaux les plus voisins dont un au moins devait être pris en dehors du département, on procédait par voie de récusation. L'appelant pouvait exclure « péremptoirement et sans donner aucun motif » trois de ces tribunaux; l'intimé en récusait trois à son tour de la même manière, et celui qui restait seul était le tribunal compétent.

B. — Juridictions répressives.

Pour le jugement des crimes, c'est-à-dire des infractions emportant peine afflictive ou infamante, l'Assemblée constituante avait admis la procédure par jurés et même la loi des 16-29 septembre 1791 avait imité d'assez près les usages et les formes de la procédure anglaise. L'instruction préparatoire comme alors en Angleterre, était confiée au juge de paix, qui avait la police de sûreté dans chaque canton. De là, l'affaire passait au district entre les mains d'un magistrat appelé le *Directeur du jury*, les juges du tribunal de district remplissant ces fonctions par voie de roulement. Le directeur du jury complétait l'instruction en cas de besoin et saisissait, s'il y avait lieu, le jury d'accusation composé de huit membres, qu'il était chargé de diriger (de là son nom). La Constituante avait, en effet, pris aux Anglais la double forme du jury, le jury d'accusation et le jury de jugement, la double barrière, comme disait Blackstone, qui défend la liberté du citoyen anglais. Si le jury d'accusation déclarait qu'il y avait lieu à accusation, l'affaire était portée devant le Tribunal criminel, qui statuait sur le verdict d'un jury de jugement. Il y avait un tribunal criminel par département, composé d'un président et de trois juges. Le président était élu par l'Assemblée électorale du département; les juges étaient pris chacun par tour de rôle dans les tribunaux de district, le président excepté. Il y avait, bien entendu, un ministère public près de ce tribunal, mais c'est là qu'apparaît la division des fonctions, dont j'ai parlé plus haut. L'Assemblée, après de longues discussions, n'avait pas voulu confier au commissaire du roi, à l'homme du Gouvernement, le droit de diriger et soutenir les poursuites criminelles. Elle avait créé pour cela un *accusateur public* qui était élu comme le président du tribunal criminel; il y avait d'ailleurs aussi près de ce tribunal un Commissaire du roi, mais seulement chargé de requérir l'application de la loi. L'accusateur public n'intervenait qu'après la mise en accusation décidée par le jury d'accusation. Il ne pouvait porter au tribunal aucune autre accusation. Cependant il pouvait recevoir des dénonciations soit du pouvoir exécutif (par l'intermédiaire du Commissaire du roi), soit du Commissaire du roi, soit du tribunal criminel; il les transmettait alors au juge de paix. Il avait la surveillance sur tous les officiers de police du département.

La loi des 16-22 juillet 1791 avait créé des tribunaux de police correctionnelle pour le jugement des délits qui n'emportaient pas peine afflictive ou infamante. Ils étaient composés, suivant les cas, de trois juges et d'un assesseur, dans les villes qui avaient plus d'une justice de paix; ailleurs d'un juge de paix et de deux assesseurs. L'appel était porté au tribunal de district qui jugeait en dernier ressort. La poursuite était intentée soit par des parties lésées, soit par le procureur de la commune et ses substituts soit « par des hommes de loi commis à cet effet par la municipalité ». La même loi organisait pour les contraventions une police municipale [1].

Tous les tribunaux d'exception étaient supprimés. Seuls, les tribunaux de commerce étaient conservés et réorganisés. Là, de tout temps les juges avaient été élus par les notables commerçants; cette fois c'était bien l'élection des juges par les justiciables.

---

[1] Je n'ai exposé ici que les grands traits de cette organisation des tribunaux répressifs, et j'ai été plus bref encore sur les règles de la poursuite. On trouvera sur ces points un exposé plus complet dans mon *Histoire de la procédure criminelle en France*, 3ᵉ part., p. 417 et s.

Le pourvoi en cassation dans l'ancien régime reposait sur le principe de la justice retenue. Le roi avait gardé le droit de casser, quand il le croyait juste, les arrêts rendus par les juges, même par les cours souveraines. Le pourvoi en cassation, application régularisée de cette idée, était porté au Conseil du roi ; il n'était admis que pour violation de la loi, quant aux formes essentielles ou quant au fond.

Un recours de cette nature ne pouvait plus subsister étant donnés les principes proclamés par la Révolution. Cependant une institution semblable était plus nécessaire que jamais, étant donnée la multiplicité des tribunaux de district, de ces petits tribunaux, qui tous arrivaient, d'une façon ou d'une autre, à statuer en dernier ressort. C'est pour cela que la Révolution voulut maintenir le pourvoi en cassation et créer un Tribunal de Cassation. Il s'agissait de maintenir en France l'unité de la jurisprudence. Mais cela n'était pas facile à organiser correctement.

C'était en qualité de souverain que le roi cassait jadis les arrêts, mais il avait perdu cette qualité. Pour beaucoup le vrai souverain c'était le pouvoir législatif ; aussi certains, comme Robespierre, proposaient de donner les fonctions de Cour de cassation au Corps législatif ou à une grande Commission nommée par celui-ci. Mais c'eût été la confusion bien marquée des pouvoirs. Il fallait créer un corps exclusivement judiciaire, auquel on remettrait le droit de casser les jugements en dernier ressort pour excès de pouvoir

et violation des règles du droit. Mais comment le faire
élire, car plus encore que les autres, il fallait qu'il fût
élu. En faire élire les membres par les départements,
c'était tout naturel. Mais, à un élu par département,
cela faisait plus de 80 membres, un corps trop nombreux, dangereux peut-être. Quelques-uns proposaient
de ne faire nommer par les départements que des candidats entre lesquels le Corps législatif choisirait les
membres du Tribunal de Cassation, mais c'était bien
délicat. On trouva enfin la solution : c'était de diviser
les départements en deux séries, qui éliraient alternativement les membres du Tribunal de Cassation.
Celui-ci fut créé par le décret des 27 novembre-1er
décembre 1790. L'article 1er rappelait une des idées
importantes produites dans la discussion : « Il y aura
un Tribunal de Cassation établi *auprès du Corps
législatif* » ; il en faisait donc en quelque sorte une
annexe du pouvoir législatif.

Le caractère du pourvoi en cassation était d'ailleurs
bien déterminé. « Il (le tribunal) annulera toutes les
procédures dans lesquelles les formes auront été vio-
lées et tout jugement qui contiendra une contravention expresse au texte de la loi... Sous aucun prétexte
et en aucun cas le tribunal ne pourra connaître du
fond de l'affaire ; après avoir cassé les procédures ou
le jugement, il renverra le fond des affaires aux tribunaux qui devront en connaître ». Le tribunal de
cassation n'était donc point une Cour d'appel suprême,
un dernier degré de juridiction. Il était simplement le gardien de la loi, ne connaissant que des

questions de droit et jamais des questions de fait.

Cependant il gardait quelque chose des anciennes formes, malgré le changement des principes. Dans l'ancien régime, le pourvoi en cassation, ayant gardé dans la forme quelque chose d'une grâce, devait préalablement être examiné par des *maîtres des requêtes* qui faisaient rapport sur le point de savoir s'il était *admissible*, avant que le conseil des parties l'examinât en lui-même pour le repousser ou le déclarer bien fondé. La nouvelle loi disait : « Tous les six mois le Tribunal de Cassation nommera vingt de ses membres pour former un bureau qui, sous le titre de *bureau des requêtes*, aura pour fonctions d'examiner et de juger si les requêtes en cassation devront être admises ou rejetées; ce bureau ne pourra juger qu'au nombre de douze juges au moins ». Cette précaution se justifiait par l'intérêt qu'il y avait à ne débattre à fin de cassation que les pourvois vraiment sérieux.

Les membres du Tribunal de Cassation étaient élus pour quatre ans par les assemblées électorales des départements. « Pour la première élection on tirera au sort dans une des séances de l'Assemblée nationale les 42 départements qui devront élire chacun un sujet pour remplir une place dans le Tribunal ; à la seconde élection les 41 autres départements auront le droit d'élire et ainsi successivement ». Il en résultait que tantôt le Tribunal comprenait 42 membres et tantôt 41 seulement. Des conditions particulières d'éligibilité étaient imposées : « Pour être éligible lors des trois premières élections, il faudra avoir trente ans

accomplis et avoir pendant dix ans exercé les fonctions de juge dans une cour supérieure ou présidiale,
sénéchaussée ou bailliage, ou avoir rempli les fonctions d'homme de loi pendant le même temps, sans
qu'on puisse prendre parmi les éligibles les juges non
gradués des tribunaux d'exception. Lors des élections
suivantes, il faudra pour être éligible avoir exercé
pendant dix ans les fonctions de juge ou d'homme de
loi dans un tribunal de district; l'Assemblée nationale se réservant de déterminer dans la suite les autres qualités qui pourront rendre éligible ».

La loi des 10-15 mai 1791 avait enfin créé une
Haute Cour nationale, pour connaître de tous les
crimes et délits dont le Corps législatif se porterait
accusateur. Elle se composait de quatre grands juges
tirés au sort parmi les membres du Tribunal de Cassation et d'un jury de 24 hauts jurés pris sur une liste
de cent soixante-six. Pour former cette liste tous les
deux ans, lors du renouvellement de la législature,
chaque assemblée électorale de département élisait
deux hauts jurés parmi les citoyens éligibles au Corps
législatif. Le Corps législatif choisissait deux de ses
membres pour soutenir l'accusation sous le nom de
grands procurateurs de la Nation. Il y avait ainsi
deux Commissaires du roi.

L'ancien régime, comprenait, parmi ses juridictions d'exception, de nombreuses juridictions administratives, particulièrement en matière d'impôts. Les
unes étaient organisées à peu près comme les tribunaux de droit commun, avec des juges inamovibles,

et la procédure ressemblait à celle des tribunaux ordinaires. Les intendants, sauf appel au Conseil du
roi, statuaient aussi sur de nombreux litiges administratifs; ils jugeaient sans frais, mais sur simples
requêtes ou mémoires, sans publicité ni contradic-
tion. La juridiction des intendants, comme les intendants eux-mêmes, était condamnée par l'opinion
publique. Mais c'était une question que de savoir, s'il ne fallait pas en matière administrative, et spécialement en matière d'impôts, établir des tribunaux spéciaux présentant d'ailleurs
les mêmes garanties que les autres. La question
fut discutée à deux reprises par l'Assemblée constituante. Les uns, comme Chabroud, soutenaient
le principe de l'unité de juridiction, tous les litiges
devant être renvoyés devant les tribunaux de district. Mais le projet présenté par Thouret au nom
du Comité de constitution contenait un tribunal
départemental, chargé de statuer en matière administrative et sur les questions d'impôts; les membres en
devaient d'ailleurs être élus comme les autres juges.
Mais sans nouvelle discussion générale, après une
entente entre les Comités de constitution et des
Contributions, la solution adoptée fut tout autre. Le
décret des 6-11 septembre 1790 attribua en principe
le contentieux administratif aux directoires de district
et de département; quant au contentieux en matière
d'impôts, il le partagea entre ces corps administratifs
(pour les impôts directs) et les tribunaux de district
(pour les impôts indirects). C'est là l'origine pre-

mière de nos modernes juridictions administratives
et les principes fondamentaux sur leur compétence [1].
L'Assemblée constituante estimait sans doute que
les corps administratifs, procédant de l'élection,
comme les tribunaux, présentaient les mêmes garanties.

IV

Voici les principales modifications qu'apportèrent
les assemblées suivantes à l'organisation judiciaire
créée par l'Assemblée constituante, qui subsista dans
ses grandes lignes et ses principes essentiels.

La Convention, les 22-25 septembre 1792, décréta
que « les corps administratifs municipaux et judiciaires et les juges de paix et leurs greffiers, seraient
renouvelés en leur entier, sauf la faculté de réélire
ceux qui auraient bien mérité de la patrie ». Par le
décret du 14 octobre 1792, elle supprima, pour l'élection des juges, les conditions de capacité professionnelle : ils pouvaient être choisis parmi tous les citoyens
âgés de 25 ans accomplis. Un décret des 29-30 octobre 1792 supprima les Commissaires nationaux près
les tribunaux criminels et réunit leurs fonctions à
celles des accusateurs publics.

Usant de sa qualité d'assemblée souveraine, réunissant tous les pouvoirs, la Convention par de nombreux décrets intervint directement dans l'administration de la justice, destituant des juges et cassant

---

[1] Sur cette question de la juridiction administrative, V. Esmein,
Éléments de droit constitutionnel, p. 429 et s.

des jugements. En l'an III elle nomma elle-même, par l'organe de son Comité de législation, toute une série de juges, sans faire procéder aux élections[1]. Je laisse de côté l'institution et l'histoire du Tribunal révolutionnaire; si intéressantes qu'elles soient, elles appartiennent à l'histoire politique et ne sauraient trouver leur place ici.

La Constitution de l'an III apporta des changements assez profonds dans l'organisation judiciaire (art. 210 et s.; L. 19 vendémiaire an IV). Ayant supprimé le district, elle supprima aussi le tribunal de district et le remplaça par un tribunal de département, en matière civile. Cela était logique, et dorénavant chaque département de France possédait à son chef-lieu deux tribunaux, l'un pour la justice civile, l'autre pour la justice criminelle. Mais il y avait dans cette réforme, comme dans celle de l'organisation municipale, une pensée plus profonde. Ces tribunaux civils de département étaient des corps importants, comprenant vingt membres et quelquefois plus (lorsque le département avait plus de trois tribunaux correctionnels). Ils étaient divisés en sections, dont chacune nommait son président. Or, c'est un fait certain que le prestige, la dignité et la valeur des corps judiciaires augmentent à mesure qu'ils sont plus occupés et comptent plus de membres. C'était une idée juste que l'unité de tribunal civil par département et aujourd'hui ce serait une institution bienfaisante

[1] Esmein, *Éléments de droit constitutionnel*, p. 418, 419.

dans notre pays. Mais en l'an III l'application en était
peut-être prématurée; étant donnée la difficulté des
communications, la justice n'était pas assez rappro-
chée de tous les justiciables. La Constitution, tout en
maintenant l'appel contre les jugements du tribunal
de département lorsque l'objet en litige dépassait le
taux précédemment fixé, ne créa point de tribunaux
d'appel; l'appel était porté au tribunal civil de l'un
des trois départements les plus voisins.

Les juges du tribunal civil étaient élus tous les cinq
ans et toujours rééligibles : la Constitution n'exigeait, pour l'éligibilité, que l'âge de vingt-cinq ans
(art. 209) [1].

Les tribunaux correctionnels étaient améliorés : il
devait y en avoir au moins trois par département. Ils
étaient composés d'un président (fourni à tour de rôle
par les juges du tribunal civil) et de deux juges de
paix ou assesseurs du juge de paix. Le tribunal criminel restait à peu près tel que précédemment, sauf
que le nombre des juges (le président non compté)
était porté à quatre. Le nombre des juges du Tribunal de Cassation ne pouvait excéder les trois quarts
du nombre des départements. Il était renouvelé par
cinquième tous les ans, les assemblées électorales de
département nommant alternativement et successivement les juges.

L'institution du ministère public était maintenue

---

[1] Sur les élections judiciaires pendant le Directoire, V. Esmein,
Éléments de droit constitutionnel, p. 419.

et améliorée ; ceux qui en remplissaient les fonctions, les Commissaires du Directoire exécutif près les tribunaux et leurs substituts, étaient non seulement nommés mais destituables par le Directoire. Cependant l'ancienne dualité du commissaire et de l'accusateur public près le tribunal criminel était rétablie. La Haute Cour de justice était organisée sur le type créé par la Constituante.

CHAPITRE V

LES IMPOTS ET LA FORCE ARMÉE

———

Section I. — Les impôts.

Le régime fiscal de l'ancien régime avait été l'une des causes principales de la Révolution. Il appelait donc les réformes et l'Assemblée constituante devait être tentée de le jeter à bas tout entier ; ce qu'elle fit d'ailleurs à peu près. C'était cependant une grave imprudence ; car on se jetait ainsi dans l'inconnu, au moment où les besoins financiers de l'État allaient fatalement augmenter. Mais les biens nationaux et les assignats semblaient devoir fournir des ressources inépuisables, et en fournirent en effet d'immenses, malgré les erreurs qui étaient à la base du système des assignats.

Dans son œuvre de démolition et de reconstruction en cette matière, l'Assemblée fut guidée et dominée par un certain nombre de principes :

1° L'égalité des citoyens devant l'impôt. Les privilèges de l'ancien régime en cette matière étaient d'ailleurs condamnés par tous, même avant la nuit

du 4 août, par la royauté elle-même dans la déclaration du 23 juin 1789.

2° La haine de l'arbitraire en matière d'impôts.
C'était surtout de l'arbitraire que l'on avait souffert
dans l'ancien régime et l'opinion publique voulait,
avant tout, faire disparaître ce vice, le plus détesté de
tous. C'était d'un côté, l'arbitraire dans le recouvrement, les perquisitions et visites domiciliaires qu'entraînait avec elle l'administration de la gabelle et
celle des aides et droits annexes. C'était aussi et plus
encore, pour les contributions directes, l'arbitraire
dans la répartition de l'impôt et dans la fixation de la
cote de chaque contribuable. C'est surtout pour cela
que, malgré l'effort de certains de ses membres, l'Assemblée constituante se refusa à établir l'impôt global sur le revenu déclaré ou directement constaté.
La majorité était profondément convaincue que l'arbitraire ou les fausses déclarations étaient inévitables
dans un pareil système : c'est ce qu'avait montré,
pour le procédé de la taxation d'office, l'expérience
tant de fois séculaire de la taille personnelle et celle
de la capitation depuis 1701. C'est ce qu'avait montré, pour la déclaration du contribuable, la pratique
et l'histoire du dixième et des vingtièmes; cela
avait abouti à transformer ce dernier impôt qui, à
la fin du règne de Louis XV et sous Louis XVI, était
devenu un impôt presque uniquement foncier, les
cotes restant fixes pendant un long laps de temps.

3° L'influence marquée et profonde de l'École des
physiocrates. Leur idéal, on le sait, c'était l'impôt

unique et foncier. En attendant la réalisation de ce
rêve, ils poursuivaient ardemment l'abolition de toutes les contributions indirectes; et, en ce point, ils
étaient suivis par la plupart des réformateurs. Les
contributions indirectes étaient associées à la ferme
des impôts, et la ferme générale, les fermiers généraux, les principaux des financiers, étaient poursuivis
par l'opinion publique.

Cette influence se fait nettement sentir dans la législation de l'Assemblée constituante. Elle abolit la
plupart des impôts indirects anciens et donna, dans les
revenus de l'État, une part prépondérante à l'impôt
foncier.

I

L'Assemblée constituante supprima presque tous
les anciens impôts indirects : d'abord la gabelle et
avec elle les droits sur les huiles et la marque des
fers (11 mars 1790); puis les traites ou douanes intérieures (31 octobre 1790) ; les entrées ou octrois des
villes (19 février 1791); le monopole du tabac, dont
la culture et la vente devinrent libres, des droits
compensateurs étant établis sur l'importation des
tabacs étrangers (4-20 mars 1791); enfin l'impôt des
aides (17 février 1791).

Elle maintint seulement, sous le nom d'*enregistrement*, un impôt qui correspondait aux droits de contrôle et de centième denier de l'ancien régime, trans-
formés en partie (5 décembre 1790), l'impôt du timbre élargi (7 février 1790), et les douanes extérieures

avec un nouveau tarif pour le commerce avec l'étranger (2 mars 1790).

C'est donc à l'impôt direct que la Constituante voulut demander principalement les ressources nécessaires à l'État. Elle abolit d'ailleurs les anciens impôts directs, la taille, la capitation et les vingtièmes, et, à leur place, on créa un nouveau système, qui, profondément transformé depuis à maintes reprises, presque méconnaissable dans certaines de ses parties, est encore cependant la base de notre système d'impôts directs : les détails ont considérablement changé, les grandes lignes restent les mêmes. Il comprenait trois impôts : la contribution foncière, la contribution personnelle et mobilière et l'impôt des patentes.

1° La contribution foncière fut établie par la loi du 23 novembre 1790. L'Assemblée en fit un impôt de répartition et non de quotité, bien que cette seconde forme répondît mieux à la théorie des physiocrates. On estima que l'impôt de répartition se proportionnait mieux aux besoins de l'État et qu'il établissait une solidarité utile entre les citoyens. La somme totale était tous les ans répartie par le Corps législatif entre les départements. L'administration départementale répartissait le contingent du département entre les districts, et l'administration de district celui du district entre les communes. Restait la répartition finale entre les contribuables, celle qui jadis avait créé tant d'abus en ce qui concerne la taille. On pouvait ici encore redouter l'arbitraire, car il n'y avait point, il ne devait pas y avoir de longtemps un ca-

dastre, indiquant l'étendue et le revenu de chaque
parcelle. La loi cherchait à assurer la sincérité de la
répartition en adjoignant aux Commissaires nommés
à cet effet par le Corps municipal un nombre au moins
égal de délégués choisis par le Conseil général de la
commune et qui pouvaient être pris parmi tous les
propriétaires ou fermiers domiciliés dans la commune. L'impôt ne devait porter que sur le revenu
net.

L'impôt foncier était payé en argent et non pas en
nature; mais ce point ne fut pas admis sans de vives
discussions. L'impôt en nature avait pour lui des
sympathies anciennes et, nous l'avons vu, l'adhésion
des physiocrates[1]. Il fut soutenu à l'Assemblée, notamment par Dubois Crancé, par d'autres arguments.
Il était pratiqué, dans certains pays d'États, où les
municipalités fournissaient leur contingent à leur
choix en argent ou en céréales, qui étaient vendues
ensuite par les soins des Commissaires des États. Mais
le paiement en argent l'emporta. Le paiement en
nature sera repris momentanément, mais comme
une ressource, un expédient contre la déprécia-
tion des assignats, par le décret du 2 thermidor
an III.

Pour la perception, l'Assemblée suivit les traditions
de l'ancien régime. Celui-ci n'avait jamais voulu
organiser comme une administration royale le recouvrement de la taille; c'était affaire de la communauté

---

[1] Ci-dessus, p. 20.

d'habitants. A cette idée répondait l'ancienne solidarité des taillables d'une même communauté pour le paiement de cet impôt. Cette solidarité d'ailleurs, Turgot l'avait fait supprimer, ou du moins ne l'avait maintenue que dans quelques cas tout à fait exceptionnels. La loi du 23 novembre 1790 ne créa point non plus de percepteur pour la collecte de l'impôt foncier, et le système qu'elle organisa fut également appliqué aux deux autres contributions directes. La municipalité mettait en adjudication tous les ans, la perception, et celle-ci était attribuée au citoyen qui offrait de la faire à meilleur compte. On avait voulu éviter par là, la *collecte forcée* qui était si discréditée sous l'ancien régime. On y revenait pourtant comme dernière ressource. On mettait d'abord la perception en adjudication moyennant une remise de 6 deniers par livre. S'il ne se présentait point d'adjudicataire à ces conditions, on élevait la remise à 9, puis à 12 deniers. Si personne ne se présentait, le Conseil général de la commune désignait un de ses membres qui était chargé de faire la collecte.

2° *Contribution personnelle et mobilière.*

Tout en donnant à l'impôt foncier la première place, l'Assemblée constituante voulut aussi établir un impôt direct sur les *facultés mobilières.* C'était donc un impôt sur l'ensemble du revenu (sauf le revenu des immeubles déjà atteint) qu'il s'agissait d'établir. Mais le Comité d'imposition, qui présenta successivement deux rapports sur cet objet, se refusa constamment à admettre soit le système de la déclaration du

revenu par le contribuable, soit la détermination du
revenu faite d'office par l'administration, même par
les municipalités. Ce qu'elle voulut c'est un impôt
sur le *revenu présumé* d'après certains signes exté-
rieurs, faciles à préciser sans aucune inquisition. Le
Comité triompha, mais non sans une lutte des plus
vives dans l'Assemblée. Dans la séance du 21 octobre
1790, Ramel-Nogaret, Biauzat, Buzot réclamèrent
nettement l'impôt sur le revenu, réparti par les municipalités, d'après la connaissance qu'elles avaient des
facultés des contribuables. Dans la séance du 26 octobre parlèrent dans le même sens Dionis, Lavemec,
Camus, Regnault (de Saint-Jean-d'Angély); ils repro-
duisirent la même demande. La contestation était si
vive que Biauzat proposa que « le Comité fût chargé de
recevoir, soit de la part des membres de l'Assemblée,
soit de la part de personnes versées en cette matière,
le tribut des lumières qu'ils viendront lui apporter,
afin de rédiger définitivement un plan exécutable et
plus réfléchi ». Cela fut en effet mis à exécution ; les
principaux consultants furent le Conseil général et
les députés de Paris. Mais le plan premier du Comité
fut adopté. Le sentiment qui guida la majorité fut
traduit avec une netteté parfaite par Roederer dans la
séance du 21 octobre. « Que vous propose-t-on ? Que
les municipalités établissent arbitrairement et ce seul
mot fait trembler (*on applaudit*)... établissent arbitrairement la contribution personnelle sur les divers
contribuables. Chez tous les peuples, même dans notre
ancien régime, on n'a jamais établi la contribution

personnelle de cette manière »[1]. Et Dupont (de Nemours) dans la séance du 8 novembre : « M. Dandré
vous propose un impôt de quotité qui ne serait soumis
à aucune règle dans ses répartitions et qui livrerait
les contribuables au despotisme des municipalités ».

La contribution personnelle et mobilière fut établie par la loi du 13 janvier 1791[2]. En réalité, cette
loi établissait quatre impôts distincts.

A. — C'était d'abord une *contribution personnelle*,
une véritable capitation, qui, d'après l'art. 3 devait être
payée par tous les habitants. Il n'en était point cependant ainsi. Cette contribution personnelle devait
être le signe extérieur et précis de la qualité de citoyen actif. Aussi le montant en était égal à la
valeur de trois journées de travail. La Constitution,
on le sait, subordonnait au paiement d'une contribution de cette valeur l'exercice des droits politiques. Le
montant de la journée de travail devait être déterminé par les autorités locales, et apprécié d'après la
journée du manœuvre. Seuls étaient exemptés de
cette contribution ceux qui ne touchaient que le salaire du manœuvre et n'avaient pas d'autres biens
(art. 13). En raison de la gravité des conséquences,
le Comité proposait de donner à tout citoyen le droit
de se faire inscrire d'office pour une contribution

---

[1] Roederer veut dire sans doute que les intendants et les cours
des aides avaient fini par établir des règles dans la répartition de
la taille; elles consistaient surtout dans la distinction et l'estimation séparée des diverses catégories de revenus.

[2] Duvergier, *Recueil des lois françaises*, t. II, p. 151.

égale à la valeur de trois journées de travail. L'Assemblée n'adopta pas cette proposition, craignant que les partis ne soudoyassent des électeurs; nous savons qu'elle fut admise par la Constitution de l'an III.

B. — Le second impôt, la *contribution mobilière* proprement dite, avait pour base (art. 3) les salaires publics et privés et les fonds mobiliers. Ici c'était bien l'ensemble des revenus, quelle qu'en fût la source, qu'on voulait frapper; seulement on ne voulait pas les constater directement, mais par voie de présomption, d'après un signe extérieur facile à saisir qui était le *loyer d'habitation*. Cela reposait sur une observation profondément juste : c'est que, pour toute personne, qui gère normalement son avoir, il existe un rapport naturel et constant entre le loyer et l'ensemble du revenu. Sans doute ce rapport peut être rompu exceptionnellement par le fait des avares et des prodigues; mais, comme moyenne, il est exact. Il y a plus, au xviiie siècle, pour la répartition de la *capitation* afférente à la ville de Paris, c'était le loyer, avec le chiffre des domestiques, qui servait principalement de règle.

Mais la loi du 13 janvier 1791 ne fixait point directement la contribution mobilière d'après le loyer. Elle prenait celui-ci comme base pour calculer le revenu total du contribuable et c'était ce revenu qu'elle imposait. Le mode de calcul était, il est vrai, assez arbitraire; mais le Comité en avait pris son parti, comme d'un mal inévitable. Le contribuable avait au moins cette sûreté, qu'il savait où s'arrêterait l'estimation de sa fortune.

La loi fixait le rapport entre le loyer constaté et la fortune présumée. Mais ce rapport n'était pas constant. Il reposait sur cette idée, qu'à mesure que le revenu augmente, la portion de ce revenu consacrée au loyer diminue. L'article 18 établissait une gradation descendante ; elle commençait par les loyers de 12.000 livres et au-dessus, qui étaient présumés représenter le douzième et demi du revenu total, et se terminait par les loyers au-dessous de 100 livres qu'on supposait égaux à la moitié du revenu total. A cette combinaison le Comité en avait joint une autre. Il proposait de ne point lever exactement le même tant pour cent sur tous les revenus : il présentait des tarifs différents d'après l'importance des villes et dans chacun d'eux proposait une échelle légèrement progressive d'après l'importance des fortunes. Mais l'Assemblée n'entra point dans cette dernière voie. Elle resta fidèle au principe de la proportionnalité. La loi décida (art. 36) que l'impôt serait uniformément du vingtième du revenu, un sou pour livre.

De ce que l'impôt portait sur le revenu total (non sur le loyer), il résultait (art. 19) que, si le contribuable avait des immeubles, il fallait, pour avoir le revenu imposable à la contribution personnelle, en distraire le revenu foncier, imposé à l'impôt foncier. D'autre part, les traitements des fonctionnaires publics étaient pris pour base de leur contribution mobilière lorsque le chiffre du revenu total révélé par le loyer leur était supérieur et qu'ils n'avaient pas d'autres biens. Les chefs de famille ayant plus de trois enfants, les artisans et les marchands avaient un régime de faveur, réglé par les art. 23 et s.

C. — Une taxe particulière visait les domestiques, les chevaux et mulets de luxe (art. 4). C'était encore là un signe extérieur révélant le revenu. Le chiffre des domestiques, nous l'avons rappelé, était pris en considération pour la répartition de la capitation dans la ville de Paris. Le Comité avait proposé de n'imposer que les domestiques mâles, afin d'engager par là les particuliers à prendre plutôt des domestiques *femmes* et d'écarter ainsi les hommes de cette profession discréditée, qui faisait perdre l'exercice des droits politiques. Mais l'Assemblée repoussa toute distinction. Cet impôt admettait une progression en raison du nombre ; ce fut une des raisons qui portèrent l'Assemblée à ne pas admettre la progression dans la contribution mobilière proprement dite.

D. — Le quatrième impôt était appelé *taxe d'habitation*. Il avait la même base que la contribution mobilière, c'est-à-dire le revenu total présumé d'après le loyer ; mais il en prélevait une portion beaucoup moins forte, le 300° au lieu du 20°. Elle ne jouait d'ailleurs que le rôle d'un impôt complémentaire.

Pour le faire comprendre, il faut dire que la contribution personnelle et mobilière, dans son ensemble, était présentée comme un impôt de répartition, dont le Corps législatif devait fixer tous les ans le montant en bloc et qui suivait la même filière de répartitions que l'impôt foncier. Mais cela n'était pas exact; en réalité la contribution personnelle des trois journées de travail, la taxe sur les domestiques et la contribution mobilière elle-même étaient de véritables impôts de quotité, par rapport au contribuable. Cela rendait difficile de fixer exactement le contingent afférent aux diverses circonscriptions. Aussi la loi prévoyait que ce chiffre pourrait être trop faible ou trop fort. Dans le premier cas, on ajoutait d'abord 6 deniers par livre à la contribution mobilière qui était alors portée à 18 deniers. Si cela ne suffisait pas, on faisait jouer la taxe d'habitation. Dans le second cas, on supprimait en tout ou en partie la taxe d'habitation, puis, s'il y avait encore de l'excédent, on diminuait d'autant la contribution mobilière[1].

3° *L'impôt des patentes.*

Cet impôt n'était pas dans le plan primitif du Comité; cependant il l'annonça en déposant sur le bureau de l'Assemblée le projet de l'impôt sur le timbre. Ce fut une conséquence de l'abolition définitive des maîtrises, jurandes et communautés de marchands et d'artisans par la loi des 2-17 mars 1791, qui proclamait la liberté du commerce, du travail et de l'industrie. C'était, d'après le rapport, un léger impôt qu'on établissait sur le commerce et l'industrie, devenus libres, en quelque sorte comme prix du grand bienfait

---

[1] Pour les détails, V. Minoret, *La contribution personnelle et mobilière pendant la Révolution*, Paris, 1900.

qu'on leur accordait ainsi et comme remplacement
des droits, bien plus élevés, qu'on devait payer autrefois pour arriver à la maîtrise. Cela prit une forme
particulière. La liberté des métiers et commerces était
proclamée moyennant une *déclaration* faite à la municipalité par celui qui voulait exercer l'un d'eux :
en revanche une *patente* lui était délivrée; c'était
comme sa licence d'artisan ou de commerçant, et à
cette occasion il était inscrit à l'impôt. La patente
n'avait pas d'ailleurs une valeur indéfinie; elle devait
être renouvelée tous les ans. Tout individu qui exerçait sans patente un métier ou un commerce était
punissable de peines fiscales, traîné par un patenté au
tribunal de district et toute action en justice relative
à son commerce lui était refusée.

L'impôt des patentes avait pour base le loyer d'habitation ou la valeur locative de l'habitation, des bou-
tiques, magasins et ateliers occupés. Il était fixé à
« deux sous pour livre du prix du loyer jusqu'à 400
livres; deux sous six deniers pour livre depuis 400
jusqu'à 800 livres et trois sous pour livre au-dessus
de 800 livres ». Le patenté était d'ailleurs fondé à faire
défalquer le montant de sa patente du montant de sa
contribution mobilière (art. 24). On dispensait de la
patente, ou l'on soumettait à une patente réduite les
petits marchands et artisans, les fournisseurs du
pauvre (art. 10).

Dans ses séances des 3 et 4 décembre 1791, l'Assemblée constituante discuta à fond la question de
savoir si l'on établirait un impôt sur les rentes dues

par l'État[1]. Tous les arguments, qui ont été depuis produits pour ou contre, furent apportés à la tribune. Mirabeau, Barnave, Duport, Charles de Lameth se prononcèrent contre et l'Assemblée se rangea à leur avis.

Les Assemblées suivantes, jusqu'à celles du Directoire, ne touchèrent pas profondément au système d'impôts établi par la Constituante. Les décrets de la Convention en cette matière sont pourtant fort nombreux ; mais ce sont presque tous des mesures ou des lois de circonstance, concernant les réquisitions, la rentrée des impôts, les taxes le plus souvent arbitraires levées par les autorités locales. La loi la plus importante de ce groupe est celle du 25 mai 1793 établissant un emprunt forcé d'un milliard sur les citoyens riches ; c'était en réalité, un impôt progressif payé une fois pour toutes et progressif selon la fortune. La tendance qui se dégage de toute cette législation est de faire peser l'impôt de tout son poids sur les riches ; cependant il faut relever ce principe contenu dans l'article 101 de la Constitution du 24 juin 1793 : « Nul n'est dispensé de l'honorable obligation de contribuer aux charges publiques ».

Sous le Directoire, au contraire, on trouve une législation importante et durable en matière d'impôts, à côté des mesures financières mauvaises et des expédients. Ce sont d'abord de nouveaux impôts établis. Un nouvel impôt direct, celui des portes et fenêtres

---

[1] *Réimpression de l'ancien Moniteur*, t. VI, p. 540 et s.

créé par la loi du 4 frimaire an II. Il était mauvais
en soi, faisant en quelque sorte payer aux particuliers l'air et la lumière; aussi la loi le présentait-elle
comme provisoire. Il dure encore aujourd'hui. Mais
en même temps l'impôt indirect rentrait dans la pratique, d'abord sous là forme de l'impôt sur les cartes
à jouer (loi du 3 pluviôse an VI) et sur le tabac puis
sous celle des octrois des villes (loi du 27 vendémiaire an VII) ville de Paris; loi du 11 frimaire
an VII (art. 51, *taxes indirectes locales*).

D'autre part, les impôts établis par l'Assemblée
constituante étaient l'objet d'une réglementation
nouvelle dans de grandes lois organiques, soigneusement étudiées et bien faites. Les principales sont : la
loi du 3 vendémiaire an VII, sur le timbre; la loi du
3 frimaire an VII qui réorganisa l'impôt foncier, tout
en conservant à peu près le mode de perception antérieur; la loi du 3 nivôse an VII qui réforma profondément la contribution personnelle et mobilière.
Cette loi changea en réalité le caractère de l'impôt.
Elle fit de la contribution mobilière proprement dite,
un véritable impôt de répartition ; l'art. 21 était
ainsi conçu « La contribution personnelle (qui restait
la même) étant répartie, ce qui pourra rester sur le
contingent de la commune sera réparti en contribution mobilière au marc le franc de la valeur du loyer
d'habitation personnelle de chaque habitant porté à
la contribution personnelle ». Une déclaration était
exigée du contribuable (art. 317) comprenant, comme
par le passé, le nombre des domestiques, des che-

vaux, mulets et voitures de luxe, car la taxe afférente
était maintenue. La *taxe d'habitation*, sans emploi
désormais, disparaissait. Ainsi s'écroulait le système factice créé par la Constituante : on ne calculait
plus le revenu total; on répartissait directement
d'après le loyer.

La loi du 1er brumaire an VII réorganisa aussi
l'impôt des patentes, qu'elle divisa en *droits fixes* et
droits proportionnels, avec de nouveaux tarifs.

Section II. — **La force armée.**

L'organisation militaire de l'ancien régime se composait de deux parties.

1° L'armée régulière et permanente, qui se recru-
tait par des enrôlements volontaires, qu'avaient régle-
mentés et régularisés au xviii° siècle le duc de Choiseul et les ministres de la Guerre qui lui avaient
succédé.

2° Les *milices*, recrutées par le tirage au sort dans
les paroisses des campagnes. Dans la seconde moitié
du xviii° siècle elles formaient des régiments provinciaux, destinés à servir seulement en temps de guerre
comme armée territoriale : mais en cas de besoin,
en temps de guerre, on y prenait aussi des hommes
pour combler les vides qui se produisaient dans l'armée régulière, à laquelle ils étaient incorporés. Le
tirage au sort des miliciens qui pesait uniquement
sur les roturiers des campagnes et pour lequel il y
avait tant d'exemptions, était une charge pour eux
plus lourde et encore plus détestée que celle de la

taille. Jusqu'aux derniers temps de l'ancien régime, la réglementation en avait été laissée entièrement aux intendants. C'est seulement sous Louis XVI que fut édictée une loi déterminant les exemptions. Turgot avait essayé, mais en vain, de faire supprimer les milices.

L'Assemblée constituante les supprima (4 mai 1791); elle conserva au contraire l'armée régulière, dont le Corps législatif devait tous les ans voter le chiffre sur la proposition du roi. Mais comment la recruter dorénavant? Les principes nouveaux auraient conduit au service personnel et obligatoire pour tous. Cependant l'article 12 de la Déclaration des droits de l'homme et du citoyen votée en 1789 était peu explicite à cet égard : « Le maintien des droits de l'homme et du citoyen nécessite une force publique; cette force est donc instituée pour l'avantage de tous et pour l'utilité particulière de ceux auxquels elle est confiée ».

Mais le service personnel était bien difficile à organiser. Par une sorte de prévision vague des guerres que la Révolution aurait à soutenir, l'Assemblée voulait une armée forte, et l'on ne considérait alors comme telle qu'une armée composée en très grande partie de vieux soldats, ne comptant que des soldats de métier. Elle ne devait pas, par suite, comprendre tous les hommes valides, mais seulement un certain nombre de Français fournissant un long temps de service. Cela n'était guère possible que par deux moyens. Le premier eût été un tirage au sort entre

tous les citoyens, qui eût été plus terrible et plus
odieux encore que l'ancien. Le second moyen, c'était
l'engagement volontaire auquel on était ainsi forcément ramené. C'est lui que l'Assemblée maintint par
le décret du 16 décembre 1789. Les conditions en
furent réglementées à nouveau par le décret des
9-25 mars 1791. Par une sorte de compensation, la loi
des 23 septembre-29 octobre 1790 organisa sur des
bases très démocratiques l'avancement dans l'armée.
Pour les grades inférieurs c'était un système de présentation par les inférieurs ou d'élection par les égaux.
Pour les grades plus élevés, l'avancement se faisait
en principe à l'ancienneté; cependant bientôt une
place était faite au choix par le roi, et la proportion de
ceux qu'il pouvait nommer ainsi croissait à mesure
qu'on s'élevait dans la hiérarchie.

Cependant, tout en organisant ainsi l'armée régulière, l'Assemblée, dans le décret des 6-9 décembre
1790, destiné à établir les principes, inscrivit celui du
service militaire personnel et obligatoire pour tous les
citoyens actifs à partir de l'âge de 18 ans. Mais elle
n'en fit l'application que par une institution qui
devait avoir dans notre pays une longue vie et souvent une grande importance, celle de *la garde nationale*. Fréquemment réglementée à nouveau et profondément modifiée, sommeillant pendant de longues
périodes, puis remise en activité, elle a existé dans
notre droit sans interruption depuis les lois de l'Assemblée constituante, qui vont être citées jusqu'à la loi
du 25 août 1871, qui l'a abolie définitivement. Elle

répondait à une conception produite avec éloges par
les philosophes, notamment par Rousseau et par Mably, celle du *soldat-citoyen*, chargé avant tout de
maintenir l'ordre public. La milice anglaise et surtout américaine avait fourni ce qu'on croyait être une
application de cette idée.

Spontanément formée à Paris aux mois de juin et
de juillet 1789 à l'instigation de Mirabeau, puis organisée dans les départements, elle fut légalement organisée par le décret des 29 septembre-14 octobre
1791. Elle était organisée par cantons et par districts,
avec des officiers électifs du bas'en haut de la hiérarchie, les supérieurs étant élus pour un an par les inférieurs et rentrant dans le rang au bout de l'année.

En cas d'invasion étrangère, le roi pouvait, pour
la défense de la patrie, requérir le nombre nécessaire
de gardes nationaux et alors ils étaient obligés de
« sortir de leurs foyers contre l'ennemi extérieur »;
mais leur principale fonction était de rétablir l'ordre
et de maintenir l'obéissance aux lois conformément
aux décrets. Le législateur (art. 9 et s.) leur re-
commandait l'obéissance ponctuelle et leur défendait de délibérer, de « juger les réquisitions qui leur
seraient faites ». Mais ces recommandations, par
elles-mêmes, signalent le danger. Pour ces citoyens-
soldats il était presque impossible de ne pas discuter
et juger l'emploi qui était requis de leurs armes;
l'histoire ne l'a que trop prouvé.

L'Assemblée législative légiféra abondamment
sur l'armée; la guerre déclarée aux étrangers l'exi-

geait impérieusement. Mais c'est une législation
toute de détails; on ne trouve point de loi établissant
de nouveaux principes en cette matière. On peut en
dire autant de la législation issue de la Convention,
si ce n'est que l'Assemblée souveraine fit des applications importantes du principe qui rendait le service militaire obligatoire pour tous les citoyens. La
plus notable est la loi du 24 février 1793, ordonnant
une réquisition de trois cent mille hommes portant
sur tous les Français célibataires ou veufs sans enfants de 18 à 40 ans. Elle reprenait à l'ancien régime,
quelque peu améliorés, les procédés, qui servaient
jadis à désigner les miliciens. Le nombre d'hommes
à fournir était réparti comme l'impôt direct, entre
les départements, les districts et les communes. Au
jour dit, dans chaque commune un registre était ouvert, et, si le nombre de ceux qui s'y inscrivaient
comme engagés volontaires était suffisant pour
parfaire le contingent imposé à la commune, tout
était dit. Sinon, les citoyens que les officiers municipaux avaient dû convoquer (art. 9) à cet effet (art. 10)
« les citoyens seront tenus de compléter le nombre,
et, pour cet effet, adopteront le mode qu'ils trouveront le plus convenable à la pluralité des voix ».
Il faut ajouter que le remplacement était admis.
Art. 16 : « Tout citoyen appelé à marcher à la
défense de la patrie, conformément à ce qui est dit
dans les articles précédents, aura la faculté de se faire
remplacer par un citoyen en état de porter les armes,
âgé au moins de dix-huit ans et accepté par le conseil

général de la commune[1] ». Les 21-26 février 1793,
la Convention édictait aussi un décret relatif à l'organisation de l'armée, aux pensions de retraite et aux
traitements des militaires de tous grades.

On vécut sur ce système de réquisitions d'hommes
jusqu'à la loi du 19 fructidor an VI relative au mode
de formation de l'armée de terre (l'inscription maritime empruntée au système des classes de l'ancien
régime avec certaines améliorations fut conservé pour
le recrutement de l'armée de mer). Elle organisa
régulièrement, la première, le service militaire obligatoire et égal pour tous. « Tout Français, disait
l'art. 1, est soldat et se doit à la défense de la patrie ».
Elle créa la *circonscription militaire*, qui comprenait
tous les citoyens valides depuis l'âge de 20 ans révolus jusqu'à celui de 25 ans accomplis. Ces « défenseurs conscrits », comme elle les appelait, étaient
divisés en 5 classes, dont chacune comprenait tous
les hommes nés la même année. Dans ces classes
étaient pris les hommes, dont tous les ans le Corps
législatif fixait le nombre et qui étaient appelés sous
les drapeaux. Il n'intervenait pour leur désignation,
ni choix arbitraire, ni tirage au sort. Les plus jeunes
étaient appelés avant les plus âgés. On ne prenait les
hommes d'une classe qu'autant que la classe précé-
dente, plus jeune était épuisée. Le remplacement

---

[1] Donnant un exemple qui sera suivi par le Premier Empire,
l'art. 15 décidait : « Les citoyens qui se sont fait remplacer lors
des levées précédentes, concourront avec les autres citoyens à la
levée actuelle ».

était interdit (art. 19). La durée du service effectif était en principe de quatre ans au *maximum*, et à l'âge de vingt-cinq ans accomplis, les conscrits étaient libérés du service militaire et recevaient des congés absolus; mais l'art. 21 qui réglait ce point était ainsi conçu : « Il est délivré aux défenseurs conscrits de la cinquième classe *non en activité de service* des congés absolus, dans le mois de vendémiaire qui suit l'époque à laquelle ils ont terminé leur vingt-cinquième année. Ceux qui sont en activité de service reçoivent en temps de paix leurs congés absolus à la même époque; *ils sont en temps de guerre soumis aux lois de circonstances rendues sur les congés* ». On comprend aisément quels effets put produire cette dernière disposition dans des temps où les guerres étaient presque ininterrompues. C'est cette loi du 19 fructidor an VI qui, avec quelques modifications, fournira toutes les armées du Consulat et du Premier Empire.

CHAPITRE VI

LES CULTES ET L'ÉTAT

Les principes essentiels qui dirigèrent la Révolution conduisaient logiquement à la séparation des Églises et de l'État. La société civile, souveraine et maîtresse d'elle-même, devait ignorer les religions, respectant le droit pour chaque citoyen de pratiquer le culte auquel il était attaché, à la seule condition de ne pas troubler l'ordre public. L'État, représentant de la société civile, et la religion, expression des rapports entre la conscience individuelle et la divinité, étaient deux mondes si différents, si éloignés l'un de l'autre, que toute union entre eux semblait impossible, à moins que l'État n'absorbât la religion ou que la religion n'absorbât l'État. La Constitution de 1791 faisait (tit. II, art. 7) une application, très nette mais très restreinte de ces idées, lorsqu'elle disait « la loi ne considère le mariage que comme un contrat civil ». Mais en 1789, en ce qui concerne l'Église catholique, l'application générale de ces principes était manifestement impossible, pour des raisons multiples.

En premier lieu, depuis des siècles, l'Église catholique était mariée à la monarchie française ; elle lui était annexée, soumise à l'autorité royale pour tout ce qui n'était pas le spirituel, mais concernait seulement le temporel et la discipline ecclésiastique [1]. Et l'on ne songeait aucunement en 1789-1791, à dénaturer, à cet égard, l'ancienne monarchie qu'on voulait conserver.

D'autre part, l'immense majorité des Français étaient alors très fermement attachés à la religion catholique, et désiraient la pratiquer telle que leurs pères l'avaient pratiquée, sauf la correction des abus qui s'étaient glissés dans la discipline. Ce n'était pas seulement dans les classes supérieures, celles des privilégiés de l'ancien régime, mais surtout, comme les faits l'ont prouvé, dans le peuple et la petite bourgeoisie que se trouvaient les croyants ; les classes supérieures, même la noblesse, profondément touchées par la philosophie du XVIII° siècle, comptaient au contraire beaucoup d'incrédules ou de sceptiques [2].

Les philosophes eux-mêmes, surtout les philosophes politiques, étaient bien loin d'avoir répandu l'esprit d'irreligion. Parmi les plus influents se trouvaient des déistes très décidés, même des chrétiens. Rousseau se prononçait pour une religion civile, dont

---

[1] V. Esmein, *Cours élémentaire d'histoire du droit* p. 653 et s.

[2] V. le livre lumineux de M. Edme Champion, *La séparation de l'Église et de l'État en 1794, passim*, et notamment pp. 139, 212, 216, 240, 242, 250, 254, 277.

les dogmes rappelaient d'assez près la profession de foi du vicaire savoyard. Mably voulait faire du prêtre chrétien un professeur de morale et de vertu, et proscrivait, punissait l'athéisme et l'indifférence en matière de religion. La majorité dans les Assemblées de la Révolution était nettement déiste, même à la Convention, et imbue d'une religiosité plus ou moins précise [1]. Il y avait, il est vrai, une école représentée par Diderot, d'Holbach et leurs disciples, qui, nettement matérialiste, considérait toute religion, et, en particulier, la religion catholique, comme un mal qu'il fallait extirper, pour le bonheur du genre humain. Les représentants de cette école triomphèrent un moment en 1793; ce furent eux qui poussèrent à la fermeture des Églises et à la destruction du christianisme. Mais la Convention n'adopta point ces principes, et les actes qui en étaient l'application furent le fait des autorités locales [2].

En 1789 on était bien loin de prévoir de tels événements, et comment alors songer même à la séparation de l'Église catholique et de l'État, dans une assemblée dont un quart des membres, au début, appartenait au clergé catholique, les membres du Tiers État étant en grande partie de sincères catholiques, simplement animés de l'esprit gallican.

[1] La Constituante mettait cette profession de foi en tête de la Déclaration des Droits : « L'Assemblée nationale reconnaît et déclare en présence et sous les auspices de l'*Être suprême* les droits suivants de l'homme et du citoyen ». Et plus tard, la Convention établira les *fêtes de l'Être suprême*.

[2] Edme Champion, *op. cit.*, ch. XXII.

Cependant la Révolution arriva à proclamer la séparation des Églises et de l'État; mais elle y fut conduite par des raisons financières et politiques. Ce fut l'aboutissant d'une lutte qu'elle n'avait point désirée et que même elle n'avait point consciemment provoquée[1]. Sans doute, en certains points, les lois ecclésiastiques de l'Assemblée constituante, surtout la Constitution civile du clergé, furent excessives et imprudentes. Cependant elles étaient dans la ligne gallicane; leurs dispositions ne dépassaient pas beaucoup ce que nos anciens jurisconsultes considéraient comme permis à l'autorité royale sous l'ancien régime. Elles provoquèrent néanmoins une vive opposition chez beaucoup de catholiques, et furent condamnées par la Papauté, qui condamnait en même temps l'œuvre politique de l'Assemblée constituante[2]. Or, il se trouva qu'un grand nombre des membres de l'ancien clergé français étaient fort attachés à l'ancien régime et hostiles à la Révolution. Par là, l'opposition religieuse devint en même temps et surtout une opposition politique. Dans ce milieu où les passions étaient si violentes, des représailles étaient inévitables de la part de l'État; elles furent excessives et donnèrent lieu à cette effroyable législation sur les prêtres insermentés et suspects, que nous n'étudierons pas ici, pas plus que la législation sur les émigrés. Mais la lutte grandissant, au lieu de se calmer, le moment

[1] Voyez dans son entier le livre précité de M. Edme Champion.

[2] Edme Champion, *op. cit.*, p. 183.

arriva où la Convention considéra comme inutile de
maintenir et de salarier cette Église d'État, qu'avait
organisée la Constitution civile du clergé et qui, loin
de satisfaire la masse des catholiques, suscitait particulièrement les fureurs des opposants. C'était une
économie, une simplification et cela permettait en
même temps de proclamer et d'appliquer les vrais
principes. C'est ce qui fut fait et l'on aboutit ainsi à
la solution inévitable, à la séparation.

§ 1. — *Les protestants et les juifs.*

Les principes nouveaux, qui allaient être ceux de
la société française, étaient, en 1789, difficilement applicables à l'Église catholique. Ils étaient au contraire
facilement applicables aux protestants et aux juifs ;
ils allaient permettre à l'Assemblée constituante de
réparer, dans la mesure du possible, les injustices et
les rigueurs dont les uns et les autres avaient souffert
dans l'ancien droit.

L'Édit de 1787, qui avait rendu aux protestants la
liberté de conscience et l'état civil, ne leur avait point
donné la liberté de culte et les droits civiques : ils
restaient incapables de remplir les fonctions qui faisaient participer à l'administration de la justice ou à
l'enseignement.

La première question les concernant qui se présenta devant l'Assemblée, fut celle de savoir si, dans
le nouveau système électoral, ils pouvaient être électeurs ou éligibles. Le décret du 24 décembre 1789 la
résolut affirmativement : « 1° les non-catholiques qui

auront d'ailleurs rempli toutes les conditions prescrites par les précédents décrets de l'Assemblée nationale
pour être électeurs et éligibles, pourront être élus
dans tous les degrés d'administration sans exception;
— 2° les non-catholiques seront capables de tous les
emplois civils et militaires, comme les autres citoyens ».

Cette loi était non pas générale, mais spéciale aux
protestants. Le titre de *non-catholiques* était celui qui
avait servi à les désigner dans l'Édit de 1787 et d'ailleurs le préambule du décret ne pouvait laisser aucun
doute; il avait soin de préciser qu'il ne s'appliquait
pas aux juifs, dont le sort était réservé ; l'Assemblée
n'entendait « rien préjuger relativement aux juifs,
sur l'état desquels elle se réserve de prononcer, sans
qu'il puisse être opposé à l'éligibilité d'aucun citoyen d'autres motifs d'exclusion que ceux qui résul-
tent des décrets constitutionnels ».

L'Assemblée ne rendait pas seulement aux protestants restés en France leurs droits civiques et politi-
tiques. Elle songea à ceux qui, après la révocation de
l'Édit de Nantes, étaient passés en pays étranger au
péril de leurs jours et qui, par suite, avaient perdu
la nationalité française et dont les biens avaient été
confisqués. Elle rendit à ceux de leurs descendants
qui voulurent en profiter la nationalité française et
ceux des biens confisqués sur leurs ancêtres que l'É-
tat n'avait pas aliénés au profit des particuliers. Le décret des 10-16 juillet 1790 décida. « Les biens des non-
catholiques qui se trouvent encore entre les mains des

fermiers de la régie des biens des réligionnaires, seront rendus aux héritiers, successeurs ou ayant-droit des-dits fugitifs, à charge par eux d'en justifier aux ter-mes et selon les formes que l'Assemblée nationale aura décrétés après avoir entendu les avis de son Co-mité des domaines ». En conséquence l'exécution en fut réglée par le décret des 9-15 décembre 1790.

D'autre part, la Constitution de 1790 (tit. II, art. 2) déclarait : « Sont citoyens français... Ceux qui, nés en pays étranger, et descendant, à quelque degré que ce soit, d'un Français ou d'une Française expatriés pour cause de religion, viennent demeurer en France et prêter le serment civique ».

. Mais la Constituante, tant était grande sa déférence pour le culte catholique, ne se décida pas du premier coup à leur donner la liberté du culte. L'article 10 de la Déclaration des droits de l'homme et du citoyen votée en 1789, ne garantissait que la liberté de con-science : « Nul ne peut être inquiété pour ses opi-nions, *même religieuses*, pourvu que leur manifesta-tion ne trouble pas l'ordre public établi par la loi ».

Le 12 avril 1790, dom Gerle, l'un des membres du Comité ecclésiastique, proposa même de décider que la religion catholique, apostolique et romaine était toujours celle de la nation et que son culte serait seul public [1]; mais le vote fut remis au lendemain et, le 13, après une séance fort agitée, l'Assemblée passa à l'or-dre du jour : « Considérant qu'elle n'a et qu'elle ne

[1] Edme Champion, *op. cit.*, ch. X.

peut avoir aucun pouvoir sur les consciences et les opinions religieuses[1] ». C'étaient les vrais principes; mais l'Assemblée ne proclamait point encore positivement la liberté de tous les cultes. Elle le fit dans le titre Ier de la Constitution de 1791 : « La Constitution garantit, comme droits naturels et civils... la liberté à tout homme, d'exercer le culte religieux auquel il est attaché ».

La condition des juifs avait été à la fois meilleure et pire que celle des protestants. Dans les lieux et dans les temps où ils étaient tolérés, ils jouissaient de la liberté de conscience, n'étant point poursuivis comme hérétiques et même ordinairement pouvaient célébrer leur culte dans quelque endroit écarté. Leurs biens étaient respectés, au moins aux XVIIe et XVIIIe siècles ; ils étaient seulement obligés à certaines taxes ou redevances, soumis à l'exploitation royale ou seigneuriale. Cependant en 1784, un édit avait supprimé une grande partie de ces droits[2]. Mais ils n'étaient pas *citoyens*, ils n'étaient pas *français*, sauf lorsqu'ils obtenaient du roi des lettres de naturalisation, qui souvent n'emportaient que des effets restreints. Le roi pouvait les expulser en masse du royaume, et à la veille de la Révolution Guyot et Merlin signalaient encore cette faculté comme une des prérogatives du roi de France.

L'Assemblée constituante était bien décidée à leur

---

[1] Ces derniers mots paraissent poser une règle absolue ; mais les juifs, *n'étant pas encore citoyens*, pouvaient-ils en bénéficier?

[2] Esmein, *Cours élémentaire d'histoire du droit*, p. 672.

accorder la pleine sécurité, la liberté de conscience
et de culte; mais elle hésita à en faire des citoyens,
ayant ou pouvant avoir la pleine jouissance des
droits civils, civiques et politiques. Par le décret du
20 juillet 1790 « considérant que la protection de la
force publique est due à tous les habitants du
royaume indistinctement, sans autre condition que
celle d'acquitter les contributions communes », elle
supprima toutes les redevances qui pesaient sur les
juifs. Elle admettait cependant que parfois une indemnité pouvait être due aux titulaires de ces droits,
mais elle la mettait à la charge de la Nation : « sauf
à statuer, disait le décret, ainsi qu'il appartiendra
sur les indemnités qui pourraient être dues aux cessionnaires du Gouvernement à titre onéreux, d'après
l'avis des directoires des départements dans le territoire desquels lesdites redevances se perçoivent ».

Ce n'est que le 27 septembre 1791, après la mort
de Mirabeau qui avait défendu leur cause, que l'Assemblée accorda aux juifs la plénitude des 'droits de
citoyen : « Considérant que les conditions nécessaires
pour être citoyen français et pour devenir citoyen actif
sont fixées par la Constitution et que tout homme,
qui, réunissant lesdites conditions, prête le serment
civique et s'engage à remplir tous les devoirs que la
Constitution impose, a droit à tous les avantages
qu'elle assure; — révoque tous ajournements, réserves et exceptions insérés dans les précédents décrets
relativement aux individus juifs, qui prêteront le
serment civique, qui sera regardé comme une renon-

ciation à tous privilèges et exemptions introduits précédemment en leur faveur » [1].

Encore une fois les vrais principes triomphaient.

§ 2. — *L'Église catholique.*

La première grande mesure que prit l'Assemblée constituante à l'égard de l'Église catholique ne concernait que le temporel. C'est la nationalisation des biens ecclésiastiques.

Ce fut la nécessité, le besoin formidable d'argent, qui décida la majorité, et nous savons que, sous une forme adoucie mais sans aucun scrupule, l'un des projets de Calonne s'en prenait déjà au patrimoine ecclésiastique [2].

Mais c'était aussi une réforme préparée par l'opinion publique. Le peuple, depuis des siècles, trouvait exorbitant cet immense patrimoine, « le tiers ou peu s'en faut de tous les biens de France », disait Lebret dans la première moitié du XVIIe siècle [3]; — patrimoine dont les revenus, pour la plus grande partie, servait à entretenir le luxe des prélats. Montesquieu avait signalé les inconvénients que présentait

---

[1] C'est qu'en effet, l'ancienne condition des juifs, si misérable qu'elle fût, était faite d'incapacités et de privilèges. Le privilège consistait surtout, en ce qu'en certains lieux, comme à Metz, dans leur rapport entre eux, ils étaient régis par le droit hébraïque. — Sur l'admission des Juifs aux droits de citoyen, en général et sous la Révolution, V. mon article dans la *Nova revista romană pentru Politică, Litteratură, Stiintza si Arte*, du 15 octobre 1900, Bucarest.

[2] V. ci-dessus, p. 21-22.

[3] Esmein, *Cours élémentaire d'histoire du droit*, p. 621, note 4.

cette fortune de mainmorte toujours accrue, et Mably préférait de beaucoup à ce système de dotation immobilière celui qu'il constatait en Hollande, où le clergé avait, non des biens, mais des salaires.

Mais légalement, constitutionnellement, d'après le droit antérieur, l'acte accompli par l'Assemblée était-il licite et régulier?

Pour une partie des biens ecclésiastiques, ceux qui appartenaient aux couvents, aux ordres religieux, cela ne pouvait faire aucun doute. Les ordres religieux, dont l'unité possédante, selon le droit français, était le couvent, ne pouvaient exister qu'avec l'autorisation du roi, c'est-à-dire du législateur; et le roi, agissant toujours au même titre, pouvait les supprimer lorsqu'il les trouvait inutiles ou dangereux. Lorsqu'un ordre était supprimé, la personne civile disparaissant, les biens qu'il possédait devenaient des biens sans maître, qui revenaient à l'État. L'application de ces principes était incontestée et bien connue de tous. On en avait un exemple considérable qui datait sinon de la veille, au moins de l'avant-veille : l'expulsion des Jésuites avec ses conséquences. Or, l'Assemblée avait l'intention — comme elle le fit — de supprimer tous les ordres religieux.

Pour les biens du clergé proprement dit, ou clergé séculier, la question était plus délicate, car on ne voulait, alors, en aucune façon, supprimer l'Église de France. L'abbé Siéyès, fidèle au clergé dont il était membre, soutenait que, tant que l'Église de France subsistait comme établissement légal, on ne

pouvait lui enlever les biens qui formaient sa dotation : sans doute le pouvoir constituant pouvait la
supprimer, la détruire légalement, mais tant qu'il ne
l'avait pas fait, elle conservait son existence, sa personnalité et son patrimoine[1]. Dans la discussion qui
s'engagea devant l'Assemblée, Thouret soutint même
que le pouvoir législatif et représentatif ne pouvait
pas dans les conditions où elle se trouvait, supprimer
l'établissement légal de l'Église de France ; il aurait
fallu pour cela que le peuple entier en eût manifesté
clairement la volonté.

Mais, contre ces raisonnements substils et nouveaux la tradition de l'ancien droit français fournissait,
pour le grand acte qu'on voulait accomplir, des arguments et des précédents décisifs. Sans qu'on s'expli-
quât nettement sur la nature de cette prérogative,
l'ancien droit admettait que le roi, pour les besoins
pressants de l'État, pouvait disposer des biens de
l'Église. Sans doute, le droit canonique, à l'occasion de
conflits anciens, avait exigé pour cela le consentement de la Papauté et celui des Églises intéressées.
Mais cela ne cadrait pas avec les libertés de l'Église
gallicane, d'après lesquelles le Pape n'avait, sans
l'approbation du roi, aucun pouvoir sur le temporel
de l'Église de France. Il faut reconnaître d'ailleurs
que, dans un livre notable du xviie siècle le conseiller
d'État Le Vayer de Boutigny, admettait que, pour que

[1] *Observations sommaires sur les biens ecclésiastiques* du 10 août
1789, *Procès-verbaux de l'Assemblée nationale* (coll. Baudoin,
t. III, n° 48).

le roi pût vendre au profit de l'État des biens ecclésiastiques le consentement de l'Église (entendez *gallicane*) était nécessaire[1].

Dans la seconde moitié du xviii° siècle, une opinion se dégageait et tendait à devenir commune parmi les publicistes, qui supprimait toute difficulté. On tenait que la Nation était le véritable propriétaire des biens d'Église; et cette opinion s'accordait, au fond, avec le sentiment des canonistes les plus éminents.

Les canonistes discutaient en effet, sur le point de savoir quel était le propriétaire de ces biens, dont les bénéficiers n'avaient que l'administration et la jouissance. L'opinion, aujourd'hui fort répandue parmi les théologiens-canonistes, d'après laquelle ce serait l'Église universelle représentée par le Pape, avait jadis peu de partisans. Beaucoup, répétant ce que disaient de nombreux textes canoniques, soutenaient que ces biens appartenaient aux pauvres; mais c'était là une métaphore, ou plutôt, un axiome indiquant quel devait être l'emploi essentiel des revenus produits par eux. L'opinion la meilleure qui avait pour elle des canonistes tels que Panormitanus et Gonzalez Tellez[2], considéraient qu'ils appartenaient aux *ecclesiæ particulares*, représentées par les divers dio-

---

[1] *Traité de l'autorité des rois touchant l'administration de l'Église*, 2° part., 4° dissert.

[2] *Abbatis Panormitani commentaria* sur C. 4, X, *De causa possessionis et prop.*, II, 12, n. 20, 21; Gonzalez Tellez, *Commentaria perpetua in singulos textus V libr. decretalium*, sur C. 2, X, *De rebus ecclesiae*, III, 13, note *b*.

cèses, mais conçues comme comprenant toute la population catholique, les laïcs aussi bien que le clergé. Or l'addition de ces groupes, pour l'Église de France, équivalait exactement à la totalité de la population française, c'est-à-dire à la nation. M. Ed. Champion fait, sous une autre forme la même constatation : « Ceux qui parlaient des droits de l'Église étaient les plus nombreux ». Mais on leur répondait avec Bossuet : « J'entends par l'Église toute la société du peuple de Dieu ». L'Église de France n'étant pas autre chose que l'universalité des fidèles de France, c'est-à-dire la nation entière considérée au point de vue religieux, les biens de l'Église étaient, par définition, biens nationaux [1].

Ce n'était point d'ailleurs la première fois que les représentants de la Nation songeaient à mettre la main sur le patrimoine entier de l'Église de France et croyaient en avoir le droit. En 1561, aux États généraux de Pontoise, le cahier du Tiers État, dans son second plan, proposait de faire vendre par adjudication tous les biens ecclésiastiques. Du produit, on aurait fait trois parts. La première aurait servi à créer des rentes constituées au profit de l'Église, qui auraient procuré aux bénéficiers un revenu égal à celui que leur donnaient leurs anciens biens. La seconde aurait servi à payer la dette de l'État. La troisième aurait été placée et le revenu aurait servi à faire une réserve pour le trésor public, en cas de

[1] *Op. cit.*, p. 85.

besoin à encourager l'industrie et les arts [1]. Si l'on
veut remonter plus haut encore, au xive siècle un
des conseillers de Philippe le Bel, Pierre Dubois,
proposait d'enlever à l'Église l'administration de ses
biens et de la mettre entre les mains de laïques, qui
en serviraient le revenu aux bénéficiers [2].

Après une longue et remarquable discussion l'Assemblée constituante vota le 24 novembre 1789 le
décret suivant : « L'Assemblée nationale décrète :
1° que tous les biens ecclésiastiques sont à la disposition de la Nation, à la charge de pourvoir d'une manière honorable aux frais du culte, à l'entretien des
ministres et au soulagement des pauvres, sous la
surveillance et d'après les instructions des provinces ;
2° que dans les dispositions à faire pour subvenir à
l'entretien des ministres de la religion, il ne pourra
être assuré à la dotation d'aucune cure moins de
douze cents livres par année, non compris le logement et les jardins en dépendant ».

On peut remarquer l'expression : « Tous les biens
ecclésiastiques *sont à la disposition de la Nation* »; on
l'avait choisie probablement pour attester qu'on restait fidèle aux principes de l'ancien droit [3]. La nation

---

[1] Picot, *Histoire des États généraux*, II², p. 388, 7 ; Laferrière,
Le contrat de Poissy, 1905, Appendice, p. 305 et s.

[2] *De recuperatione terrae sanctae*, édition Ch.-V. Langlois, Picard, éditeur.

[3] La Constitution de 1791 (tit. I) avait une formule quelque
peu différente : « Les biens destinés aux dépenses du Culte et à
tous les services d'utilité publique appartiennent à la Nation et
sont dans tous les temps à sa disposition ».

en revanche prenait à sa charge l'entretien des ministres et les frais du culte.

Enfin, et c'était une mesure habile pour rendre cet acte important populaire, dans le clergé inférieur, l'Assemblée assurait un traitement de 1.200 francs à tous les curés : c'était une somme sensiblement supérieure à celle de la *portion congrue* sur la dîme qui formait tout le bénéfice de beaucoup de curés des campagnes.

La Constitution de 1791 (tit. V, art. 2) précisa la nature de cette obligation : « Le traitement des ministres du culte catholique pensionnés, conservés, élus ou nommés en vertu des décrets de l'Assemblée Nationale Constituante, fait partie de la dette nationale ». Le paragraphe précédent portait : « Sous aucun prétexte, les fonds nécessaires à l'acquittement de la dette nationale et au paiement de la liste civile, ne pourront être refusés ni suspendus ».

Les biens ecclésiastiques formèrent le premier fonds et la première catégorie des biens nationaux. Ils donnèrent lieu à de nombreuses lois, à une double législation, très touffue de part et d'autre. L'une détermina les conditions de l'administration et de la vente des biens nationaux. L'autre est la législation des assignats, dont ces biens devaient être le gage. Elles sont l'une et l'autre aussi intéressantes que fécondes en détails : on les trouvera dans les ouvrages spéciaux sur ces matières.

II

L'Assemblée constituante avait l'intention, on peut le dire, dès le début de supprimer les ordres religieux ; elle y était poussée par deux ordres de considérations.

L'opinion publique leur était, en somme, peu favorable sous l'ancien régime[1]. Les écrivains du xviii° siècle abondent en plaintes à cet égard : ils blâment surtout que la vie, le plus souvent oisive des couvents, enlève tant de bras à l'industrie et à l'agriculture. Les plaintes sur ce point étaient anciennes, et les grandes ordonnances de réforme rendues dans la seconde moitié du xvi° siècle sur les doléances des États généraux avaient pris des précautions, d'ailleurs mal observées, pour arrêter le recrutement exagéré des ordres monastiques. Dans la seconde moitié du xviii° siècle, ce n'était pas là cependant l'abus le plus criant : ce recrutement paraissait au contraire insuffisant par rapport au nombre des maisons religieuses ; beaucoup d'entre elles n'avaient qu'un nombre de moines trop réduit pour justifier leur existence. Le mal était ailleurs, dans le relâchement de la discipline et dans la mauvaise administration des cloîtres. Cela venait en grande partie de ce que beaucoup de couvents avaient à leur tête, non de véritables moines, mais des *abbés commanda-*

---

[1] Sur les données fournies à cet égard par les Cahiers de 1789, V. Edme Champion, *op. cit.*, ch. X, p. 94 et s.

taires, qui n'avaient guère pour fonction que de toucher les revenus de la mense abbatiale ; et l'abbé ou prieur régulier, qui dirigeait à leur place la congrégation, manquait d'autorité et n'avait aucun intérêt à bien faire. Le mal était si grand qu'une Commission royale pour la réforme des couvents fut nommée et fonctionna sous Louis XV ; car, dans notre ancien droit, le roi n'avait pas seulement le droit d'autoriser ou de supprimer les couvents, il avait aussi celui de les réformer.

C'étaient là les idées de l'ancienne France ; mais les principes du nouveau droit public s'élevaient plus énergiquement encore contre les ordres religieux et en réclamaient la suppression. Celui qui faisait la *professio religiosa* et entrait dans un de ces ordres, prononçait en effet un triple vœu, d'obéissance à ses supérieurs, de pauvreté et de chasteté. Notre ancien droit en avait tiré la *mort civile* des religieux, et, comme le droit canonique, les déclarait incapables de contracter mariage. C'étaient là des incapacités que pouvait effacer la loi civile ; mais ces vœux, en eux-mêmes, qui liaient le profès, n'étaient-ils pas contraires aux principes du droit qui allait être celui de la Révolution ? Il proclamait le respect, l'inaliénabilité de la liberté et de la volonté humaines ; par suite il défendait, non pas seulement la vente volontaire de l'homme en esclavage ; mais l'engagement de ses services à perpétuité ; il allait supprimer l'indissolubilité du mariage. Les vœux perpétuels n'étaient-ils pas également contraires à la liberté ? et il ne suffisait pas

que la loi civile les ignorât, ne leur donnât aucune
sanction ; il était à craindre que le sentiment religieux
suffît pour en imposer le respect à ceux qui les auraient prononcés. Enfin le célibat était alors mal vu,
et le célibat des moines apparaissait comme particulièrement dangereux.

Le décret des 13-19 février 1790 supprima pour
toujours les ordres religieux d'hommes et de femmes.
« Art. 1. La loi constitutionnelle du royaume
ne reconnaîtra plus les vœux soiennels de personnes
de l'un ni de l'autre sexe ; en conséquence, les ordres
et congrégations religieux dans lesquels on fait de
pareils vœux sont et demeurent supprimés en France,
sans qu'il puisse en être établi de semblables à l'avenir. — Art. 2. Tous les individus de l'un et l'autre
sexe existant dans les monastères et maisons religieuse, pourront en sortir en faisant leur déclaration
devant la municipalité du lieu et il sera pourvu inces-
samment à leur sort par une pension convenable ».

La suppression' était opérée d'ailleurs avec de
grands ménagements. En dehors et au lieu des pensions ci-dessus indiquées, la loi permettait aux religieux de continuer à vivre dans un couvent, s'ils se
sentaient impropres à la vie du monde : « il sera indiqué des maisons où seront tenus de se retirer ceux
qui ne voudront profiter de la disposition du présent
décret, c'est-à-dire sortir du couvent ».

La loi permettait aux religieuses de finir leurs jours
dans leur couvent (art. 3) : « Les religieuses pourront
rester dans les maisons où elles sont aujourd'hui,

les exceptant expressément de l'article qui oblige les religieux de réunir plusieurs maisons dans une seule ».

Enfin une grande partie des religieux et religieuses étaient jusqu'à nouvel ordre, maintenus dans leurs maisons, qui continuaient à fonctionner comme par le passé. C'étaient ceux qui étaient voués à l'enseignement ou à l'assistance charitable : « Au surplus, il ne sera rien changé, quant à présent, aux maisons de l'instruction publique et des établissements de charité, jusqu'à ce qu'il ait été statué sur ces objets ».

Le décret des 19-26 mars 1790 fixait d'une manière précise et équitable les droits et obligations des religieux qui restaient dans les monastères et leur assurait un traitement annuel.

Pour ceux tout au moins qui sortaient des couvents, il eût été logique, de les relever de la mort civile dont les avait frappés l'ancien droit. Mais cette mort civile avait déjà produit des effets définitifs pour les successions précédemment ouvertes ; les familles en avaient aussi escompté les effets futurs. L'Assemblée ne voulut point remettre en question ces règlements. Un décret des 19-20 février 1790 décida : « Les religieux qui sortiront de leurs maisons demeureront incapables de successions et ne pourront recevoir par donations entre-vifs et testamentaires que des pensions ou rentes viagères ». Cependant le décret des 19-26 mars 1790 adoucit un peu cette rigueur : « Art. 1. Lorsque les religieux sortis de leurs maisons se trouveront en concours avec le Fisc, ils hériteront dans ce cas préalablement à lui. — Art. 2. Ils pourront disposer, par donation entre-vifs ou testamentaire, des biens meubles et immeubles acquis depuis la sortie du cloître ; à défaut de dispositions de leur part, lesdits biens passeront aux parents les plus proches ».

III

La Constitution civile du clergé des 12 juillet-24 août 1790, par laquelle l'Assemblée constituante modifia profondément l'organisation de l'Ég!·se catholique en France, fut une erreur grave et regrettable. Pourtant il ne s'agissait là que de discipline ecclésiastique, non de dogme, et l'on tenait pour certain dans notre ancien droit que le roi pouvait légiférer sur la discipline ecclésiastique[1]. Il est vrai que le roi n'avait jamais été aussi loin qu'alla l'Assemblée. Celle-ci, non seulement se croyait sûre de son droit, mais encore était convaincue qu'elle traduisait dans son décret les vœux de la France catholique. Depuis des siècles, depuis le Concordat de 1516, on se plaignait de la collation des bénéfices par le pouvoir royal, des abus qu'elle entraînait, du mauvais recrutement du clergé. Les hommes de deux écoles différentes se rencontrèrent, quoique par des motifs divers, pour prendre ces résolutions et formèrent la majorité.

Les uns étaient les *Gallicans* proprement dits —

---

[1] Esmein, *Cours élémentaire d'his'oire du droit*, p. 656. — Lebret, *De la souveraineté du roi*, L. I, ch. x : *Si les rois peuvent faire des lois en matières ecclésiastiques.*

quelques-uns disaient les Jansénistes. Ils étaient
imbus des idées qui, au xv⁰ siècle, avant et après le
grand schisme d'Occident, avaient triomphé, inspiré nombre d'ordonnances royales et abouti à la
Pragmatique Sanction de Charles VII. Ils s'inspiraient
aussi des sentiments qui animaient les États généraux de la seconde moitié du xvi⁰ siècle, lesquels
avaient demandé parfois, en ce qui concerne l'Église,
des réformes presque aussi hardies que celles décré-
tées par l'Assemblée constituante.

L'autre école était celle représentée par Rousseau,
Mably et leurs disciples, dont il a été parlé plus
haut[1]. Elle considérait le prêtre comme un magistrat chargé d'enseigner la morale et de prê-
cher la vertu. Pour elle, il était tout naturel de
traiter le prêtre comme les autres magistrats, comme
les magistrats civils. Les solutions extrêmes de la
Constitution civile du clergé étaient évidemment
celles qui répondaient le mieux aux idées de ces
hommes ; elles purent aussi se faire accepter des catholiques Gallicans ; car, entre elles et certaines solutions admises par ces derniers la distance n'était
pas très grande.

La Constitution civile du clergé comprenait deux
séries de réformes.

A. — Les circonscriptions ecclésiastiques servant
au culte catholique étaient profondément remaniées.
Tous les anciens évêchés étaient supprimés et il y

---

[1] V. ci-dessus, p. 144, *in fine*-145.

avait un évêché par département, dont les limites se confondaient avec celles du département. C'était là incontestablement une réforme sage ; la preuve en est, que, sauf quelques déviations postérieures, la division ainsi établie par l'Assemblée constituante subsiste encore. Les anciens évêchés, trop multipliés, répondaient à des diocèses très inégaux quant au territoire et à la population. De plus la Révolution appliquait une de ses idées chères : la même unité — le département — servant pour tous les services publics. Tous ces évêchés étaient répartis entre dix *arrondissements métropolitains* (les provinces ecclésiastiques) — Les chapitres des cathédrales et des églises collégiales étaient supprimés. — Quant aux paroisses leur nombre, qui était considérable, était fort diminué et, par suite, celui des curés.

Ces réformes au moins en partie, étaient utiles. Mais il faut reconnaître que, dans notre ancien droit public, on admettait que la création ou la modification des circonscriptions ecclésiastiques ne pouvait se faire que par l'accord des deux puissances (le pouvoir temporel et le pouvoir spirituel) et que le roi ne pouvait point y procéder de sa seule autorité, spécialement pour les évêchés.

B. — Les archevêques, évêques et curés étaient élus, à vie, il est vrai, et non à temps. La loi déterminait quels ecclésiastiques étaient éligibles à ces fonctions. Mais, comme on l'a vu plus haut, les archevêques, et évêques étaient élus par l'assemblée électorale du département, et les curés par l'assem-

blée électorale du district. Pour le surplus d'ailleurs,
on se conformait aux règles canoniques sur les élections : l'élection du curé devait être confirmée par
l'évêque, celle de l'évêque par le métropolitain, celle
de l'archevêque par l'évêque le plus ancien de
l'arrondissement métropolitain. Il devait y avoir, pour
la formation des clercs, un séminaire dans chaque
département. Seuls étaient soustraits au principe de
l'élection, les vicaires, que nommaient respectivement
les curés et les évêques. L'évêque nommait des
vicaires supérieurs et directeurs pour les séminaires.

C'était dans ce système électoral que se trouvait
la nouveauté la plus grande. Il est vrai que pour la
désignation des prélats, particulièrement des évêques
et des abbés, l'élection avait fonctionné pendant
des siècles, et pour les évêques c'était même l'élection *a clero et populo*. Mais le rôle joué par le peuple était secondaire ; le principal élément du corps
électoral était le clergé, et surtout le haut clergé, et,
à partir du xiii° siècle ce corps se limita aux chanoi-
nes de l'Église cathédrale. Lorsque la Pragmatique
Sanction de Bourges rétablit les élections contre les
empiétements de la Papauté, c'est aussi au chapitre de
la cathédrale qu'elle donna l'élection de l'évêque. Il est
vrai que, le Cahier du Tiers État aux États d'Orléans
de 1560 voulait introduire l'élément laïque dans
l'élection épiscopale ; elle devait être présidée par
les officiers de justice royaux et dans le collège
électoral on devait appeler des échevins et des bour-
geois. Mais jamais les évêques n'avaient été élus par

les laïcs seuls, par le collège électoral politique qui
élisait les magistrats civils. D'après la nouvelle loi,
les non-catholiques, les hérétiques, les libres-penseurs
pouvaient participer à l'élection épiscopale, s'ils
étaient membres de l'assemblé électorale de district
ou de département. Les seules garanties assurées
étaient les suivantes. Il était dit (tit. II, art. 6) : « L'é-
lection de l'évêque ne pourra se faire ou être com-
mencée qu'un jour de dimanche dans l'Église principale du chef-lieu du département, à l'issue de la
messe paroissielle, *à laquelle seront tenus d'assister
tous les électeurs* », et l'art. 30 répétait la même
règle *mutatis mutandis* pour l'élection des curés.
L'art. 29 ajoutait : « Chaque électeur avant de mettre
son bulletin dans le vase de l'élection fera serment
de ne nommer que celui qu'il aura choisi en son âme
et conscience comme le plus digne, sans y avoir
été déterminé par des promesses, sollicitations ou
menaces. Ce serment sera prêté pour l'élection des
évêques comme pour celle des curés ». Et c'était
tout. Ajoutons que jamais, si ce n'est dans les premières communautés chrétiennes, les simples prêtres
n'avaient été élus.

Les évêques et curés devaient prêter, pour pouvoir
exercer leurs fonctions, un serment particulier (tit. II,
art. 21) : « Avant que la cérémonie de la consécration
commence l'élu prêtera en présence des officiers municipaux, du peuple et du clergé le serment solennel de
veiller avec soin sur les fidèles du diocèse qui lui est
confié, *d'être fidèle à la Nation et au Roi et de soutenir*

*de tout son pouvoir la Constitution décrétée par l'As-
semblée nationale et acceptée par le roi*[1]. » C'est là le
fameux serment, tout politique, dont le refus créa la
catégorie des prêtres *insermentés* et souleva si fort
les passions. Il faut dire cependant qu'il n'était exigé
que des ecclésiastiques exerçant des fonctions d'après
la Constitution civile du clergé. On ne voit pas qu'il
ait été exigé par l'Assemblée constituante pour le
paiement des traitements qu'elle assure aux ecclésiastiques dont les sièges étaient supprimés ou qui donnaient leur démission[2]. Cependant le *refus* se produisit naturellement. En effet les évêques et les
curés dont les sièges étaient conservés, et qui étaient
alors en fonctions, y étaient maintenus par la loi ; ce
n'était que lorsque le siège deviendrait vacant par
leur mort, démission ou autrement que l'élection
devait fonctionner pour le choix de leur successeur.
Mais pour rester en fonctions, il fallait qu'ils prêtas-
sent le serment. C'est du moins la règle qu'établit le
décret des 27 novembre-26 décembre 1790, pour répondre aux résistances qui se manifestaient surtout
dans le haut clergé contre la Constitution civile[3].

Tous les titres et établissements ecclésiastiques

---

[1] V. art. 38 pour les curés. — La Constitution civile du
clergé ne fut point incorporée à la Constitution de 1791, mais
celle-ci portait (tit. I.) : « Les citoyens ont le droit d'élire ou de
choisir les ministres de leurs cultes ».

[2] Constitution civile, tit. IV, art. 11 ; décret des 24 juillet-24
août 1790.

[3] La Constitution civile n'avait imposé le serment qu'aux évêques et curés élus.

autres que ceux indiqués ci-dessus étaient supprimés (tit. I, art. 26) « sans qu'il puisse jamais en être
établi de semblables ». Le droit de *patronage*, qui
avait joué un rôle si important dans l'ancienne France,
disparaissait sans indemnité (art. 21) : « Sont également
compris (art. 22) auxdites dispositions tous titres et
fondations de pleine collation laïcale, excepté les chapelles actuellement desservies dans l'enceinte des
maisons particulières par un chapelain ou desservant
à la seule disposition des propriétaires ».

Les évêques conservaient, mais seulement quant à
la discipline ecclésiastique, une juridiction légale
(tit. I, art. 5). « Lorsque l'évêque diocésain aura prononcé dans un synode sur des matières de sa compétence, il y aura lieu au recours au métropolitain,
lequel prononcera dans le synode métropolitain ».
Aucun recours à la Papauté n'était admis.

L'appel comme d'abus était conservé conformément
aux anciens principes; un cas était nommément indiqué (tit. II, art. 17), celui où le métropolitain re-
fusait (à tort) de confirmer une élection. Il était porté
devant le tribunal de district, par la raison simple que
c'était le seul tribunal de droit commun qui existât alors.

La Constitution civile du clergé était le contraire
de la séparation de l'Église et de l'État. C'était une
Église d'État que l'Assemblée constituante avait créée
et plus profondément incorporée à l'État que ne
l'était l'ancienne.

Elle n'avait point cependant l'intention ni de ra-
valer la religion, ni d'établir une église schismatique.

La Constitution civile désignait les fonctions ecclésiastiques comme « les premières et les plus importantes fonctions de la société ». Elle maintenait expressément la subordination spirituelle à la Papauté (tit. II, art. 19) : « Le nouvel évêque ne pourra s'adresser au Pape pour aucune confirmation ; mais il lui écrira comme au chef visible de l'Église universelle, en témoignage de l'unité de foi et de la communion qu'il doit entretenir avec lui ». Cependant l'Assemblée prenait ses précautions (tit. I, art. 4) : « Il est défendu à toute Église et paroisse de France et à tout citoyen français de reconnaître, en aucun cas et sous aucun prétexte que ce soit, l'autorité d'un évêque ordinaire ou métropolitain, dont le siège serait établi sous la dénomination d'une puissance étrangère, ni celle de ses délégués résidant en France ou ailleurs[1] ; le tout sans préjudice de l'unité de foi et de la communion qui sera entretenue avec le chef visible de l'Église universelle ».

La Papauté, après quelque hésitation semble-t-il, condamna la Constitution civile du clergé par le bref *quod aliquantum* du 10 mars 1791[2], donnant ainsi au clergé catholique le mot d'ordre, l'appui de son autorité à la résistance des catholiques. Cependant l'Église constitutionnelle s'était organisée et fonctionnait, jouissant des anciens édifices consacrés au culte.

---

[1] Ainsi il pouvait bien exister en France des prêtres autres que ceux admis par la Constitution civile ; mais il ne pouvait y avoir que des évêques constitutionnels.

[2] Edme Champion, *op. cit.*, ch. XVI, p. 167 et s.

IV

Cet état de droit persista pendant la durée de l'Assemblée législative. Celle-ci, en dehors de la législation qu'elle édicta contre les prêtres insermentés et suspects, ne vota quant aux cultes, que deux mesures importantes.

1° Par le décret du 18 août 1792 elle supprima la tolérance qui avait maintenu dans les couvents les religieux et religieuses qui ne voulaient pas en sortir. Ils durent les quitter et se contenter des pensions accordées par la loi. La raison de cette modification fut qu'on voulait pouvoir disposer de ces immeubles.

2° Mais cette même loi du 18 août 1792, contenait des dispositions beaucoup plus importantes. Les lois de l'Assemblée constituante n'avaient point décidé la suppression totale des congrégations religieuses. Elles n'avaient détruit que les ordres religieux proprement dits, ceux dans lesquels on prononce des *vœux solennels*. L'Assemblée constituante n'avait pas touché aux congrégations proprement dites, dans lesquelles on ne prononce que des *vœux simples*, dont l'effet est moins énergique, et qui, par exemple, ne créent qu'un empêchement *prohibitif* et non *dirimant* au mariage[1]. Même, pour les ordres religieux, elle avait laissé subsister provisoirement

[1] Sur la distinction des ordres religieux et des congrégations, V. ma note dans le *Recueil des lois et arrêts*, fondé par Sirey, 1903, 1, 425 et s.

ceux qui se consacraient à l'instruction publique ou
à l'assistance charitable. La loi du 18 août 1792 supprima toutes les congrégations proprement dites, et
même les corps composés de prêtres séculiers ou de
laïques, qui se consacraient à l'enseignement public,
au service des hôpitaux ou au soulagement des malades, ainsi que les confréries. C'était d'ailleurs une
raison de principe que l'Assemblée invoquait pour
statuer ainsi : l'un des axiomes mis en circulation par
Rousseau, puis par Siéyès, à savoir qu'il ne doit pas
y avoir de corps particuliers dans l'État. « Un État
vraiment libre, disait le décret, ne doit souffrir dans
son sein aucune corporation, pas même celles qui,
vouées à l'enseignement public, ont bien mérité de
la patrie ».

La Convention, au cours de l'année 1793, parut
sur les questions religieuses, suivre alternativement deux tendances opposées. Tantôt elle paraissait vouloir effectivement conserver le culte catholique, tel que l'avait organisé la Constituante. En ce
sens est le décret du 18 frimaire an II (8 décembre
1793) qui proclamait la liberté des cultes, prohibait
toutes les violences qui pourraient y porter obstacle,
sauf l'exécution des lois contre les prêtres réfrac-
taires. Ce fut Robespierre qui se fit le principal
défenseur de cette proposition. Le 26 frimaire an II
(18 décembre 1793) la Convention déclarait même
que la Nation continuerait à faire les frais du culte[1].

---

[1] Edme Champion, *op. cit.*, p. 254.

Tantôt elle paraissait vouloir créer cette religion purement civile qu'avait recommandée Rousseau. Ainsi le décret du 20 brumaire an II (10 novembre 1793) portait que l'église métropolitaine de Paris est maintenant le temple de la déesse Raison ; et celui du 18 floréal an II établissait le culte de l'Être suprême.

Mais à la fin de l'an II, après la chute de Robespierre, l'Assemblée se décida enfin à supprimer, en tant qu'établissement légal, l'Église constitutionnelle. Elle y fut surtout conduite par des raisons financières, et ce fut Cambon, son grand financier, qui soutint cette proposition, qu'il avait vainement présentée le 13 novembre 1792. Ce n'était pas que le budget des cultes fût bien lourd ; les pensions dues aux anciens ecclésiastiques qui n'étaient pas entrés dans l'Église constitutionnelle étaient presque toutes suspendues : mais les traitements du clergé constitutionnel étaient dus. Un décret daté du jour de la deuxième sans-culottide de l'an II (18 septembre 1794), les supprima. Il portait que la République ne paierait plus de salaires aux ministres d'aucun culte et traitait le clergé constitutionnel, à son tour désétabli (*disestablished*), comme la Constituante avait traité le clergé de l'ancien régime. Il accordait à ses membres des pensions, qui leur seraient payées, qu'ils continuassent ou non leur ministère ecclésiastique[1].

Dès lors le terrain était complètement déblayé. Il ne restait plus rien de l'établissement ecclésiastique

[1] Le décret du 2 frimaire an II avait accordé des pensions aux ecclésiastiques qui avaient abdiqué ou abdiqueraient leurs fonctions.

qu'avait connu l'ancien régime, ni celui qu'avait créé l'Assemblée constituante. Ainsi tombaient tous les actes de cette Assemblée visant le clergé séculier, sauf celui qui avait nationalisé ses biens. On a souvent, dans les modernes discussions, soutenu qu'un autre des actes de l'Assemblée constituante subsistait, l'obligation qu'elle avait prise, en s'appropriant les biens ecclésiastiques, de subvenir aux frais du culte catholique et à l'entretien de ses ministres. Mais, en droit, cela ne saurait se soutenir. Ce qui était intervenu en novembre 1789, ce n'était point un contrat entre le clergé de France et l'Assemblée constituante, le premier abandonnant son patrimoine pour satisfaire aux besoins pressants de l'État, l'Assemblée promettant en revanche, au clergé les frais du culte et des salaires sacerdotaux. Un pareil contrat synallagmatique eût été possible, surtout d'après la théorie qu'avait exposée Le Vayer de Boutigny. Mais le décret du 24 novembre 1789 n'était point un contrat. C'était un acte unilatéral et d'autorité; c'était l'acte d'un propriétaire qui reprend son bien, d'un souverain qui édicte une loi. Il est vrai qu'en même temps l'Assemblée, très respectueuse du culte catholique et décidée à le maintenir, déclarait solennellement qu'elle voulait faire les frais du culte et donner des traitements aux ministres. Mais elle se réservait de faire ce nouvel établissement dans la forme et avec les règles qu'il lui plairait d'établir. Elle le fit dans la Constitution civile du clergé, imprudente, à coup sûr, mais qui sûrement, au point

de vue de la souveraineté législative de la société
civile, ne dépassait pas les pouvoirs de l'Assemblée.
L'Église catholique de France, dans sa plus grande
partie n'accepta pas, ou ne se soumit pas. En tant
qu'Église et devant la loi française, qu'avait-elle à
réclamer? Rien, pas plus et moins encore que
l'Église constitutionnelle, lorsqu'elle fut supprimée,
en tant qu'Église d'État, en septembre 1794. Ni l'une
ni l'autre n'existaient plus devant la loi française
et, dès lors s'était incontestablement accomplie la
condition à laquelle Siéyès subordonnait la nationalisation des biens ecclésiastiques. Seuls avaient des
droits à faire valoir, au moins en équité, les individus qui avaient composé soit l'ancien clergé, soit le
nouveau et qui avaient été dépossédés de leurs bénéfices ou privés de leurs traitements. Ces droits furent
reconnus et sanctionnés par des pensions. Ceux qui
perdirent leurs pensions, et souvent aussi leur vie,
sans s'être rendus coupables d'aucun attentat contre
la chose publique, furent des victimes; mais ceux-là
seulement.

Désormais, il était possible de proclamer les vrais
principes du nouveau droit, la séparation générale
des Églises et de l'État. C'est ce que fit la loi du 3
ventôse an III (21 février 1795). Elle débutait ainsi :
« Art. 1. Conformément à l'art. 7 de la Déclaration
des droits de l'homme et à l'art. 122 de la Constitution [1] l'exercice d'aucun culte ne peut être prohibé. —

---

[1] La Constitution dont il s'agit là est celle du 24 juin 1793, dont

Art. 2. La République n'en salarie aucun [1] ». L'art. 10
prononçait l'application des peines correctionnelles
contre ceux qui troubleraient l'exercice d'un culte
quelconque.

Mais la liberté ainsi proclamée était entourée
d'étroites restrictions, qui visaient principalement le
culte catholique. Le culte devait être strictement
renfermé dans le local qui lui était destiné ; l'art. 5
disait même : « La loi ne reconnaît aucun ministre
du culte », ce qui était conforme aux principes, mais
il ajoutait : « Nul ne peut paraître en public avec les
habits, ornements ou costumes affectés à des cérémonies religieuses ». L'art. 3 portait : « La République
ne fournit aucun local pour l'exercice du culte ni
pour le logement des ministres ». Par là était régularisée et généralisée la fermeture des anciennes
églises, qui devenaient des biens nationaux ordinaires.
Les ressources matérielles, que la loi permettait aux
catholiques de réunir pour subvenir aux frais du
culte, étaient bien restreintes ; bien insuffisants aussi
les moyens de se procurer le local nécessaire. La loi
disait en effet : Art. 8. « Les communes ou sections
de commune, en nom collectif, ne pourront acquérir
ni louer de local pour l'exercice des cultes. — Art. 9.
« Il ne peut être formé aucune dotation perpétuelle

l'art. 122 assurait le libre exercice des cultes. Il est curieux de voir
la Convention se référer à cette Constitution presque à la veille du
jour où elle la mettra de côté.

[1] L'art. 11 avait soin de préciser : « Il n'est point dérogé à la loi
du 2 des sans-culottides an II, sur les pensions ecclésiastiques et
les dispositions en seront exécutées suivant leurs forme et teneur ».

ou viagère, ni établi aucune taxe pour en acquitter les dépenses ». Enfin, d'après l'art. 7 : « Aucun signe particulier à un culte ne peut être placé dans un lieu public extérieurement, de quelque manière que ce soit. Aucune inscription ne peut désigner le lieu qui lui est affecté. Aucune proclamation, ni convocation publique ne peut être faite pour y inviter les citoyens ». C'était presque mettre la religion catholique au régime *du culte privé.*

Cependant la Convention, prenant en considération les sentiments catholiques qui persistaient dans la masse du peuple, se relâcha bientôt de cette rigueur dans le décret du 11 prairial an III, voté sur la proposition de Lanjuinais. Elle rendit à leur destination religieuse, à titre provisoire, les anciennes églises qui n'avaient pas été aliénées : « Art. 1. Les citoyens des communes et sections de commune de la République auront provisoirement le libre usage des édifices non aliénés destinés originairement aux exercices d'un ou de plusieurs cultes et dont elles étaient en possession au premier jour de l'an II de la République (1er vend. an II-22 sept. 1793) ». — Art. 2. « Ils seront remis à l'usage desdits citoyens dans l'état où ils se trouvent, à la charge de les entretenir et réparer ainsi qu'ils devront sans aucune contribution foncière ».

Mais cette sage mesure était accompagnée de conditions fâcheuses. C'était d'abord aux citoyens des communes, non aux fidèles des différents cultes que ces édifices étaient remis, ce qui pouvait se concevoir étant donné le principe de la séparation. Mais deux

règles étaient ajoutées. La première était que ces citoyens « pourraient s'en servir sous la surveillance
des autorités constituées, tant pour les assemblées
ordonnées par la loi, que pour l'exercice de leurs
cultes ». Il est vrai que, dans l'ancien régime, parfois des corps profanes s'assemblaient dans les églises,
mais alors l'Église et l'État étaient intimement unis.
Une autre disposition, plus imprudente encore, bien
qu'elle ne dût recevoir aucune application dans la
plupart des communes, était une conséquence exagérée du principe de la séparation et de l'égalité de
tous les cultes, qui en découlait. Il était dit à l'art. 4 :
« Lorsque les citoyens d'une même commune ou
section de commune exerceront des cultes différents
ou prétendus tels et qu'ils réclameront concurremment l'usage du même local, il leur sera commun ;
et les municipalités, sous la surveillance des corps
administratifs, fixeront pour chaque culte les jours et
les heures les plus convenables, ainsi que les moyens
de maintenir la décence et d'entretenir la paix et la
concorde ». Cela était bien difficile à concilier avec le
rite catholique.

Enfin la loi prenait une précaution à l'égard des
ministres des différents cultes : « Nul ne pourra remplir le ministère d'aucun culte *dans lesdits édifices*, à
moins qu'il ne se soit fait décerner acte, devant la municipalité du lieu où il voudra exercer, de sa soumission aux lois de la République ».

La Constitution de l'an III, confirma les principes
posés par la loi du 3 ventôse, dans son art. 354 :

« Nul ne peut être empêché d'exercer, en se confor-
mant aux lois, le culte qu'il a choisi. — Nul ne peut
être forcé de contribuer aux dépenses d'un culte. La
République n'en salarie aucun ».

Enfin, avant de se séparer, la Convention vota la
loi organique des cultes sous le régime de la séparation ; ce fut le décret du 7 vendémiaire an IV sur
l'exercice et la police extérieure des cultes. Elle comprend, outre un long préambule, six titres, consacrés : le premier à la *surveillance de l'exercice des
cultes;* le second à la *garantie de l'exercice de tous les
cultes ;* le troisième à la *garantie civique exigée des
ministres de tous les cultes;* le quatrième à la *garantie
contre tout culte qu'on tenterait de rendre exclusif ou
dominant;* le cinquième à *quelques délits qui peuvent se commettre à l'occasion ou par abus de l'exercice du culte;* le sixième à *la compétence et à la procédure des garanties.*

Cette loi prononçait les peines nécessaires contre
ceux qui troublent l'exercice d'un culte et contre les
ministres du culte qui, dans leur ministère, attaquent
les lois ou les autorités constituées. Les art. 9 à
11 reproduisaient et précisaient les règles posées par
la loi du 3 ventôse an III relatives aux moyens par lesquels les citoyens pourraient se procurer les fonds et
les locaux destinés à l'exercice du culte. L'art. 3
exigeait une déclaration et une promesse de tout ministre du culte (non plus, comme la loi du 11 prairial,
de ceux-là seulement qui voudraient exercer leur
ministère dans les anciennes églises) : « Nul ne

pourra remplir le ministère d'aucun culte, dans
quelque lieu que ce puisse être, s'il ne fait préalablement devant l'administration municipale ou l'adjoint municipal du lieu où il voudra exercer une
déclaration dont le modèle est dans l'article suivant.
Les déclarations déjà faites ne dispenseront pas de
celle ordonnée par le présent article ». La déclaration était d'ailleurs conçue en des termes qui ne
pouvaient blesser aucune conviction religieuse :
« Je reconnais que l'universalité des citoyens français
est le souverain et je promets soumission et obéissance aux lois de la République » (art. 6). Toute déclaration contenant quelque chose de plus ou de moins
était nulle et non avenue; les art. 7 et 8 édictaient
des peines sévères contre les ministres du culte qui
n'auraient pas fait cette déclaration, ou qui, après
l'avoir fournie, l'auraient rétractée ou modifiée, ou
fait des protestations ou restrictions contraires.

La loi exigeait une autre déclaration relative au
local particulier consacré au culte public (art. 1).
Il était défendu à tous ministres du culte et à tous
individus d'user de l'enceinte avant d'en avoir fait
la déclaration à l'autorité municipale. Le culte
privé était même limité. L'art. 16 disposait :
« Les cérémonies de tous cultes sont interdites
hors l'enceinte de l'édifice choisi pour leur exercice.
— Cette prohibition ne s'applique pas aux cérémonies qui ont lieu dans l'enceinte des maisons
particulières, pourvu qu'outre les individus qui ont
le même domicile, *il n'y ait pas, à l'occasion des*

mêmes cérémonies, un rassemblement excédant dix personnes ».

C'est sous l'empire de cette loi que l'Église catholique, comme les autres cultes, vécut jusqu'au Concordat et aux lois de germinal an X. La condition à laquelle elle se trouvait réduite était pour elle inaccoutumée et défavorable au point de vue matériel et pécuniaire; mais libre, elle put pourtant largement se reconstituer, avoir des évêques nommés par le pape et des curés nommés par les évêques.

CHAPITRE VII

LES DROITS INDIVIDUELS

Les droits individuels, à la différence des droits politiques, étaient ceux qui appartenaient à tous les citoyens, sans distinction, et leur assuraient les facultés sans lesquelles on n'est pas vraiment libre.

I

Le premier droit de l'homme que proclamait la Déclaration de 1789 était l'égalité civile. Art. 1 : « Les hommes naissent libres et égaux en droits. Les distinctions sociales ne peuvent être fondées que sur l'utilité commune ». Le titre Ier de la Constitution de 1791, précisait les conséquences de ce principe. « La Constitution garantit comme droits naturels et civils : 1° que tous les citoyens sont admissibles aux mêmes places et emplois, sans autre distinction que celle de la vertu et des talents ; — 2° que toutes les contributions seront réparties entre tous les citoyens également, *en proportion* de leurs facultés ;

— 3° que les mêmes délits seront punis des mêmes peines sans aucune distinction de personnes ».

Cela impliquait la suppression de la noblesse, non seulement comme entraînant des privilèges pour les nobles, mais même comme constituant un état civil distinct reconnu par la loi. Le principe n'exigeait pas davantage et la loi aurait pu laisser subsister, en les ignorant, les titres nobiliaires. L'Assemblée constituante alla plus loin. Elle supprima ces titres et défendit de les porter aux *ci-devant nobles*. Elle était fidèle à une idée, dont nous avons relevé et relèverons encore des applications : elle craignait que, par la force de la tradition, par l'influence des mœurs anciennes, les titres anciens ne conservassent à ceux qui les portaient une autorité sociale particulière. Voici en quels termes était conçue la loi des 19 23 juin 1790 : « Art. 1. La noblesse héréditaire est pour toujours abolie : en conséquence, les titres de prince, duc, marquis, comte, vicomte, vidame, baron, chevalier, messire, écuyer, noble[1] et tous titres semblables ne seront ni pris par qui ce soit, ni donnés à personne ». — Art. 2. « Aucun citoyen ne pourra prendre que le vrai nom de sa famille ; personne ne pourra porter ni faire porter des livrées, ni avoir d'armoiries ; l'encens ne sera brûlé dans les temples que pour honorer la divinité et ne sera offert à qui que

[1] Le titre de noble était vraiment le seul qui répondît à la noblesse. Les titres de duc, comte, etc., par lesquels se distinguait la noblesse titrée étaient en principe attachés à une *seigneurie* territoriale. Mais l'usage dans beaucoup de familles était qu'un de ces titres passât héréditairement au fils aîné.

ce soit[1] ». La loi prohibait même des qualifications qui s'attachaient à une fonction ou dignité. Art. 3 : « Les titres de monseigneur, de messeigneurs, ne seront donnés à aucun corps, ni à aucun individu ainsi que les titres d'Excellence, d'Éminence, de Grandeur, etc., sous quelque prétexte que ce soit ».

L'Assemblée prenait d'ailleurs des précautions pour qu'un zèle exagéré ne conduisît point à des actes de vandalisme : « sans qu'aucun citoyen se puisse permettre d'attenter aux monuments placés dans les temples, aux chartes, titres et autres renseignements intéressant les familles ou les propriétés, ni aux décorations d'aucun lieu public ou particulier, et sans que l'exécution des dispositions relatives aux livrées placées sur les voitures puisse être suivie, ni exigée par qui que ce soit avant le 14 juillet pour les citoyens vivant à Paris et avant trois mois pour ceux qui habitent la province ».

Enfin, le législateur respectait en France l'usage des titres et insignes de noblesse pour les étrangers (art. 4) : « Ne sont compris dans les dispositions du présent décret tous les étrangers, lesquels pourron conserver en France leurs livrées et leurs armoiries ».

L'Assemblée législative dépassa ces rigueurs; par le décret des 19-24 juin 1792, considérant qu'il y y avait dans les dépôts publics « des preuves et des titres généalogiques qu'il serait dispendieux de conserver et qu'il est utile de détruire », elle ordonna

---

[1] L'offre de l'encens était un droit *seigneurial* et non nobiliaire.

« que tous les titres généalogiques se trouvant dans
un dépôt public quel qu'il soit seraient brûlés ».

II

L'Assemblée constituante avait aboli le servage en
France. Par le décret du 16 pluviôse an II, la Convention abolit l'esclavage dans les colonies et même
conféra aux nègres émancipés tous les droits assurés
aux citoyens français. L'Assemblée constituante
n'avait pas osé aller jusque-là. Elle avait simplement,
par le décret des 28 septembre-16 octobre 1791, posé
les règles suivantes : « Tout individu est libre aussitôt qu'il est entré en France. — Tout homme, de
quelque couleur qu'il soit, jouit en France de tous
les droits de citoyen, s'il a les qualités prescrites par
la Constitution pour les exercer ».

Nous avons vu que par le décret des 2-17 mars
1791 la Constituante, abolissant les anciennes maîtrises, avait proclamé la liberté du travail, du commerce et de l'industrie. L'art. 7 disait « à compter du
1er avril prochain, il sera libre à toute personne de
faire tel négoce, ou d'exercer telle profession, art ou
métier qu'elle trouvera bon, mais elle sera tenue de
se munir auparavant d'une patente ». Quelques professions devaient rester seules réglementées à raison
de leur importance, ou parce que l'intérêt individuel
ou l'opinion publique étaient insuffisants pour les
contrôler : la pharmacie, l'orfèvrerie.

Mais en établissant cette liberté, la plus précieuse

de toutes, l'Assemblée constituante avait voulu en assurer l'exercice réel, en fait comme en droit. Elle crut nécessaire pour cela, comme Turgot l'avait fait en 1776, d'interdire toute association entre ouvriers ou entre patrons. Elle fut conduite à cette solution par diverses considérations.

Elle ne pensait pas d'abord que l'individu pût efficacement lutter contre des associations, qui voudraient lui faire la loi sur les conditions du travail et du salaire ; et c'était le droit individuel qu'elle voulait garantir.

Elle craignait de plus, par le jeu des contrats, la reconstitution des anciennes communautés, non plus formées par voie d'autorité, il est vrai ; mais, quoique librement reconstituées, reprenant leurs anciennes traditions.

Enfin, c'était un principe admis par l'Assemblée qu'il ne devait pas y avoir de corps particuliers dans l'État ; l'existence des associations d'ouvriers ou de patrons eût été aussi contraire à cette règle que l'existence des congrégations. La loi des 14-17 juin 1791, qui statua sur ce point, et dont Chapelier fut le rapporteur, le rappelait dans son art. 1er : « L'anéantissement de toutes les espèces de corporations des citoyens du même état et profession étant une des bases fondamentales de la Constitution française, il est défendu de les rétablir de fait sous quelque prétexte et sous quelle forme que ce soit ».

La loi des 14-17 juin 1791 défendait donc en premier lieu les associations de patrons ou d'ouvriers. Et

l'art. 2 disposait : « Les citoyens d'un même état ou
profession, les entrepreneurs, ceux qui ont boutique
ouverte, les ouvriers et compagnons d'un art quelconque ne pourront, lorsqu'ils seront ensemble,
nommer ni présidents, ni secrétaires, ni syndics,
tenir des registres, prendre des arrêtés ou délibérations, former des règlements sur leurs prétendus intérêts communs ».

Ce n'était pas seulement l'association qui était
défendue, mais la simple coalition, la *grève* moderne, l'entente momentanée en vue de faire hausser
ou baisser le taux des salaires. L'art. 4 la prohibait
en des termes qui sont faits pour étonner nombre
de nos contemporains, tant on a abusé, sans la comprendre, de la Déclaration des droits de l'homme : « Si
contre les principes de la liberté et de la Constitution,
les citoyens attachés aux mêmes professions prenaient des délibérations en faisant entre eux des
conventions tendant à refuser de concert ou à n'accorder qu'à un prix déterminé le secours de leur
industrie ou de leurs travaux, lesdites délibérations et conventions, accompagnées ou non du serment, sont déclarées inconstitutionnelles, attentatoires à la liberté et à la Déclaration des droits de
l'homme et du citoyen, et de nul effet. Les corps
administratifs et municipaux sont tenus de les   dé-
rer telles. Les auteurs, chefs et instigateurs qui les auront provoquées, rédigées ou présidées, seront cités
devant le tribunal de police à la requête du procureur
de la commune et condamnés à 500 livres d'amende,

et suspendus pendant un an de l'exercice des droits
de citoyen actif et de l'entrée dans les assemblées
primaires ».

Les autres assemblées de la Révolution resteront
fidèles à ces principes. Il y avait là une erreur com-
mise par les hommes de ce temps. La liberté d'association, quand elle n'a point pour but de troubler
l'ordre public, est aussi respectable que la liberté du
travail, et l'ouvrier, surtout dans la grande industrie,
ne peut efficacement débattre le prix de son salaire
que par la force de l'association et avec la sanction
possible de la grève. Là l'individu est impuissant.
Mais les multiples attentats à la liberté du travail
des autres, commis de nos jours presque irrésistible-
ment par les syndicats ouvriers et par les grévistes,
montrent que la majorité de l'Assemblée constituante voyait juste d'un autre côté. La liberté du travail pour l'individu est bien souvent menacée par les
syndicats et compromise dans les grèves.

Quant au principe de la liberté du travail et du
commerce, la Convention le viola, à plusieurs reprises. Le décret du 11 septembre 1793 permettait
aux municipalités de perquisitionner dans les greniers et maisons des particuliers, pour constater les
quantités de grains et farines qui pouvaient s'y trouver, et soumettait tous les meuniers à la réquisition du
gouvernement. Ce décret, complétant le décret du 26
juillet 1793, sur les accapareurs, fixait un prix *maximum* pour les grains et farines, y compris le coût
du transport. La loi du 19 vendémiaire an II ajouta :

« Le tableau des productions en grains de chaque district, fait par le Comité de salut public, sera imprimé et distribué à tous les membres de la Convention pour être mis en action sans délai. Le nécessaire de chaque département sera évalué par approximation et garanti. Le surplus sera soumis aux réquisitions ». Enfin le décret du 29 septembre 1793, la célèbre loi du *maximum*, fixa en effet un prix *maximum* pour un grand nombre de choses nécessaires à la vie ou objets d'un usage courant. Mais c'étaient là, dans une crise épouvantable, des mesures extrêmes, prises, on le croyait du moins, dans l'intérêt du salut public. La loi du *maximum* fut abrogée par le décret du 4 nivôse an III.

En sens contraire, la Convention a rendu au travail intellectuel et artistique une justice qui lui était refusée depuis des siècles. Elle a créé la propriété littéraire et artistique par le décret des 19-24 juillet 1793. Par la force des choses, le travail de l'artiste étant incorporé à un objet matériel qu'il pouvait vendre, la propriété artistique avait toujours pu se faire reconnaître en partie, sous une forme indirecte ; mais la propriété littéraire n'était protégée que sous la forme insuffisante du *privilège royal*. Un arrêt du Conseil du 30 avril 1777 avait apporté seulement quelques améliorations à ce régime. Le décret des 19-24 juillet 1793 reconnaissait la propriété littéraire comme un droit, sans en faire (elle ne l'est pas encore) un droit perpétuel. L'art. 1 décide :
« Les auteurs d'écrits, les peintres, les dessina-

leurs qui font graver des tableaux ou dessins jouiront pendant leur vie entière du droit exclusif de vendre, faire vendre, distribuer leurs ouvrages dans le territoire de la République et d'en céder la propriété en tout ou en partie ». Art. 2 « : Leurs héritiers ou cessionnaires jouiront du même droit durant l'espace de dix ans après la mort des auteurs » [1].

III

La Révolution n'a jamais eu de loi sur la *liberté de la presse*. Aussi en cette matière, a-t-elle fluctué entre la licence la plus effrénée et les restrictions les plus arbitraires. Tellement il est vrai, comme l'a démontré Montesqieu, qu'il n'y a pas de liberté sans loi.

Sous l'ancien régime, à peu d'exceptions près, toute publication était soumise à l'approbation préalable du pouvoir royal. La censure fonctionnait sous des formes multiples ; ce qui n'empêcha pas — par des détours fort simples ou par la tolérance des directeurs de la librairie, de Malesherbes en particulier — la publication de ces écrits hardis et innombrables, dont nous avons parlé plus haut [2].

En 1788, lorsque Necker revint au pouvoir et que la convocation prochaine des État généraux eut été décidée, toutes les barrières tombèrent. Aucune loi

---

[1] Sur le décret des 19-24 juill. 1793, V. l'appendice au *Code de commerce annoté* de MM. Cohendy et Darras, t. II, p. 679-712.
[2] Ci-dessus, p. 4.

ne fut abrogée, mais en fait, par un vœu irrésistible
de l'opinion publique, la liberté de la presse s'établit,
absolue et sans frein pour les livres et les journaux[1].
La Déclaration des droits de l'homme et du citoyen
la proclama, en y ajoutant comme correctif nécessaire, la réglementation que la loi pourrait en faire,
art. 11 : « La libre communication des pensées et
des opinions est un des droits les plus précieux de
l'homme ; tout citoyen peut donc parler, écrire, imprimer librement, *sauf à répondre de l'abus de cette
liberté dans les cas déterminés par les lois* ». Mais la
loi annoncée ne fut pas édictée. Siéyès pourtant, dans
la séance du 20 janvier 1790, présenta, avec un long
et intéressant exposé des motifs, un projet de loi sur
la répression des délits qui peuvent se commettre
par la voie de l'impression. La presse royaliste pro-
testa énergiquement en faveur de la liberté absolue[2].
Le projet, d'ailleurs, ne fut pas même discuté, et
l'Assemblée constituante ne vota aucune loi sur la
presse. Pendant la durée de sa législature, il y eut
pourtant des poursuites à raison d'articles de journaux, notamment, à deux reprises, contre le rédac-

---

[1] Pour ce qui suit, V. Gustave Le Poittevin, *La liberté de la
presse sous la Révolution*, Paris, 1901.

[2] V. par exemple, les *Actes des apôtres*, t. III, *Épilogue*,
Liberté de la presse (le numéro commence par une lettre datée de
Londres, 28 janvier 1790). — On lit en note : « *Nota*. Le peu de
temps qui nous reste à imprimer librement d'après la motion de
M. l'abbé Siéyès nous détermine à profiter de ces derniers ins-
tants pour publier une lettre que nous venons de recevoir de Londres d'un Français fugitif, en y joignant cependant nos observations ».

teur de l'*Ami du peuple*, Marat, qui dut même disparaître et quitter momentanément le pays. Ces poursuites, arrestations, saisies de presses, vinrent de deux
côtés. Les unes furent le fait du *Comité des recherches* de l'Assemblée constituante. Ce comité, renouvelé périodiquement, avait été créé pour rechercher
et déjouer toutes les entreprises contre l'Assemblée ;
il s'arrogea dès le début des pouvoirs très étendus.
Les autres poursuites émanèrent de la justice ordinaire : elles étaient fondées sur des délits de droit
commun (calomnie, excitation aux crimes).

La Constitution de 1791 garantit en termes éner-
giques la liberté de la presse (tit. 1) : « La liberté
à tout homme de parler, d'écrire, d'imprimer et publier ses pensées, sans que ces écrits puissent être
soumis à aucune censure ni inspection avant leur
publication ». Un peu plus loin, reproduisant en partie, les principes suivis aux États-Unis d'Amérique,
elle ajoutait : « Le pouvoir législatif ne pourra faire
aucune loi qui porte atteinte et mette obstacle à
l'exercice des droits naturels et civils consignés dans
le présent titre et garantis par la Constitution ; mais
comme la liberté ne consiste qu'à pouvoir faire tout ce
qui ne nuit ni aux droits d'autrui ni à la sécurité publique, la *loi peut établir des peines contre les actes
qui, attaquant ou la sûreté publique ou les droits
d'autrui, seraient nuisibles à la société* ». Cela était
excellent, mais l'Assemblée législative ne légiféra
pas sur ce point.

Après le 10 août 1792, un grand nombre de jour-

naux parisiens furent supprimés, tous ceux qui avaient
soutenu l'ancienne monarchie ou la monarchie constitutionnelle ; cette suppression se fit par des arrêtés de
la Commune de Paris[1]. Seuls restèrent les journaux
républicains et, au premier rang, en antagonisme, ceux
qui soutenaient les Girondins et ceux qui soutenaient
les Montagnards ; aussi les violences de la presse étaient-
elles souvent extrêmes. Cependant celles de Marat
furent telles qu'elles furent dénoncées à la Convention et des poursuites demandées contre lui dans la
séance du 26 février 1793. Une discussion ardente
s'engagea à laquelle Marat prit part, et en quels
termes! Elle se termina par cette résolution : « La
Convention délibérant sur la dénonciation qui
lui a été faite d'un écrit de Marat relatif aux troubles et aux pillages et taxatures de denrées qui
ont eu lieu hier dans la ville de Paris, *renvoie
ladite dénonciation aux tribunaux ordinaires*, charge
le ministre de la Justice de faire poursuivre les
auteurs et instigateurs de ces délits et d'en rendre
compte dans les trois jours à la Convention ». C'était
au fond, le même système que sous l'Assemblée
constituante. Effectivement le 18 avril suivant, Marat fut décrété d'accusation devant le tribunal criminel extraordinaire (tribunal révolutionnaire) qui
prononça son acquittement le 24 avril, et *l'Ami du
peuple* acquitté fut porté en triomphe par le peuple
à la Convention[2].

---

[1] Gustave Le Poittevin, *op. cit.*, p. 30 et s.
[2] *Ibidem*, p. 40.

Puis disparurent les journaux des Girondins, lorsque ceux-ci eurent été abattus ; et dans la suite, lorsqu'un parti succombait, les journaux qui le soutenaient disparaissaient avec lui. Cependant la Déclaration des droits de l'homme et du citoyen qui précède la Constitution de 1793 consacrait à nouveau, et comme illimitée la liberté de la presse, art. 7 : « Le droit de manifester sa pensée et ses opinions, soit par la voie de la presse, soit de toute autre manière, le droit de s'assembler paisiblement, le libre exercice des cultes ne peuvent être interdits ». Et l'art. 122 de la Constitution était formel : « La Constitution garantit à tous les Français... La liberté *indéfinie* de la presse ». Mais, l'application de la Constitution était bientôt suspendue et le gouvernement révolutionnaire organisé ; c'est seulement après le 9 thermidor que les journaux modérés, même réactionnaires, anciens ou nouveaux, recommencent à paraître[1].

Dans la dernière phase de son existence, au lendemain de la journée du 30 ventôse an III, la Convention vota une loi, par laquelle elle espérait empêcher le retour des désordres passés : elle contenait « des mesures préventives des attentats contre les personnes, les propriétés, le gouvernement et la représentation nationale ». La Constitution nouvelle qui s'élaborait alors, celle du 5 fructidor an III, aurait permis le vote d'une loi créant des délits de presse ; car voici en quels termes elle en garantis-

---

[1] Gustave Le Poittevin, *op. cit.*, p. 45.

sait la liberté : « Art. 333. Nul ne peut être empêché
de dire, écrire, imprimer et publier sa pensée.
Les écrits ne peuvent être soumis à aucune censure
avant leur publication. *Nul ne peut être responsable
de ce qu'il a écrit que dans les cas prévus par la loi* ».
Mais la loi du 1er germinal an III n'était pas une
loi sur la presse; c'était une loi de *grande police*,
comme disait Siéyès, en en soutenant le projet. C'était
la sécurité de la représentation nationale et le respect
du gouvernement qu'on voulait assurer par divers
moyens[1]. Mais on pensait pouvoir réprimer les attentats dangereux de la presse au moyen des incrimina-
tions établies par cette loi et sans en faire des délits
particuliers. L'art. 1 portait : « Les *provocations* au
pillage des propriétés privées ou publiques, à des
actes de violence contre les personnes, au rétablissement de la royauté, à la révolte contre les autorités
constituées, le gouvernement républicain et la représentation nationale « sont des crimes ». L'art. 2
prononçait les peines : « Les prévenus de ces crimes
seront arrêtés et jugés par le tribunal criminel ordinaire. — S'ils sont déclarés coupables par le jury,
ils seront condamnés à la déportation. Néanmoins
cette peine sera réduite à deux années de fers si le

---

[1] Ainsi, les art. 18 et s. prévoyaient « l'hypothèse horrible et
qui répugne à l'âme du législateur », le cas où momentanément
la représentation nationale serait supprimée ou dissoute par la violence, l'insurrection, et ils organisaient, pour la défendre et la reconstituer, une série de mesures qui rappellent de près celles prescrites par la loi des 15-23 février 1872, dite loi Tréveneuc. V.
Esmein, *Éléments de droit constitutionnel*, p. 802.

jury déclare qu'il y a dans le délit des circonstances atténuantes[1] ».

Les provocations dont il s'agit étaient également punissables, qu'elles fussent émises par la voie de la presse ou par tout autre moyen de publicité, et l'on pensait que cela suffisait. C'est le moyen dont le Directoire, vivement attaqué, usa d'abord contre les journaux; mais le calcul se trouva faux. Le jury, comme il lui arrive à de certains moments, soit par scepticisme, soit par désapprobation des violences qui se heurtent en sens contraire, acquittait constamment et de parti pris. Il est vrai que les peines, même mitigées par les circonstances atténuantes, étaient bien sévères pour les délits de presse. « Il acquitte les Vendémiairistes; il acquitte les Jacobins; il acquitte Leblois le terroriste; il acquitte Michaud le royaliste; il acquitte Langlois; il acquitte les libraires; il acquitte les éditeurs; il acquitte par tête et il acquitte en bloc; il acquitte les individus, il acquitte les fournées savamment combinées[2] ».

Le Directoire obtenait des Conseils quelques mesures d'importance secondaire. En brumaire an V, le Conseil des Cinq-Cents consentait à doubler le droit de poste pour les journaux et décidait qu'ils ne pourraient être expédiés que sous bande. La loi du 28 germinal an IV avait décidé qu'il « ne pourrait être

---

[1] C'est, je le crois, le premier exemple dans la loi française de circonstances atténuantes admises en matière criminelle par les jurés.
[2] Gustave Le Poittevin, *op. cit.*, p. 49.

imprimé aucuns journaux, gazettes ou autres feuilles périodiques... qu'ils ne portent le nom de l'auteur ou des auteurs, le nom et l'indication de la demeure de l'imprimeur ». Mais c'était bien insuffisant.

Le Coup d'État du 18 fructidor an V fournit au Gouvernement des armes terribles. C'était toujours la même chose : faute de lois efficaces sur la presse, on retombait dans les mesures arbitraires. En vertu de l'art. 145 de la Constitution de l'an III, la majorité des directeurs qui dirigeait l'entreprise, fit arrêter les *auteurs et imprimeurs* de toute une série de journaux (plus de cinquante) « tous prévenus de conspiration contre la sûreté intérieure et extérieure de la République, spécialement de *provocations* au rétablissement de la royauté, et à la dissolution du gouvernement républicain, pour être poursuivis et jugés comme tels, conformément à la loi du 1ᵉʳ germinal an III »[1]. Il n'y eut pas cependant de jugement; une loi du 19 fructidor prononça la déportation contre les prisonniers : «Art. 1. Les propriétaires, entrepreneurs, directeurs, auteurs, rédacteurs et collaborateurs des journaux dont les noms suivent (*suivent 54 noms de journaux*) seront déportés dans le lieu qui sera désigné par le Directoire »[2]. La peine de la déportation était bien celle que contenait la loi du 1ᵉʳ germinal an III, pour les faits incriminés. Mais la loi du 19 fructidor n'était en réalité pas autre chose que l'au-

---

[1] Gustave Le Poittevin, *op. cit.*, p. 61.
[2] *Ibidem*, p. 64.

torisation donnée par le pouvoir législatif au Directoire de déporter des journalistes qu'elle ne désignait
même pas nommément. Elle ne fut pas d'ailleurs
exécutée à cette époque. De plus, dans son art. 35,
elle livrait pour un an toute la presse périodique à
l'arbitraire du pouvoir exécutif : « Les journaux et
autres feuilles périodiques et les presses qui les impriment sont mis, pendant un an, sous l'inspection de
la police qui pourra les prohiber aux termes de l'art.
355 de l'acte constitutionnel[1]». En vertu de ces pouvoirs, le Directoire fit des coupes sombres parmi les
journaux de Paris et des départements ; et, par une
résolution des deux Conseils prise en fructidor an VI,
l'art. 35 de la loi du 19 fructidor an V, fut prorogé
pour une nouvelle année, devant cesser pourtant de
s'appliquer lorsque serait promulguée « la loi pénale
qui sera rendue sur les délits de presse ». Un projet
de loi dans ce sens fut en effet présenté par Berlier
au Conseil des Cinq-Cents, discuté et voté par celui-
ci ; mais il échoua au Conseil des Anciens. Ce dernier approuva bien l'art. 1er qui abrogeait l'art.
35 de la loi du 19 fructidor an V ; mais il rejeta
l'ensemble du projet (4 thermidor an VII). Berlier
voulut pourtant assurer la disposition sur laquelle
l'entente s'était faite. Il proposa une résolution sépa-

---

[1] Cet art. 355 est ainsi conçu : « Il n'y a ni collège, ni maîtrise, ni jurande, *ni limitation de la liberté de la presse*, du commerce et de l'exercice de l'industrie et des arts de toute espèce. —
Toute loi prohibitive en ce genre, quand les circonstances la ren-
dent nécessaire, n'a d'effet que pendant un an au plus, à moins
qu'elle ne soit formellement renouvelée ».

rée abrogeant l'art. 35, laquelle fut votée par les deux Conseils.

Dès lors la presse se sentit rendue à la vie[1]; mais en même temps le Directoire était désarmé dans un moment des plus critiques. Il usa d'un expédient. La loi du 19 fructidor n'avait pas encore été exécutée complètement quant aux journalistes qu'elle condamnait à la déportation. Le Directoire s'en souvint alors, et, par un arrêté du 12 fructidor an VII, il déporta 65 journalistes appartenant aux journaux qu'elle avait visés[2]. Le 17 fructidor, il faisait arrêter les rédacteurs et imprimeurs de onze autres journaux. Mais il touchait à sa fin; dans l'ombre se préparait un autre régime, celui qui sortira du 18 brumaire an VIII.

IV

Le droit de réunion et le droit d'association sont bien distincts. Le premier suppose des personnes parfaitement indépendantes, inconnues peut-être les unes des autres, qui s'assemblent pour discuter un sujet donné; elles peuvent voter des résolutions, mais chacune d'elles reste libre d'en poursuivre l'exécution. Sans aucun lien entre elles avant la réunion, elles n'en ont encore contracté aucun lorsqu'elles se dispersent. L'association, au contraire, suppose entre les personnes qui la compo-

---

[1] Gustave Le Poittevin, *op. cit.*, p. 94.
[2] *Ibidem*, p. 96.

sent une entente durable, même un véritable contrat, qui crée des obligations à la charge de chacune d'entre elles. L'association a un but qu'elle poursuit d'une manière constante, une direction établie, une organisation pour la délibération et pour l'exécution. Sans doute ses membres se réunissent pour délibérer, tous ou quelques-uns; mais ces réunions ne sont que des incidents dans la vie de l'association.

La Révolution n'a pourtant pas très nettement distingué ces deux droits et ces deux choses. Sans doute elle a connu de simples réunions, quand il s'agissait d'assembler tous les habitants d'une commune ou d'une section de commune; ou bien quand, spontanément une foule s'agglomérait, faisait un *attroupement*. Mais quand il s'agissait d'un nombre déterminé d'individus, qui se choisissent et n'en appellent d'autres à eux que par une décision de la majorité d'entre eux, d'individus qui en même temps se réunissent périodiquement, ou même journellement, pour discuter certains objets et voter des décisions ou résolutions, les hommes de la Révolution ont fait une confusion partielle entre le droit de réunion et le droit d'association ; cette confusion reparaîtra plus tard, plus accentuée encore, jusqu'à la période libérale du second Empire.

A. — Parmi les droits naturels et civils garantis par la Constitution de 1791 (tit. I) figure « la liberté aux citoyens de s'assembler paisiblement et sans armes en satisfaisant aux lois de police ». La Constituante en fit des applications particulières quand il s'agis-

sait des citoyens d'une même commune. Nous en
avons vu l'expression dans le décret de décembre
1789 sur l'organisation municipale[1]. Le décret des
18-22 mai 1791 relatif au droit de pétition déterminait aussi le cas où des citoyens actifs peuvent
demander la réunion de la commune ou de la
section de commune en assemblée générale, pour
délibérer sur des objets spécifiés dans la demande[2].
C'étaient probablement des réunions de ce genre,
qu'avaient en vue les auteurs de la déclaration. Mais
il s'en produisait malheureusement d'autres. C'é-
taient les attroupements d'hommes et de femmes
surexcités, réclamant telle ou telle mesure, commet-
tant parfois d'odieux attentats. Les journées des 5 et
6 octobre 1789, la descente sur Versailles de la popu-
lace parisienne, amenèrent une législation répressive,
qui eut son expression dans la loi du 21 octobre
1789, dite *loi martiale*. Le projet, présenté par Mirabeau, au nom d'un comité, fut vivement attaqué par
Robespierre. Mirabeau le défendit énergiquement,
rappelant le *Riot Act* anglais et montrant que la loi
qu'il soutenait était plus respectueuse de la liberté
publique. Dans le préambule, l'Assemblée se justifiait d'ailleurs, en montrant que, par là, elle assurait
la liberté au lieu de la compromettre. C'était aux
municipalités, au surplus, que le soin de réprimer ces
troubles par la force était confié : « Art. 1. Dans le

---

[1] Ci-dessus, p. 80.
[2] Comp. décret du 17 juin 1791.

cas où la tranquillité publique sera en péril, les officiers municipaux des lieux seront tenus, en vertu des pouvoirs qu'ils ont reçus de la commune, de déclarer que la force militaire doit être déployée pour rétablir l'ordre public, à peine pour les officiers d'être responsables des suites de leur négligence. — Art. 2. Cette déclaration se fera en exposant à la principale fenêtre de la maison de ville et en portant dans toutes les rues et carrefours un drapeau rouge; et en même temps les officiers municipaux requerront les chefs des gardes nationales, *des troupes-réglées et des maréchaussées*, de prêter main-forte ». Toutes ces forces étaient tenues de marcher sur-le-champ (art. 4) « commandées par leurs officiers, précédées d'un drapeau rouge, et accompagnées d'un officier municipal au moins ». Celui-ci (ou un de ses collègues), devait même parlementer avec la foule, demandant « quelle est la cause de la réunion ». Les personnes attroupées étaient même « autorisées à en nommer six pour exposer leurs réclamations et présenter leurs pétitions », mais « tenues de se séparer sur-le-champ et de se retirer paisiblement ». Sinon, l'officier municipal procédait à trois sommations solennelles (art. 6); s'il n'est pas obéi, « la force des armes sera aussitôt employée contre les séditieux, sans que personne soit responsable des événements qui pourraient en résulter ». Il en était de même (art. 7) dans le cas « où, soit avant, soit pendant le prononcé des sommations, l'attroupement commettrait quelque violence ». Enfin, d'après l'art. 12,

« lorsque le calme sera rétabli les officiers municipaux rendront un décret qui fera cesser la loi martiale et le drapeau rouge sera retiré et remplacé pendant huit jours par un drapeau blanc ». C'est la loi qui fut appliquée au Champ de Mars le 18 juillet 1791, et Lamartine, en février 1848, à l'hôtel de ville de Paris, rappelait ce souvenir aux bandes qui venaient avec le drapeau rouge : « Le drapeau tricolore, disait-il dans un magnifique langage, a fait le tour du monde ; le drapeau rouge n'a fait que le tour du Champ de Mars, traîné dans le sang du peuple » !

La loi du 1er germinal an III prit des précautions spéciales contre les attroupements séditieux qui menaceraient la représentation nationale.

La loi de vendémiaire an IV rendit les communes pécuniairement responsables des dommages que causeraient aux particuliers les violences séditieuses accomplies sur leur territoire, présumant la négligence des officiers municipaux[1].

B. — L'exercice du droit d'association, en matière politique, a pris sous la Révolution une forme toute particulière, celle des *clubs* ou *sociétés populaires*. Le mot *club* venait d'Angleterre, où il désignait (et désigne encore) de grands cercles, aristocratiques le plus souvent, où se réunissaient les hommes d'un même parti, par groupes. A la fin du règne de Louis XV et sous celui de Louis XVI, il se forma des *clubs* de cette espèce,

---

[1] V. pour la période antérieure, les lois du 6 octobre 1790 et du 27 juillet 1791.

lorsqu'ils étaient tolérés par la police[1]. Mais le
club français de la Révolution fut tout autre chose
comme on va bientôt le voir. D'ailleurs, tout
d'abord, en 1789, ce ne fut pas aux *clubs* qu'appartint l'influence; c'étaient alors les rassemblements
qui se faisaient au Palais-Royal, dans le jardin, ou
aux terrasses des cafés, et au milieu desquels parlaient
les orateurs populaires, qui agissaient directement et
efficacement sur les oisifs de Paris. Là parlèrent
Camille Desmoulins et Danton; là se décidèrent l'at-
taque de la Bastille; et, en octobre 1789, l'expédition
à Versailles. Peut-être les clubs populaires prirent-
ils, dans leur constitution, quelque chose de ces premières ententes inorganiques.

Quoiqu'il en soit, le premier club du nouveau type
fut le *Club breton*, composé, comme son nom l'indique, de députés de la Bretagne, fort ardents pour la
plupart. Il deviendra la *Société des amis de la Constitution*, plus connue sous le nom de *Club des Jacobins*,
lorsqu'à Paris elle tint ses. séances dans l'ancien
Couvent des Jacobins de la rue Saint-Honoré. Le *Club
breton* n'avait été sans doute, à Versailles, qu'une réunion de députés de même nuance, combinant à l'a-
vance leurs efforts et leur politique[2]. Mais lorsque

[1] V. à titre d'exemple d'un cercle de cette espèce, le *Club de
Valois*, celui où Gouverneur Morris fut admis et qu'il fréquentait
en 1789, Esmein, *Gouverneur Morris*, p. 27, 122, 124.
[2] Les *Actes des apôtres*, dans la soi-disant lettre de Londres du
28 janvier 1790 citée plus haut, parlent sans doute de ces réunions
lorsqu'ils disent des députés, p. 10 : « Leurs travaux, leurs paroles,
leur sommeil est à nous; l'œil du citoyen constamment fixé sur

la société s'établit à Paris elle prit une nouvelle
forme, qui deviendra le type de l'association politique de cette époque. C'était bien une société et l'on
ne pouvait en faire partie que si l'on était élu par la
majorité de ses membres; cette majorité pouvait
même exclure les membres indignes, et l'on connaît
les terribles épurations qu'elle décida en 1793. Mais
ce n'était point une association organisée pour agir
dans un but déterminé. Elle se bornait à discuter
des questions et à voter des résolutions ou des déclarations, à la clôture de la discussion. Elle n'avait
aucun organe chargé de l'exécution, puisqu'elle ne
devait rien exécuter. Bien qu'elle eût parmi ses
membres non seulement des députés au Corps législatif, mais encore des citoyens qui n'en faisaient pas
partie, on peut dire que c'était en quelque sorte un
doublet de l'Assemblée législative. On discutait aux
Jacobins les questions qui allaient venir au Corps
législatif; aussi, comme l'Assemblée législative, le
club admettait-il le public à ses séances[1]. Sous la
Convention, les fractions du parti républicain, hostiles
les unes aux autres, lutteront aux Jacobins, avant
de lutter dans l'Assemblée. Cependant le Club des
Jacobins aura une influence considérable dans toute la
France, dictera en fait la loi dans bien des lieux. Cette
influence venait de ses *filiales*, des nombreuses sociétés

---

eux, doit les poursuivre dans les réduits les plus secrets, *dans ces
assemblées nocturnes, dans ces conciliabules partiels et factieux où
ils forgent les fers réels de notre liberté factice* ».

[1] La législation de 1848 imposera aux *clubs* cette publicité.

populaires qui s'étaient formées à son image dans
les départements et qui lui étaient affiliées. Le journal
de la société transmettait les résolutions adoptées
par la société-mère, et les filiales, moins réservées
qu'elle, se chargeaient le plus souvent d'en assurer
l'exécution locale, lorsque cela était possible [1].

Le *club* ainsi compris est la seule forme d'association politique qu'ait connue la Révolution. Mais, dès
qu'un effort se produit pour opérer un changement
dans le courant politique, il se traduit par la formation d'un *club :* tels le *Club des impartiaux* que Malouet tenta de fonder en 1790 ; le *Club de 1789*, qui
chercha à lutter avec celui des Jacobins ; et plus tard,
en juillet 1791, la scission qui détacha les *Feuillants*
des *Jacobins*.

Cette forme d'association était-elle licite ? On pouvait en douter. Mais, l'Assemblée constituante en reconnut la légalité par un décret des 13-19 novembre
1790, rendu à propos de faits particuliers, et où l'on
trouve cette confusion entre le droit de réunion et le
droit d'association signalée plus haut : « L'Assemblée
nationale, après avoir entendu son Comité, déclare
que les citoyens ont le *droit de s'assembler paisiblement
et de former entre eux des sociétés libres*, à charge
d'observer les lois qui régissent tous les citoyens ;
qu'en conséquence, la municipalité de Dax n'a pas pu
troubler la société formée dans cette ville sous le

---

[1] Esmein, *Gouverneur Morris*, p. 138 et s. ; Aulard, *La société
des Jacobins*, recueil de documents pour l'histoire du Club des
Jacobins.

nom de Société des amis de la Constitution; que cette
société a le droit de continuer ses séances, et que ses
papiers doivent lui être rendus ».

Mais au dernier jour de son existence, l'Assemblée
Constituante, effrayée de la puissance des Sociétés
populaires et des illégalités qu'elles commettaient,
voulut donner à l'Assemblée qui allait la remplacer
des armes contre elles. Après avoir entendu, le 29
septembre 1791, un rapport présenté par Chapelier au
nom du Comité de Constitution, et après une discussion où intervinrent principalement Robespierre et
Dandré, elle vota la loi des 29-30 septembre 1791.
Elle défendait aux sociétés populaires de mander à
leur barre aucun fonctionnaire public ou même aucun simple citoyen, et de mettre obstacle aux actes
de l'autorité publique. En cas de contravention, les
sociétés devaient être dissoutes, et leurs membres
coupables devaient être rayés, pendant deux ans, du
tableau civique, et incapables, pendant le même
temps, d'exercer aucune fonction publique. Il était
également défendu aux sociétés populaires d'adresser
à l'autorité publique des pétitions en nom collectif ou
de lui envoyer des députations.

Mais ce fut une manifestation vaine. Des décrets de
la Convention des 13 juin et 25 juillet 1793 firent défense aux autorités de troubler les citoyens dans le
droit qu'ils avaient de se réunir en sociétés populaires : des peines sévères (dix ans de fers)
étaient édictées contre ceux qui tenteraient de dissoudre ces sociétés ou d'empêcher leur réunion. Cette

époque est celle où leur puissance et leur audace
sont à leur apogée. Le décret du 14 frimaire an II
sur le gouvernement révolutionnaire dut même arrêter leurs empiétements. Sans doute (sect. II, art. 8)
il associait véritablement au pouvoir exécutif des
corps de nature semblable : « L'exécution des lois
révolutionnaires et des mesures de sûreté générale
et de salut public est confiée aux municipalités,
aux comités de surveillance et révolutionnaires ». Mais
il visait les sociétés populaires dans un autre sens
(sect. III, art. 17) : « Tous congrès ou réunions
centrales, établis soit par les représentants du peuple,
soit par les *sociétés populaires*, quelque dénomination qu'elles puissent avoir, même de comité central
et de surveillance ou de commission centrale révolutionnaire ou militaire, sont révoquées et expressément défendues par ce décret, comme subversives de
l'autorité d'action du gouvernement et *tendant au
fédéralisme;* et celles existantes se dissoudront dans
les vingt-quatre heures après la publication de présent décret ».

Après le 9 thermidor, la Convention, rendue à
elle-même, alla plus loin. La Société des Jacobins,
toujours debout, luttait avec ses filiales, contre l'Assemblée qui donnait au gouvernement une direction
nouvelle. Celle-ci défendit pour l'avenir la formation
de toute société de cette espèce, par le décret du 25
vendémiaire an III (16 octobre 1794), qui prohibe
toutes affiliations, agrégations, fédérations, ainsi
que toute correspondance en nom collectif entre

sociétés. Quant aux sociétés populaires alors existantes, elles devaient tous les trois mois envoyer aux agents nationaux près le district et la municipalité la liste de leurs membres, avec l'indication de l'âge, de la profession et du lieu de naissance.

La Constitution du 5 fructidor an III, maintint le droit d'association, qu'elle distinguait du droit de réunion, mais en le réglementant avec sagesse, pour empêcher le retour des désordres passés : « Art. 360. Il ne peut être formé de corporations, ni d'associations contraires à l'ordre public. — Art. 361. Aucune assemblée de citoyens ne peut se qualifier société populaire. — Art. 362. Aucune société particulière s'occupant de questions politiques ne peut correspondre avec une autre, ni s'affilier à elle, *ni tenir des séances publiques composées de sociétaires et d'assistants distingués les uns des autres, ni imposer de conditions d'admission et d'éligibilité, ni s'arroger des droits d'exclusion,* ni faire porter à ses membres aucun signe extérieur de leur association. — Art. 363. Les citoyens ne peuvent exercer leurs droits politiques que dans les assemblées primaires ou communales. — Art. 364. Tous les citoyens peuvent adresser aux autorités publiques des pétitions; mais elles doivent être individuelles; nulle association ne peut en présenter de collectives, si ce n'est les autorités constituées et seulement pour des objets propres à leur attribution »[1]. Le lendemain (6 fructidor an III)

---

[1] Sur le droit de pétition, V. Esmein, *Éléments de droit constitutionnel,* p. 452 et s.

la Convention, sur le rapport de Mailhe, au nom
des Comités de salut public, de sûreté générale et de
législation, votait un décret qui dissolvait toutes les
assemblées connues sous le nom de *club* ou de société populaire.

La Constitution de l'an III avait aussi des dispositions sur les attroupements. « Art. 365. Tout attroupement armé est un attentat à la Constitution ; il
doit être dissipé sur-le-champ par la force.—Art. 366.
Tout attroupement non armé, doit être également
dissipé, d'abord par voie de commandement verbal
et, s'il est nécessaire, par le développement de la
force armée ». L'intervention nécessaire des officiers
municipaux n'était plus rappelée.

V

La *liberté d'enseignement* existait-elle dans l'ancien régime? Une réponse simple n'est pas possible.
Pour l'enseignement supérieur, existaient les Universités, corps à la fois politiques et ecclésiastiques [1], qui
seules pouvaient délivrer les grades, et ne délivraient
le grade inférieur, le baccalauréat-ès-arts, qu'aux
élèves ayant suivi les cours d'un collège incorporé à
l'Université. Pour l'enseignement primaire, il était
donné par des maîtres que choisissaient ou acceptaient les communautés d'habitants, sous la surveil-

---

[1] Les professeurs de la faculté de théologie et les professeurs de
droit canonique de la faculté de droit devaient être des ecclésiastiques.

lance de l'autorité ecclésiastique. D'autre part, répondant à peu près à ce que nous appelons l'enseignement
secondaire, il y avait dans beaucoup de villes des *collèges*. Ils étaient libres, en ce sens qu'ils étaient
tout à fait distincts et séparés des Universités, ayant
leurs méthodes propres et recrutant eux-mêmes
leur personnel enseignant. Pour les fonder, il suffisait, semble-t-il, lorsque les directeurs étaient laïques,
que l'autorité municipale traitât avec eux ou les
admît. Lorsqu'au contraire, comme c'était le cas le
plus fréquent, c'étaient des maisons ecclésiastiques
appartenant à des congrégations religieuses, il fallait
l'autorisation du pouvoir royal; car aucun ordre ou
congrégation autorisée ne pouvait former aucun établissement particulier sans une autorisation spéciale.
Tous ces collèges avaient leur organisation propre;
c'était la diversité complète, sauf que chaque ordre
religieux donnant l'enseignement organisait ses différentes maisons sur un même modèle. Il y avait enfin
des établissements appelés *Académies* où les jeunes
nobles venaient apprendre l'équitation, la danse et le
maintien.

Tout cela disparut dans la Révolution. Elle supprima les Universités et abolit les ordres et congrégations ou corps de séculiers voués à l'enseignement.
Mais beaucoup de collèges subsistèrent avec un personnel laïque ou laïcisé, comme aussi les maîtres
d'école primaire.

Dès le début, les hommes de la Révolution se préoc-
cupèrent de l'instruction publique. Ils avaient sur ce

point un idéal, qui s'était formé plus tôt ; c'était d'organiser, par l'action de l'État, une instruction publique
qui, à ses divers degrés, serait la même pour tous les
citoyens qui la recevraient. C'est une idée qu'avaient
répandue certains publicistes, notamment l'abbé de
Saint-Pierre et Mably. Le Gouvernement et les Parlements s'en étaient préoccupés lorsqu'il avait fallu
réorganiser momentanément les collèges d'où les
Jésuites avaient été expulsés ; sous Louis XVI, le nombre des écrits consacrés à cette question est considérable.

L'Assemblée constituante, malgré son désir, ne put
comprendre cette matière dans son immense œuvre
législative. Mais elle en garantit la réglementation
future dans la Constitution de 1791 (tit. I). « Il sera
créé et organisé une *instruction publique* commune
à tous les citoyens, gratuite à l'égard des parties de
l'enseignement indispensables pour tous les hommes
et dont les établissements seront distribués graduel-
lement dans un rapport combiné avec la division du
royaume ».

L'Assemblée législative commença la préparation[1],
mais ne put aboutir dans sa courte existence. La
Convention reprit le travail[2], et édicta l'organisation
nouvelle dans plusieurs lois, qui sont parmi les dernières qu'elle ait votées. Elle avait d'ailleurs posé

[1] *Procès-verbaux du Comité d'instruction publique de l'Assemblée législative*, publiés et annotés par M. J. Guillaume, 1 vol.

[2] *Procès-verbaux du Comité d'instruction publique de la Convention nationale*, publiés et annotés par M. J. Guillaume, 6 vol.
Le tome VI a paru en 1907.

les principes de cette organisation dans la Constitution du 5 fructidor an III (art. 296-301).

La plus importante de ces lois est celle du 3 brumaire an IV, sur l'organisation de l'instruction publique. Elle créait dans chaque canton une ou plusieurs écoles primaires où l'on devait enseigner «à lire, écrire, calculer et les élémens de la morale républicaine». La Convention n'avait point établi, comme le voulait la Constituante, la gratuité de l'enseignement primaire : les finances de la République ne le permettaient pas ; elle n'assurait aux instituteurs publics que le logement ; mais l'autorité municipale pouvait exempter de la rétribution le quart des élèves de chaque école pour indigence. La Convention n'avait pas non plus déclaré l'instruction primaire obligatoire ; elle regardait sans doute comme suffisante la disposition constitutionnelle qui portait que bientôt, pour jouir des droits politiques, il faudrait savoir lire et écrire.

Elle avait organisé, en second lieu, un enseignement, mi-partie secondaire, mi-partie supérieur, qui avait un caractère encyclopédique pour l'époque. Il était donné dans des *Écoles centrales*, dont une devait être établie dans chaque département. Elle comportait trois sections. La première, où l'on ne pouvait entrer qu'à douze ans accomplis, comprenait l'enseignement du dessin, de l'histoire naturelle, des *langues anciennes*, et celui des langues vivantes, lorsque l'administration du département en faisait la proposition et qu'elle était approuvée par le Corps législatif. L'enseignement de la seconde section portait sur les éléments des mathématiques, la physique et la chimie expérimentales; on ne pouvait entrer dans cette section qu'à douze ans. Enfin dans la troisième, aux cours de laquelle on n'était admis qu'à seize ans au moins, on enseignait la grammaire générale, les belles-lettres, l'histoire et la *législation*. Les Écoles centrales ne faisaient que donner des cours, qui n'étaient point gratuits; mais la rétribution annuelle ne pouvait dépasser vingt-cinq livres, et l'administration du département pouvait en dispenser, pour indigence, le quart des élèves.

La loi du 3 brumaire an IV annonçait de plus qu'il y aurait de véritables établissements d'enseignement supérieur, professionnel ou non : « Il y aura dans la République des écoles spécialement affectées à l'étude : 1° de l'astronomie; 2° de la géométrie et de la mécanique; 3° de l'histoire naturelle; 4° de la médecine; 5° de l'art vétérinaire; 6° de l'économie rurale; 7° des antiquités; 8° *des sciences politiques;* 9° de la peinture, de la sculpture et de l'architecture; 10° de la musique ».

C'est cette même loi qui a créé l'Institut de France, sous le nom d'*Institut national des sciences et des beaux-arts*, divisé en trois sections : sciences physiques et mathématiques, — siences morales et politiques, — littérature et beaux-arts.

Précédemment, la loi du 30 vendémiaire an IV avait créé des écoles spéciales afin de former les citoyens qui entreraient dans les services publics exi-

geant des connaissances techniques particulières. C'é-
taient : l'école polytechnique, les écoles d'artillerie,
les écoles des ingénieurs militaires, l'école des ponts
et chaussées, l'école des mines, l'école des géographes, l'école des ingénieurs de vaisseaux, les écoles
de navigation et les écoles de marine.

Mais, à côté de cet enseignement public, si original et si riche, la liberté de l'enseignement avait
été proclamée par la Constitution de l'an III, art. 300 :
« Les citoyens ont le droit de former des établissements particuliers d'éducation et d'instruction, ainsi
que des sociétés libres pour concourir aux progrès
des sciences, des lettres et des arts ». La loi du 3 brumaire an IV (tit. II, art. 10) visant aussi ces *collèges*
qui avaient subsisté en fait dans bien des villes depuis
1792, disait en outre : « Les communes qui possédaient
des établissements d'instruction connus sous le nom
de *collèges* et dans lesquelles il ne sera pas placé
d'école centrale, pourront conserver les locaux qui
étaient affectés auxdits collèges, pour y organiser à
leurs frais des écoles centrales complémentaires ».

La liste des droits individuels en comprend encore
deux : la liberté de conscience et de culte ; la liberté
individuelle au sens strict du mot, c'est-à-dire celle de
la personne. De la liberté de conscience et de culte,
nous avons parlé suffisamment dans le chapitre précèdent. Pour ce qui est de la liberté individuelle,
stricto sensu, la Constitution de 1791 (tit. 1) la garantissait et la définissait en termes très larges : « La
liberté à tout homme d'aller, de rester, de partir,

sans pouvoir être arrêté ni retenu que selon les formes déterminées par la Constitution ». Mais l'application la plus bienfaisante de cette liberté était le plus souvent, dans le langage de cette époque, désignée par le terme de *sûreté*, emprunté dans cette acception à Montesquieu. C'est la garantie, contre les arrestations, perquisitions et pénalités arbitraires; et cette garantie réside essentiellement dans les dispositions des lois pénales et de procédure criminelle. Il en a déjà été question, et il en sera parlé encore dans le chapitre suivant.

CHAPITRE VIII

●

LES LOIS CIVILES ET LES LOIS PÉNALES

Les hommes de la Révolution s'efforcèrent de mettre plus de justice et d'humanité dans le droit civil et criminel de la France; ils voulurent qu'il eût toute la clarté et la précision possibles; ils lui donnèrent entièrement la forme de loi écrite, excluant l'imprécision de la coutume et essayant d'écarter l'arbitraire de la jurisprudence.

§ 1. — *Le droit civil.*

I

Le vœu de la France depuis plusieurs siècles, c'était l'unité de législation : un même droit civil pour tout le royaume et un droit codifié. Les Cahiers de 1789 le répétaient à l'envi. Mais, malgré la préparation antérieure, dont il sera question plus loin, c'était une œuvre gigantesque, qui demandait du temps, même en un temps où quelques mois suffisaient parfois à créer une nouvelle législation. L'As-

semblée constituante ne put l'accomplir et en inséra
seulement la promesse dans la Constitution de 1791
à la fin du titre Ier : « Il sera fait un Code de lois civiles communes à tout le royaume ». La phase de la
Révolution que nous étudions, l'ère de la Révolution
proprement dite, ne verra même pas la réalisation
de cette promesse, l'achèvement du travail qu'a-
vaient courageusement entrepris ses Assemblées.

L'Assemblée constituante, la première, posa, sur
nombre de points, les fondements du nouveau droit
civil. Son œuvre principale à cet égard fut l'abolition
du régime féodal et la création de la propriété foncière libre et absolue; mais ce ne fut pas la seule.
Avant la fin de l'année 1789, elle avait fait disparaître
l'un des vestiges de l'ancien monde, la règle, empruntée au droit canonique, qui prohibait le prêt à
intérêt dans la plupart des provinces du royaume.
Le décret des 2-12 octobre portait . « L'Assemblée
nationale décrète que tous les particuliers, corps,
communautés et gens de main-morte pourront à l'a-
venir, prêter l'argent à terme fixe avec stipulation
d'intérêt, suivant le taux déterminé par la loi, sans
prétendre rien innover aux usages du commerce ».

Elle s'attaqua aussi à l'ancien droit successoral. Il
était, à certains égards, plein d'inégalités, ayant été
fait pour empêcher le morcellement des grandes fortunes, dans la noblesse et même dans la haute bourgeoisie : à cela servaient au xviiie siècle le droit
d'aînesse, l'exclusion des filles, légale ou contractuelle,
les substitutions. Une grande partie de ces inégalités

lenaient au régime féodal, et, en l'abolissant, l'Assemblée les avait abolies; les fiefs, maintenus quant aux droits utiles des seigneurs, se partageaient également comme les autres biens [1].

Mais il y avait des coutumes qui, sans distinction entre les biens nobles et roturiers, admettaient le droit d'aînesse, des préférences données aux mâles sur les femmes, d'autres causes de préférence encore, dans les successions *ab intestat* même sur les biens immeubles dégagés de toute féodalité ou nobilité, ou sur les biens meubles. L'Assemblée constituante était en majorité hostile à ces préciputs ou avantages, dont profitaient quelques-uns des héritiers au détriment des autres. Elle voulait le partage, égal entre les héritiers du même degré, idée que déjà avait appliquée l'ancien droit à certains égards, par exemple dans la théorie des rapports à succession en pays coutumier [2]. Un projet en ce sens fut présenté par Merlin le 21 novembre 1790. Il proposait : 1° l'égalité absolue dans le partage des successions *ab intestat*; 2° l'abrogation des règles qui donnaient aux différents biens une dévolution différente suivant leur origine, c'est-à-dire suivant le titre auquel ils avaient été acquis par le défunt : propres de succession et acquêts, propres paternels ou maternels; 3° l'admission de la *représentation* à l'infini dans la ligne directe et jusqu'au degré de neveu dans la ligne collatérale. C'étaient

[1] Ci-dessus, p. 70.
[2] V. Esmein, *Des rapports à succession en droit français,* introduction (thèse pour le doctorat), 1872.

les principes que, dans une application élargie, il fera triompher, plus tard, devant la Convention, dans la grande loi de nivôse an II. En 1791, comme on va le voir, ils ne se firent recevoir qu'en partie. Mais un autre élément fut introduit par Mirabeau. Il demanda qu'on prît aussi en considération d'autres inégalités résultant, non de la volonté même des lois anciennes, mais de la volonté arbitraire des hommes; celles que créaient les substitutions et les dispositions testamentaires en général. C'étaient en effet les plus communes et les plus dangereuses. Le testament en particulier était fort mal vu des hommes de cette époque. Ils élevaient d'abord contre lui un premier reproche, que leur fournissait la doctrine classique de nos anciens jurisconsultes : elle enseignait qu'à la différence de la donation entre-vifs qui, d'après elle, était de droit naturel, le testament était une institution simplement de droit civil. C'était un droit factice, qui permettait de disposer de ses biens à celui qui déjà n'était plus. D'autre part, le testament était le mode le plus souvent employé pour faire, à quelques-uns des héritiers naturels, ces avantages qui paraissaient peu équitables. Le 11 mars 1791, Merlin apporta un nouveau projet dans lequel il abandonnait une partie de ses premières propositions et qui fut discuté au commencement d'avril. C'est là que Mirabeau, près de sa fin, fit lire un discours écrit véhément sur la faculté de disposer par testament. Le décret des 8 et 15 avril 1791 qui fut le résultat de ces débats, n'alla point aussi loin que Mirabeau l'eût voulu. L'art. 1er posait cette règle : « Toute inégalité devant résulter entre héritiers *ab intestat* de la qualité d'aîné ou de puîné, de la distinction des sexes ou des exclusions coutumières soit en ligne directe, soit en ligne collatérale, est abolie. Tous les héritiers en égal degré succèderont par portions égales aux biens qui leur sont déférés par la loi : le partage se fera par portions égales dans chaque souche dans le cas où la représentation est admise... ». Art. 2. « La représentation aura lieu à l'infini dans la ligne directe descendante, dans toutes les coutumes ». Ainsi, la succession testamentaire était respectée. La loi respectait même, entre héritiers *ab intestat*, les dispositions entre-vifs antérieurement faites, quoique créant entre eux des inégalités. — Art. 4. « Les dispositions ci-dessus auront leur effet dans toutes les successions qui s'ouvriront après la publication du présent décret, sans préjudice des institutions contractuelles ou autres clauses qui ont été légitimement stipulées par contrat de mariage ». Mais d'après l'art. 7 : « Lorsque les personnes auront pris les parts à elles réservées par lesdites exceptions, leurs cohéritiers partageront entre eux le restant des biens conformément au présent décret ». Les substitutions étaient également respectées.

Enfin la Constitution de 1791 admit les étrangers à la pleine jouissance des droits privés (art. 81) : « La Constitution n'admet point de droit d'aubaine. Les étrangers établis ou non en France, succèdent à leurs parents étrangers ou Français[1]. Ils peuvent contracter, acquérir et recevoir des biens situés en France et en disposer comme tout citoyen français par tous les moyens permis par les lois. »

II

L'Assemblée constituante avait encore inscrit deux promesses dans la Constitution de 1791. Elle annonçait une loi sur l'état civil et une législation sur le mariage civil (tit. II, art. 7) : « La loi ne considère le mariage que comme un contrat civil. — Le pouvoir législatif établira pour tous les habitants sans distinction le mode par lequel les naissances, mariages et décès seront constatés; et il désignera les officiers publics qui en recevront et conserveront les actes ». Ce programme fut rempli par l'Assemblée législative, et les deux lois qui en furent l'exécution sont les plus importantes parmi les lois civiles qu'elle vota.

L'état civil, ou constatation authentique des faits qui intéressent le plus profondément la capacité des particuliers et les droits de famille (naissance, mariage, décès) existait dans l'ancien régime. Mais les registres en étaient entre les mains des curés des paroisses et églises, contenant l'inscription des baptêmes, mariages et enterrements. C'est là que la

[1] L'art. 3 du décret des 8-15 avril 1791 leur donnait déjà la faculté de succéder en France, d'y recevoir et disposer sans restriction.

puissance publique les avait trouvés au xvi° siècle,
lorsqu'elle en réglementa la tenue et leur donna une
force probante qu'ils n'avaient point auparavant [1].
Elle les laissa dans la suite et tout naturellement aux
mains du clergé, en raison de l'union étroite qui existait entre l'Église et l'État. Par suite encore, lorsque
la religion réformée fut tolérée et admise par la loi,
les pasteurs reçurent le droit et la mission de tenir les
registres de l'état civil concernant leurs fidèles. Il en
résulta que, lorsque le culte protestant fut prohibé et
les pasteurs chassés par l'Édit de Fontainebleau,
les protestants ne trouvèrent plus pour recevoir les
actes de leur état civil que les curés catholiques, et,
ne trouvèrent plus personne, lorsque ces derniers
refusèrent de les enregistrer. L'Édit de 1787 les y
obligea cependant; mais, en même temps, pour le cas
où les protestants répugneraient à les saisir, il permettait à ceux-ci de faire constater par les juges des
lieux leurs naissances, mariages et décès [2]. Cette
fois, c'était un véritable état civil qui était établi (sauf
que la naissance en principe était encore constatée à
l'occasion du baptême). Non seulement c'était une
constatation organisée par la loi civile et en vue du
droit civil ; mais encore elle devait être faite par des
magistrats civils, non par des ministres du culte. Il est
vrai qu'en 1787 on avait eu bien soin de déclarer que
ce système ne pouvait s'appliquer qu'aux non-catho-

---

[1] Esmein, *Cours élémentaire d'histoire du droit français*, p. 778.
[2] *Ibidem*, p. 608 et s.

liques ; que pour la constatation de l'état civil des
catholiques rien n'était changé.

C'était le régime exceptionnel de 1787 qu'il s'agissait de généraliser, le véritable *état civil* qu'il fallait
établir pour tous les habitants, sans distinction et
obligatoirement. Non seulement c'était une conséquence logique du principe de la séparation de l'Eglise
et de l'État ; mais encore, comme les faits l'ont
prouvé, le meilleur moyen d'assurer le respect de la
liberté de conscience sur ce point. L'institution que
créa la Révolution est une de celles qui font le
tour du monde ; peu à peu, depuis lors, les nations
étrangères adoptent le système français. Il fut établi
par la loi des 20-25 septembre 1792. L'art. 1er est
ainsi conçu : « Les municipalités recevront et conserveront à l'avenir les actes destinés à constater les
naissances, mariages et décès » ; et les articles suivants
règlent les formalités pour les différents actes.
Les principes posés par cette loi n'ont d'ailleurs pas
changé. Sans doute jusqu'au Code civil bien des détails ont été remaniés, et de nos jours les dispositions
du Code civil elles-mêmes ont été modifiées sur bien
des points. Mais les grandes lignes du système sont
restées les mêmes. Il faut dire que, pour la réglementation, le législateur de 1792 a beaucoup emprunté
aux lois de l'ancien régime.

La législation sur le mariage se trouve en partie
dans cette loi du 20 septembre 1792, sur l'état civil,
en partie dans une autre loi datant du même jour,
sur le divorce. Comme le droit canonique, auquel il

empruntait certaines de ses règles, le nouveau droit était fait pour pousser au mariage en le facilitant. Il le permettait aux hommes à partir de 15 ans révolus, aux filles à partir de 13 ans révolus. Tout majeur, et la majorité était fixée à 21 ans accomplis, pouvait librement contracter mariage, sans avoir besoin du consentement de personne.

Pour les mineurs, le consentement du père était nécessaire; à défaut du père, celui de la mère; à défaut de la mère, celui des cinq plus proches parents paternels ou maternels. Enfin « lorsque les mineurs n'auront point de parents ou n'en auront pas au nombre de cinq dans le district, on y suppléera par des voisins pris dans le lieu où les mineurs sont domiciliés ». Le mariage n'était prohibé que « entre les parents naturels et légitimes en ligne directe, les alliés dans cette ligne et entre le frère et la sœur ». Toutes ces règles étaient essentielles; les mariages faits en contravention étaient déclarés nuls et de nul effet. Le système ancien des bans ou publications de promesses de mariage était conservé et laïcisé; il suffisait d'une seule publication. Le système des oppositions au mariage était également maintenu; mais le droit d'opposition n'était ouvert qu'à ceux dont le consentement était nécessaire pour le mariage des mineurs, et à l'époux, lorsque son conjoint voulait contracter un nouveau mariage avant la dissolution du premier. En cas de démence, si l'interdiction n'était pas encore prononcée, l'opposition de deux parents était aussi admise.

La loi faisait du mariage lui-même un acte solennel qui s'accomplissait à la maison commune en présence de l'officier municipal et de quatre témoins. « Le mariage sera contracté par la déclaration que fera chacune des parties à haute voix en ces termes : *Je déclare prendre (le nom) en mariage.* — Aussitôt après cette déclaration faite par les parties, l'officier public, en leur présence et en celle des témoins, prononcera au nom de la loi qu'elles sont unies en mariage ».

La loi du 20 septembre ne déterminait point expressément quel serait dorénavant le rôle des ministres du culte; elle défendait seulement à toutes personnes (autres que les autorités qu'elle désignait) de s'immiscer désormais dans la tenue des registres. Les prêtres continuèrent néanmoins, pour les baptêmes, mariages et enterrements, à tenir de leur côté des registres. Mais sous la Convention, le 22 janvier 1793, le Conseil exécutif provisoire fit défense « à tous les évêques de la République d'ordonner aux curés, vicaires et autres prêtres du culte catholique, et à ceux-ci de dresser, sous quelque prétexte que ce soit, des actes de baptême et de sépulture, de publier aucun ban, d'entreprendre rien qui soit contraire au décret du 20 septembre, relatif au mode de constater l'état civil des citoyens, comme aussi d'*exiger avant de donner la bénédiction nuptiale des conditions que cette loi ne commande pas;* leur enjoint de se borner dans l'administration des sacrements de baptême et de mariage aux cérémonies purement religieuses ».

C'était toujours la crainte de voir par la permanence
des vieilles habitudes, renaître le anciennes institutions. Le Gouvernement voulait peut-être aussi con-
traindre l'Église catholique à bénir les nouveaux
mariages des divorcés.

Les deux lois du 20 septembre 1792 établissaient
le divorce. Elles paraissent même le déduire, comme
une conséquence nécessaire de ce que la Constitution
de 1791 faisait du mariage un contrat purement
civil[1]. Sans doute c'était là une erreur; car on peut
très bien concevoir le mariage civil comme indissoluble : c'est ce qu'a soutenu, avec une grande éléva-
tion d'idées, M. Henri Brisson à la Chambre des députés dans la discussion de la loi de 1884. Mais il faut
reconnaître aussi que, depuis des siècles, l'indissolubilité du mariage était rattachée au sacrement de
mariage, tel que le conçoit l'Église catholique. Dès
lors, en affranchissant le mariage de la doctrine
catholique, il semblait que, par là même, on le rendait dissoluble. On ouvrait cette faculté du divorce

---

[1] Loi du 20 septembre 1792 sur l'état civil (sect. V, art. 1) :
« Aux termes de la Constitution, le mariage est dissoluble par le
divorce ». — Préambule de la loi du 20 septembre 1792 sur le
divorce. « L'Assemblée nationale, considérant combien il importe
de faire jouir les Français de la faculté du divorce, qui résulte de
la liberté individuelle dont un engagement indissoluble serait la
perte; considérant que, déjà plusieurs époux n'ont pas attendu pour
jouir de la disposition constitutionnelle d'après laquelle le mariage
n'est plus qu'un contrat civil, que la loi eût réglé le mode et les
effets du divorce ... ». — Sans doute, on tirait aussi parti d'une
autre disposition de la Constitution de 1791 : « La loi ne reconnaît
plus les vœux religieux ni aucun autre engagement contraire aux
droits naturels ».

que le droit romain avait toujours reconnue et parfois si largement admise. Sans aller jusque-là, les nations protestantes avaient admis le divorce dans une
mesure plus ou moins étroite. D'autre part, les idées
courantes au xviii° siècle sur la légitimité des pen-
chants naturels et sur l'inaliénabilité de la volonté
humaine, conduisaient encore au divorce, ainsi que
cette sensibilité, alors si chère, qui portait au soulagement de tous les malheurs : pouvait-on laisser en-
chaînés indéfiniment l'un à l'autre deux époux mal
assortis?

Le divorce fut donc admis et il le fut sans réserve :
ce fut presque le droit romain de l'époque classique.
Il était admis sous trois formes : 1° pour causes déterminées par la loi ; 2° par consentement mutuel ; 3° sur
la demande d'un seul des époux pour simple cause
d'incompatibilité.

1° Les causes qui permettaient de faire reconnaître
le droit au divorce par les tribunaux (§ 1) étaient à
peu près les mêmes qu'admet notre législation actuelle. Cependant on peut en signaler trois qui ne
sont pas admises aujourd'hui : la démence ou folie
de l'un des époux ; — l'absence de l'un des époux
sans nouvelles pendant cinq ans, — l'émigration
dans les cas prévus par les lois (art. 4).

2° Le divorce par consentement mutuel paraissait
à l'Assemblée une application très simple du droit
contractuel : tout contrat peut être résilié par le con-
sentement mutuel des parties contractantes. Cependant, il ne suffisait pas de la seule déclaration des

époux. Elle devait être précédée de deux tentatives
de conciliation, faites à un intervalle d'un mois au
moins et de six mois au plus, par une assemblée comprenant les plus proches parents des époux, au nombre de six au moins. Réunis à la maison commune,
ils adressaient aux conjoints « les observations et
représentations qu'ils jugeaient convenables ». Chaque fois, un officier municipal requis constatait que
la tentative de conciliation avait été vaine et en dressait procès-verbal. Alors le divorce était de droit. Si
les époux étaient mineurs, les délais étaient doublés.

3° Le divorce demandé et obtenu par un seul des
époux « pour cause d'incompatibilité d'humeur ou
de caractère, sans autre indication de motifs » n'é-
tait point une conséquence des principes sur les contrats; car, sauf quelques exceptions, la volonté d'une
seule des parties ne suffit point pour rompre le contrat. C'était plutôt un souvenir du *repudium* romain;
mais le droit romain ne voyait pas dans le mariage
un contrat. Quoi qu'il en soit, d'après la loi de 1792
(§ 3), l'époux qui invoquait cette cause de divorce
devait observer, comme dans le cas précédent, des
délais d'épreuve, provoquer et subir des tentatives
de conciliation devant des assemblées de parents, ou
d'amis, à défaut de parents. Ces tentatives étaient ici
au nombre de trois; l'insuccès en étant constaté
comme il est dit ci-dessus. Le divorce était alors de
droit. Seul, le divorce pour cause déterminée n'exigeait aucun délai d'épreuve. Mais sous quelque forme
qu'il se produisît, légalement le divorce était toujours

prononcé par « l'officier public chargé de recevoir les actes de naissance, mariage et décès ». L'officier public n'avait d'ailleurs aucun pouvoir d'appréciation. Lorsque les parties comparaissaient ou étaient citées devant lui d'après une procédure qui variait suivant les cas, sur le vu du jugement ou des actes de non-conciliation, il prononçait que le mariage était dissous et dressait acte du divorce. S'il y avait contestation, il renvoyait les parties à se pourvoir devant le tribunal de district.

D'après la loi nouvelle, les époux divorcés pouvaient se remarier ensemble. La femme ne pouvait se remarier à une tierce personne qu'au bout d'un an, sauf quand le divorce était fondé sur l'absence du mari depuis cinq ans sans nouvelles. Le mari devait attendre aussi l'expiration de ce délai, quand le divorce avait été prononcé par consentement mutuel ou pour incompatibilité d'humeur; si le divorce avait été prononcé pour cause déterminée, il pouvait immédiatement se remarier. La loi (§ 4) réglait d'une manière sage et équitable le sort des enfants issus d'un mariage qui était rompu par le divorce.

Cette législation, par une réaction exagérée contre le passé, abolissait l'institution de la séparation de corps : c'était, pour l'Assemblée législative, une solution bâtarde, pleine d'inconvénients, contraire à la nature et à la liberté. Aucune séparation de corps ne devait être prononcée à l'avenir. Les instances alors pendantes et qui y tendaient étaient transformées en instances en divorce; enfin, tout époux, séparé de corps de son conjoint par un jugement antérieurement prononcé, pouvait réclamer le divorce, qui était de droit.

La loi sur le divorce du 20 septembre (art. 17, § 2), dans un cas de divorce pour cause déterminée, l'absen ce sans nouvelles depuis cinq ans, admettait que l'époux demandeur, sans qu'il fût besoin d'un jugement, pourrait « directement se pourvoir devant l'officier public de son domicile, lequel prononcera le divorce sur la présentation d'un acte de notoriété constatant cette longue absence ». La Convention, par un décret du 9 floréal an II, réduisit l'absence nécessaire à six mois, tranformant en réalité l'hypothèse prévue. L'art. 1er, disposait : « Lorsqu'il sera prouvé par un acte authentique que deux époux sont séparés de fait depuis plus de six mois, si l'un d'eux demande le divorce, il sera prononcé sans aucun délai d'épreuve, conformément à l'art. 17 du § 2 de la loi du 20 septembre 1792 ; l'acte de notoriété publique sera donné par le conseil général de la commune, ou par les comités civils des sections, sur l'affirmation de six citoyens ». Le même décret donnait à la femme divorcée le droit de « se marier aussitôt qu'il sera prouvé par un acte de notoriété publique, qu'il y a dix mois qu'elle est séparée de fait de son mari. Celle qui accouche après son divorce est dispensée d'attendre ce délai ».

C'était presque ce qu'on appelle aujourd'hui l'union libre. L'exposé des motifs, présenté par Oudot dans son rapport, donnait surtout des raisons d'ordre politique pour justifier le projet : « La différence des opinions, a causé depuis la Révolution une multitude de divorces, et, certes, ce sont les mieux fondés en raison ; car, si l'on a dit autrefois qu'un mauvais mariage était le supplice du mort attaché au vif, combien cette comparaison n'est-elle pas frappante, lorsqu'il s'agit du lien qui attache un esclave de la tyranie au sort d'un vrai républicain. La Convention doit donc s'empresser de faciliter l'anéantissement de ces sortes de chaînes ; elle le doit surtout à ces époux qui, outre les travaux de la Révolution, ont eu sans cesse à combattre, dans leur propre maison et sous le nom le plus cher, un ennemi de la République ».

On ne tarda pas beaucoup cependant à revenir sur cette mesure extravagante, et l'exécution en fut suspendue par un décret du 15 thermidor an III, qui annonçait une nouvelle législation sur le divorce. Cette phase de la Révolution ne la vit point cependant ; et un décret du 1er jour complémentaire de l'an V décida seulement, apportant une légère retouche à la loi de 1792, que, le divorce « sur simple allégation d'incompatibilité d'humeur ou de caractère » ne pourrait être prononcé que six mois après la date du dernier des trois actes de non-conciliation.

J'ai dépassé par ces dernières indications l'histoire de l'Assemblée législative, pour ne pas avoir à reprendre la matière du divorce dans cette première partie ; j'y reviens maintenant.

L'Assemblée législative, avait en ce qui concerne le

mariage, largement affranchi les enfants de l'autorité
paternelle. Le 28 août 1792, elle avait aboli la puissance paternelle perpétuelle, ne prenant fin que par
la mort ou l'émancipation, telle qu'elle existait encore dans les pays de droit écrit. « L'Assemblée nationale décrète que les majeurs ne seront plus soumis
à la puissance paternelle ; elle ne s'étendra que sur les
personnes des mineurs ». L'Assemblée avait porté un
coup bien plus rude à l'organisation des anciennes familles aristocratiques en prohibant, le 25 août 1792, les
substitutions. Mais pour le moment, elle ne statuait
que pour l'avenir : « L'Assemblée nationale décrète
qu'à partir de ce jour, il n'est plus permis de substituer ».

Enfin l'Assemblée législative se prononça en faveur d'une institution fort goûtée des hommes de ce
temps : l'adoption. Elle valait à leurs yeux, d'abord
par le grand rôle qu'elle avait joué sous la République romaine et que d'ailleurs ils ne comprenaient
pas très bien. Elle leur plaisait aussi par la sensibilité qu'elle supposait surtout chez l'adoptant. Un
décret du 18 janvier 1792 porte : « L'Assemblée nationale décrète que son Comité de législation com-
prendra dans son plan général des lois civiles celles
relatives à l'adoption ». On avait dit dans la discussion : « Tous les peuples libres ont eu des lois sur
l'adoption ».

III

L'œuvre de la Convention en ce qui concerne le
droit privé est importante et des plus remarquables.

Cédant à un entraînement manifeste, elle vota d'abord des lois brèves, posant simplement des principes. Nous avons vu que la Législative avait aboli les substitutions, mais seulement pour l'avenir. La Convention, par un décret des 25 octobre-15 novembre 1792, confirma cette interdiction, mais en même temps elle annula toutes les substitutions antérieurement faites et qui n'étaient pas encore ouvertes au profit d'aucun des appelés. Quant à celles qui avaient produit effet lors de la publication de ce décret, elles n'étaient maintenues « qu'en faveur de ceux seulement qui auront alors recueilli les biens substitués ou le droit de les réclamer». Cela comprenait au plus le premier *grévé* et *l'appelé* suivant. C'était d'ailleurs une solution fort raisonnable. Les 7-11 mars 1793, l'Assemblée abolissait la faculté de faire des donations ou legs en faveur des descendants : « Après quelques débats, la Convention nationale décrète, que la faculté de disposer de ses biens soit à cause de mort, soit entre-vifs, soit par donation contractuelle, en ligne directe est abolie; en conséquence tous les descendants auront un droit égal dans le partage des biens de leurs ascendants ». La proposition adoptée s'arrêtait là ; mais d'autres plus radicales avaient été faites : « Un membre demande que la faculté de tester soit abolie[1]. Un autre demande que l'abolition soit restreinte à la ligne directe et la faculté de tester maintenue en ligne collatérale. Un autre demande l'é-

[1] C'est le préambule même du décret.

galité absolue dans les partages soit en ligne directe,
soit en ligne collatérale ». La Convention renvoya ces
diverses propositions à son Comité de législation « pour
en faire son rapport et lui présenter un projet de loi
sur les enfants appelés *naturels* et sur l'adoption ».

Bientôt apparaissent de grandes lois, très bien étudiées, savantes et bien rédigées, tout en étant le plus
souvent très révolutionnaires. La première fut celle
du 2 brumaire an II sur les enfants nés hors mariage,
l'une de celles mises à l'étude par le décret ci-dessus
rappelé. Elle accomplissait une réforme profonde et
outrée. Le bâtard dans l'ancien droit coutumier était
légalement un enfant sans famille ; aucun lien de parenté n'existait entre lui et ses père et mère. Il n'avait
sur leurs biens aucun droit de succession *ab intestat*, et
même ses parents ne pouvaient lui faire aucun don ou
legs, même un legs particulier. D'ailleurs, l'ancien
droit admettait sans difficulté que le père ou la mère
reconnût en fait l'enfant illégitime ; on permettait
même la recherche de la paternité pour obliger le
père à donner des secours à l'enfant et à la mère.
Cette reconnaissance de fait ou judiciaire était juri-
diquement sans danger : elle ne pouvait modifier
l'état légal de la famille.

La condition ainsi faite aux enfants naturels révol-
tait la sensibilité des hommes de ce temps. Elle
paraissait également contraire à la justice (c'était une
peine infligée à un innocent) et aux principes sur lesquels allait reposer le droit de succession. On allait lui
donner pour fondement le fait naturel de la généra-

tion, le même sang coulant dans les veines du *de cujus*
et de son héritier — et l'affection présumée du défunt.
Or, la filiation illégitime était un fait aussi naturel
que la filiation légitime et l'affection pouvait être
tout aussi forte pour l'enfant né hors mariage que
pour l'enfant légitime. Les bâtards enfin, comme
tous les isolés, avaient été pris sous la protection du
pouvoir seigneurial et du pouvoir royal, et, comme il
arrivait souvent, cette protection avait dégénéré en exploitation ; le seigneur ou le roi, en particulier, succédaient au bâtard mort sans postérité légitime. Cambacérès disait dans son rapport : « Nous avons dû
porter nos regards sur une classe d'infortunés,
victimes, depuis trop longtemps, du préjugé le
plus atroce. La bâtardise doit son origine aux erreurs
religieuses et aux institutions féodales. Il faut
donc la bannir d'une législation conforme à la
nature. Tous les hommes sont égaux devant elle.
Pourquoi laisseriez-vous subsister une différence
entre ceux dont la condition devrait être égale? » La
loi d'ailleurs était en quelque sorte provisoire ; elle
renvoyait (art. 10) au futur Code civil pour les enfants
nés hors mariage dont le père et la mère existeraient
encore lors de sa promulgation; mais en réalité
c'était un morceau détaché de ce Code, tel que le
préparait le Comité de législation.

La loi du 12 brumaire an II, donnait donc aux
enfants naturels une filiation et parenté légales et
des droits successoraux : mais elle allait trop loin.
Elle décidait (art. 2) « leurs droits de successibilité

sont les mêmes que ceux des autres enfants » ; c'é-
tait l'assimilation des enfants naturels aux enfants
légitimes. Et ce droit de succession n'existait pas seulement à leur profit à l'égard de leur père et de leur
mère, mais aussi à l'égard des ascendants de ceux-ci
et « à compter de ce jour (2 brumaire an II) il y aura
successibilité réciproque entre eux et leurs parents
collatéraux, à défaut d'héritiers directs ». Pour pouvoir revendiquer ces droits, l'enfant né hors mariage
devait prouver sa filiation : il devait l'établir (art. 8)
par la possession d'état : « Pour être admis à l'exercice
des droits ci-dessus dans la succession du père décédé,
les enfants nés hors mariage seront tenus de prouver
leur possession d'état. Cette preuve ne pourra résulter que de la présentation d'écrits publics ou privés
du père ou de la suite de soins donnés à titre de paternité et sans interruption tant à leur entretien qu'à
leur éducation. Cette disposition aura lieu pour la
succession de la mère »[1]. La loi s'appliquait (sauf
quelques restrictions) à toutes les successions ouvertes
depuis le 14 juillet 1789 ; cependant l'enfant naturel
devait respecter les partages opérés, prenant sa part,
au prorata, sur chacun des lots. Pour ceux qui, à
raison d'une succession ouverte avant le 14 juillet
1789, étaient en instance contre des héritiers directs
ou collatéraux dans un procès non terminé (art. 15)

---

[1] Les articles 11 et 12, envisageant le cas où, lors de la promulgation du nouveau Code, la mère serait morte, le père étant encore
vivant, déterminait des conditions pour la validité d'une reconnaissance faite par le père seul. Ces articles visaient certaines règles
qu'on comptait insérer dans ce nouveau Code.

la loi leur accordait, par une sorte de transaction, « le tiers de la portion qu'ils auraient eue s'ils étaient nés dans le mariage ». C'est une disposition qui plus tard portera ses fruits.

Cependant on n'avait pas tiré toutes les conséquences logiques des principes dont on partait. Ces dispositions ne s'appliquaient qu'aux enfants *naturels simples*, c'est-à-dire nés de deux personnes libres, non mariées, il est vrai, mais qui auraient pu contracter mariage l'une avec l'autre. « Sont exceptés (art. 13) ceux de ces enfants dont le père ou la mère étaient, lors de leur naissance, engagés dans les liens du mariage. — Il leur sera seulement accordé, à titre d'aliments, le tiers de la propriété de la portion à laquelle ils auraient droit s'ils étaient nés dans le mariage ».

L'Assemblée législative, nous l'avons vu, avait admis le principe de l'adoption, mais ne l'avait point réglementée. Le premier projet de Code civil présenté à la Convention par Cambacérès l'admettait sans restrictions; dans la discussion, la Convention ne l'admit qu'au cas où l'adoptant n'aurait pas d'enfants donnés par la nature. Mais les conditions et les effets n'en étaient toujours pas réglées. Malgré cela, en fait, des adoptions avaient lieu, et soulevaient des difficultés. La Convention, à l'occasion d'un cas particulier qui lui était soumis, trancha l'une des plus considérables. Le 16 frimaire an III, elle décida que « l'adoption, a été solennellement consacrée par la Convention nationale et, lorsqu'elle a été exercée

en faveur d'un individu, elle lui assure un droit
dans la succession de celui qui l'a adopté ». Mais
tout le reste demeura dans le vague, indéterminé
jusqu'au Code civil. Il faudra une loi, celle du
25 germinal an XI, pour liquider le passé à cet égard.

La loi de la Convention qui, en matière de droit
privé, exerça l'influence la plus profonde, fut celle
qu'elle vota sur les successions, donations et legs. Elle
en fit une première ébauche dans un décret du 2 brumaire an II. Puis, à raison d'observations présentées
dans la discussion de ce texte, un nouveau projet
mieux rédigé, plus complet, fut apporté et devint la
loi du 17 nivôse an II. Le rapporteur fut Berlier ;
mais on y reconnaît aussi la main puissante de Merlin : les idées essentielles qu'il avait voulu faire adopter par l'Assemblée constituante en 1791 se trouvant
ici, plus nettes, poussées à leurs conséquences logiques.
La loi avait deux parties : l'une regardait l'avenir et
l'autre le passé.

Celle qui regardait l'avenir établissait les règles
nouvelles sur la succession *ab intestat* et sur le droit de
disposer à titre gratuit. Elle s'inspirait de deux idées
essentielles. C'était d'abord la dévolution des biens
selon l'ordre indiqué par la nature et d'après l'affection présumée du défunt et le désir de maintenir l'é-
galité entre les cohéritiers. C'était ensuite la volonté
de diviser, autant que possible, les propriétés et les
biens afin d'arriver à cette médiocrité des fortunes
qui fut l'idéal de la Révolution[1].

[1] *Code des successions*, par le cit. A. G. G(uichard) à Paris, an

Dans ce but et, pour rompre l'ancienne tradition qui maintenait les biens, surtout les immeubles, dans la ligne où ils avaient été une première fois transmis par succession, la loi du 17 nivôse portait (art. 62) : « la loi ne reconnaît aucune différence dans la nature des biens ou dans leur origine pour régler la transmission. » C'était la conception du droit romain.

Mais, d'autre part, toutes les fois que le défunt n'avait point de descendants et qu'il laissait des parents maternels et des parents paternels (descendants ou collatéraux) la succession se divisait en deux parts égales dont l'une était attribuée aux parents de la ligne paternelle et l'autre à ceux de la ligne maternelle (art. 83). Avait-on pris pour point de départ cette idée que le défunt a d'ordinaire une affection égale pour les deux branches de sa parenté ? Il est plus probable que c'était un des moyens destinés à opérer la division des fortunes. Quant aux règles de la dévolution, elles étaient des plus originales et des plus simples. La dévolution avait pour base l'ordre des générations successives, qu'elle suivait ; et l'on reconstituait en quelque sorte chacune d'elles au moyen de la représentation qui était admise à l'infini, en ligne collatérale aussi bien qu'en ligne directe descendante (art. 77), tandis que les ascendants succédaient toujours par têtes (art. 73). De plus, par

---

deuxième de la République, p. 39. « Deux principales vues ont dirigé la Convention dans le nouvel ordre qu'elle a établi pour les transmissions de biens... la division de la propriété et l'égalité du traitement des cohéritiers ».

une logique naturelle, d'après l'art. 72 : « Dans tous les cas les ascendants sont toujours exclus par les héritiers collatéraux qui descendent d'eux ou d'autres ascendants du même degré ».

Si donc le défunt ne laissait pas de descendants, on passait à la génération issue, comme lui, de son père et de sa mère ; mais les père et mère, source de cette génération, étaient exclus par les frères et sœurs du défunt et par les descendants d'eux, c'est-à-dire ses neveux (art. 69).

S'il n'y avait ni père ni mère, ni frères et sœurs, ni neveux, on passait à la génération issue des grands-pères et grand'mères. Cela comprenait les grands-pères et grand'mères du défunt, source de cette génération, et ses oncles et tantes ou descendants d'eux, c'est-à-dire ses cousins germains et cousins issus de germains. Dans chaque ligne les oncles, tantes et cousins et cousines primaient les grand-pères et grand'mères. Et ainsi de suite.

C'était un système fort ingénieux, qui rappelle, à certains égards, les règles anciennes du droit anglais sur la transmission héréditaire de la *real property*, telles que les exposait Blackstone ; à certains égards, le système des *parentèles*, telles que les jurisconsultes allemands les exposent pour l'ancien droit germanique. Mais sûrement il ne provenait ni de l'une, ni de l'autre de ces sources; il provenait sans doute du génie inventif de Merlin.

Le droit de disposer à titre gratuit n'était pas supprimé, mais considérablement réduit; le défunt n'a-

vait pu en user à l'égard d'aucun de ses héritiers *ab
intestat*, entre lesquels l'égalité, était ainsi assurée,
mais seulement au profit d'étrangers. Art. 16 : « Les
dispositions générales du présent décret ne font point
obstacle pour l'avenir à la faculté de disposer du
dixième de son bien, si on a des héritiers en ligne
directe, ou du sixième, si l'on n'a que des héritiers
collatéraux, *au profit d'autres personnes que celles
appelées par la loi au partage des successions* »[1].

La partie de la loi du 17 nivôse tournée vers le
passé, avait pour but d'effacer toutes les inégalités
encore subsistantes, résultant de la loi ou de la
volonté des hommes, quant au partage des successions. Pour cela, elle remontait dans le passé et annulait (sauf quelques réserves) tous les actes qui avaient
pu produire ce résultat. Cet effet rétroactif intense
avait pourtant une limite : on ne remontait pas à un
passé lointain, mais seulement au 14 juillet 1789, la
date de la prise de la Bastille, la date à laquelle avait
éclaté à tous les yeux l'impuissance de l'ancien ré-

---

[1] Le législateur aurait volontiers apporté une autre limite aux
dispositions, mais il n'osa en faire une application générale; c'était
le chiffre de la fortune même du bénéficiaire. Il en fit une application spéciale. La loi, on va le voir, annulait en principe les
dons et legs faits depuis le 14 juillet 1789. Elle maintenait cependant (art. 54) les donations et legs particuliers rentrant dans
cette catégorie lorsque le donataire, ou légataire, n'avait pas, au
temps de la disposition, une fortune dépassant dix mille francs et
que la valeur du don ou legs ne dépassait pas elle-même cette
somme. L'art. 84 ajoutait à la fortune du bénéficiaire, considérée
comme comportant la possibilité d'une donation ou d'un legs,
soit 10.000 fr., 5.000 par chaque enfant qu'il avait. C'est toujours
la médiocrité des fortunes qu'on veut assurer.

gime à lutter contre la Révolution. L'art. 1 portait :
« Les donations entre-vifs faites depuis et compris le
14 juillet 1789 sont nulles. — Toutes celles au même
titre légalement faites antérieurement, sont maintenues. — Les institutions contractuelles et toutes
dispositions à cause de mort, dont l'auteur est encore
vivant, ou n'est décédé que le 14 juillet 1789 ou
depuis, sont nulles, quand même elles auraient été
faites antérieurement ». De plus, la Convention, supprimait, avec ses effets dans le passé jusqu'à la
même date, la mort civile des religieux. Art. 3 : « Les
ci-devant religieux et religieuses sont appelés à
recueillir les successions qui leur sont échues depuis
le 14 juillet 1789 ». Il est vrai que cette disposition
était inspirée en partie par la considération des finances publiques. Art. 3 : « Les pensions attribuées
par les décrets des représentants du peuple aux ci-
devant religieux et religieuses diminueront en proportion des revenus qui leurs seront échus ou qui
leur écherront par succession ».

Cette rétroactivité à outrance, contraire au moins
en partie, aux principes généraux du droit, créa à la
Convention d'innombrables difficultés dans l'application de la loi. De nombreux décrets furent rendus
par elle pour les résoudre. Elle fut en définitive
obligée d'y renoncer et supprima cet effet rétroactif
par la loi du 3 vendémiaire an IV, art. 13. La loi du
17 nivôse an 11 contient encore d'intéressantes dispositions sur les libéralités entre époux et sur les libéralités conditionnelles.

La Convention avait vu dans la loi du 17 nivôse, un puissant moyen pour diviser la propriété et constituer en grand nombre les fortunes médiocres. L'Assemblée législative avait, avant elle, trouvé pour cela un autre moyen dans le partage des communaux et la Convention la suivit dans cette voie. Les communaux étaient des biens appartenant en commun aux communautés d'habitants de l'ancienne France, les uns cultivés, les autres incultes. Ils n'étaient point la propriété de la communauté, qui n'avait pas la personnalité civile ; ils appartenaient par indivis aux habitants et ne changèrent point de nature lorsque la *Communauté* devint la *Commune*. L'ancien régime, dans les deux derniers siècles, était peu favorable à ces vestiges de propriété collective[1]. Bien que les ordonnances en défendissent en principe l'aliénation ou le partage, les intendants avaient souvent permis de les opérer.

L'Assemblée législative alla plus loin, et en imposa le partage aux habitants ; son but était de faire de chaque lot une petite propriété particulière. Le 14 août 1792, l'Assemblée décrète : « 1° que, dès cette année, immédiatement après les récoltes, tous les terrains et usages communaux autres que les bois seront partagés entre les citoyens de chaque commune ; 2° que ces citoyens jouiront en toute propriété de leurs portions respectives ». Par le décret des 10-11 juin 1793, la

---

[1] Trapenard, *Le pâturage communal dans la Haute-Auvergne, aux xviie et xviiie siècles*.

Convention détermina les règles du partage et le rendit facultatif, craignant de s'aliéner les populations attachées à leurs communaux. Mais elle n'exigea point le consentement unanime des communistes, comme le voulaient les principes de l'ancien droit. Elle fit décider la question dans des assemblées d'habitants où étaient admises toutes personnes de tout sexe âgées de 21 ans. Là, on votait sur le partage, par oui ou par non ; mais pour le décider la majorité n'était pas nécessaire : il suffisait que le tiers des voix se prononçât dans ce sens. Mais cette disposition ne reçut point une large exécution. D'abord, par le décret du 24 août 1793, la République prenant à sa charge les dettes des communes, des départements et des districts (sauf certaines exceptions) contractées jusqu'au 10 août 1793, prenait également à son profit (art. 31) tout l'actif des communes pour le compte desquelles elle se chargeait d'acquitter les dettes. Mais les biens communaux échappèrent à cette confiscation. On en exceptait en effet « les communaux dont le partage est décrété, et les objets destinés pour les établissements publics ». Plus tard, la loi du 21 prairial an IV, devant les nombreuses réclamations qui se produisaient, considérant que l'intérêt de l'agriculture méritait un examen attentif de la question, suspendit l'exécution de la loi de 1793. La loi du 9 ventôse an XII ordonna de faire rentrer dans la possession des communes tous les communaux qui n'avaient pas été partagés.

Avec la loi du 17 nivose an II, les grandes lois de

la Convention sur le droit privé sont les deux décrets du 9 messidor an III, sur les hypothèques et les transmissions des propriétés foncières. L'une *contenant le Code hypothécaire*, méritait bien son nom. Elle contient 279 articles et organisait pour la première fois un régime rationnel en même temps que la publicité absolue en matière hypothécaire. Elle avait même créé une institution des plus originales, les *hypothèques sur soi-même* et les *cédules hypothécaires*. Tout propriétaire d'immeuble pouvait créer par ce moyen une hypothèque au profit d'une personne indéterminée au moment de la constitution. Les cédules hypothécaires qui étaient des titres à ordre et se transmettaient par voie d'endossement, permettaient de mobiliser en quelque sorte la valeur des propriétés foncières et de la faire circuler par un commerce rapide. La seconde loi du même jour, sur les *déclarations foncières*, était non moins originale. Pour la sûreté et la sécurité complète des propriétaires et du commerce immobilier, elle établissait un système de livres fonciers, semblable à celui qui a été de nos jours créé en Allemagne et à celui que le système Torrens a répandu dans les colonies anglaises.

Les deux premières de nos assemblées législatives n'avaient pu que rassembler des matériaux pour la grande construction du Code civil. La Convention fit plus; elle en ordonna l'élaboration à son Comité de législation. En effet, le 9 août 1793, au nom de ce Comité, Cambacérès présenta à l'Assemblée un pro-

jet de Code civil. Il paraît avoir excité l'admiration
des contemporains. L'homme de loi, Guichard, l'un
des rares juristes qui écrivent alors sur le droit, y
voyait un ouvrage « tracé par une main des plus
habiles et exécuté dans un très court espace de temps
avec une perfection dont les compilations de Justi-
nien sont bien loin d'approcher ». A coup sûr, il différait profondément de celles-ci. « Persuadé, disait le
rapporteur, que toutes les sciences ont leur chimère,
la nature est le seul oracle que nous ayons interrogé ».
C'était donc une œuvre purement rationnelle, ne
tenant pas compte du passé; elle devait être pour
le droit civil ce que la Constitution du 24 juin 1793
était pour le droit politique. On avait fait ce projet
de Code aussi succinct que possible; on avait voulu le
faire très clair dans l'espoir chimérique qu'il pourrait
être compris et interprété par tous les citoyens[1]. Il
vint à discussion devant la Convention à plusieurs
reprises et un certain nombre d'articles furent même
votés provisoirement : les lois du 2 brumaire et
17 nivôse an II, en étaient des fragments détachés.

Cependant l'Assemblée trouva ce projet trop long,
trop compliqué et trop technique, et le renvoya au
Comité. Le 23 fructidor an II, Cambacérès présentait
un projet qui comprenait seulement 297 articles et
qu'il donnait comme « le Code de la nature sanctionné
par la raison et garanti par la liberté ». Ce n'était
plus qu'une série d'axiomes de droit ou souvent de

[1] Esmein, *L'originalité du Code civil* (Extrait du livre du Centenaire du Code civil), p. 7.

morale pratique. Comme le dira plus tard Cambacérès lui-même « le Comité s'était attaché singulièrement à détacher les principes des développements, les règles des corollaires et à réduire l'ouvrage à un recueil de préceptes où chacun pût trouver les règles de sa conduite dans la vie civile ». Mais ce projet non plus n'aboutit pas et fut mis de côté par la Convention. Ce qui indique bien la conception particulière et chimérique que l'Assemblée se faisait d'un Code civil, c'est que, lors d'un des renvois ordonnés par elle au Comité de législation, elle décida que le projet serait soumis à un conciliabule de penseurs, de philosophes choisis par le Comité de salut public « chargés de reviser le Code civil, d'en faire les retranchements nécessaires, et d'en faire disparaître les *imperfections que les hommes de loi y ont laissées* ».

IV

Les Conseils du Directoire ont voté, nous l'avons vu, des lois importantes de droit public; ils en firent également d'excellentes sur le droit privé. La plus remarquable est celle du 11 brumaire an VII, sur le régime hypothécaire. Elle reprenait le principe de la publicité, quant aux hypothèques et aux transmissions de propriétés immobilières, proclamé par la loi du 9 messidor an III. Mais elle en faisait une application assez différente, moins éloignée des anciens usages. Elle écartait les innovations hardies, peut-être prématurées, qu'avait tentées le législateur de mes-

sidor. Cette loi excellente a fourni le modèle de la
loi du 23 mars 1855 sur la transcription en matière
hypothécaire, qui nous régit encore aujourd'hui;
mais le législateur de 1855 n'a pas osé reprendre toutes les règles de la loi de brumaire an VII, que le
Code avait répudiées. Les Conseils votèrent aussi la loi
du 21 ventôse an VII, sur les conservateurs des hypothèques. Signalons enfin la loi du 22 frimaire an VII
sur l'enregistrement, qui est restée fondamentale en
la matière.

Le *grand œuvre* du Code civil se poursuivait. Le
24 prairial an IV, Cambacérès, au nom de la Commission de classification des lois, présentait au
Conseil des Cinq-Cents un nouveau projet, le troisième qu'il rédigeait. Il comprenait 1.104 articles,
tout en laissant de côté le régime hypothécaire
pour lequel il renvoyait aux lois votées par la Convention. Il était conçu dans un esprit sensiblement
différent de celui des précédents [1]. Il ne fut pas discuté, Cambacérès ayant, en l'an V, cessé de faire
partie du Conseil des Anciens.

§ 2. — *Les lois pénales.*

Le droit pénal de l'ancienne France était atroce,
inégal et injuste; l'ancienne procédure criminelle ne
valait pas mieux, bien qu'en 1788 elle eût définitivement et complètement éliminé son élément le plus
horrible, je veux dire la torture. Pour la réforme

---

[1] Esmein, *L'originalité du Code Civil*, p. 8.

nécessaire, la préparation avait été faite par les écrits des philosophes et des publicistes : Montesquieu, Voltaire, Beccaria avaient posé les principes essentiels, et les nombreuses publications sur la procédure criminelle du droit anglais, présentaient le modèle concret, fourni par la nation qui seule avait su conserver en cette matière la liberté et la justice[1].

Il en résulta que les lois pénales de la Révolution furent plus importantes encore que ses lois civiles; et, dans une certaine mesure, elles donnèrent du premier coup la solution définitive.

I

L'Assemblée constituante alla d'abord au plus pressé. Par la loi des 8 et 9 octobre-3 novembre 1789, elle purifia, sans l'abolir encore, l'ancienne procédure criminelle, y introduisant largement l'air et la lumière, la liberté de la défense[2]. Le 21 janvier 1790, elle purgea de même l'ancienne pénalité de ses vices les plus criants. Elle établit: « que les délits du même genre seraient punis par le même genre de peines, quels que fussent le rang et l'état des coupables » — que « les crimes étant personnels, le supplice d'un coupable et les condamnations infâmantes quelconques n'impriment aucune flétrissure à sa famille; l'honneur de ceux qui lui appartiennent n'est nulle-

---

[1] Esmein, *Histoire de la procédure criminelle en France*, p. 357 et s.

[2] Esmein, *op. cit.*, p. 410 et s.

ment entaché et tous continueront d'être admissibles à toutes sortes de professions, d'emplois et de dignités »[1] ; — que « la confiscation des biens des condamnés ne pourra être prononcée dans aucun cas ».

Puis l'Assemblée, par l'organe de son Comité de législation criminelle, prépara un Code pénal et des lois sur la procédure criminelle, qu'elle discuta et qu'elle vota définitivement dans les derniers jours de son existence[2].

A. — L'ancienne France n'avait point de Code pénal ; c'est-à-dire qu'elle n'avait pas une loi d'ensemble, systématique et détaillée, où fussent indiqués les faits délictueux et les peines applicables et les règles générales du droit pénal, où fussent déterminés les actes punissables et la peine qu'emportait chacun d'eux. Un assez grand nombre de crimes et de délits étaient prévus et punis par des ordonnances, déclarations, édits ou lettres patentes isolés ; quelques-uns l'étaient par le texte des coutumes officiellement rédigées. Mais, pour la plus grande partie, ils n'étaient déterminés que par la jurisprudence : c'était elle seule alors qui décidait si tel acte était punissable, et qui fixait la peine. Une maxime de l'ancien droit disait en effet : « Toutes les peines sont arbitraires au royaume de France ». Mais cette maxime signifiait encore autre chose. Elle impliquait qu'alors même que la peine d'un délit était fixée par la loi, le juge

---

[1] Il en était parfois autrement dans l'ancien droit, spécialement quant aux crimes de lèse-majesté divine ou humaine.

[2] Esmein, *Histoire de la procédure criminelle en France*, p. 431 et s.

pouvait la modifier, la changer, l'aggraver ou la mitiger.

La Déclaration des droits de l'homme et du citoyen de 1789 condamna formellement ce système, dans son art. 8, en même temps que la rigueur inutile des anciennes pénalités, inspirée par un sentiment de vengeance, divine ou sociale : « La loi ne peut établir que des peines strictement et évidemment nécessaires. — Nul ne peut être puni qu'en vertu d'une loi établie et promulguée antérieurement au délit et légalement appliquée ». C'est la règle bienfaisante : *nulla pœna sine lege*. L'Assemblée fit l'application de ces principes dans le Code pénal du 25 septembre 1791, le premier qu'ait eu la France. Il contenait la liste des crimes punis de peines afflictives ou infamantes, dont le jugement appartenait aux tribunaux criminels sur le verdict d'un jury.

Ce Code établissait un système de peines rationnel, où les mutilations et les souffrances inutiles n'avaient point de place. La peine de mort était maintenue, mais elle consistait simplement dans la privation de la vie sans tortures additionnelles : l'Assemblée, en adoptant, en 1790, l'emploi de la guillotine, avait voulu rendre le dernier supplice aussi prompt et aussi peu douloureux que possible.

Les autres peines étaient destinées à moraliser les condamnés : le travail, l'élément moralisateur par excellence, y jouait un rôle important et, la prison, la longue prison, qui jusque-là, sauf en droit canonique, n'avait point été une véritable peine, y prenait ce caractère. A côté de la peine des *fers* (travaux forcés) existait la peine de la *gêne*, qui consistait « à être enfermé dans un lieu éclairé sans communication avec les personnes du dehors ni les autres condamnés ». C'était déjà l'emprisonnement cellulaire ou le régime de la séparation, tel que nous le connaissons aujourd'hui.

D'autre part, afin de rendre les peines vraiment moralisatrices, l'Assemblée avait voulu laisser toujours au condamné, que n'avait point frappé la peine de mort, l'espoir de rentrer dans la société. Pour cela, elle avait exclu, de parti pris, les peines perpétuelles : toutes les peines privatives de liberté étaient à temps.

Mais, par une réaction naturelle et exagérée contre les peines arbitraires de l'ancien droit, le Code de 1791 établissait le système des *peines fixes*, qui avait existé dans l'ancien droit romain, avec les *quæstiones perpetuæ*. Pour chaque crime, la loi déterminait non seulement la nature et la *qualité*, mais encore la *quotité* de la peine, le nombre d'années de prison qui devait être prononcé contre le coupable. Le juge n'avait aucune liberté, aucune latitude : il n'avait qu'à ouvrir le Code et y trouvait la sentence qu'il devait rendre contre le coupable. C'était un mauvais système ; car, pour un même crime, les degrés et les nuances de la culpabilité sont indéfiniment variables, suivant les cas et les individus; et le législateur ne peut avoir qu'une commune mesure invariable.

Le Code pénal correctionnel se trouvait dans la loi des 19-22 juillet 1791.

B. — Nous savons que pour les crimes, l'Assemblée constituante avait décidé que la procédure serait par jurés. La Déclaration des droits de l'homme de 1789 (art. 9) portait aussi : « Tout homme étant présumé innocent jusqu'à ce qu'il ait été déclaré coupable, s'il est indispensable de l'arrêter, toute rigueur, qui ne serait pas nécessaire pour s'assurer de sa personne doit être sévèrement réprimée par la loi ».

L'Assemblée constituante fixa les règles de la procédure criminelle par le décret des 16-29 septembre 1791, concernant la police de sûreté, la justice criminelle, et l'établissement des jurés. Nous en avons déjà relevé plus haut les traits principaux[1]; il suffira d'ajouter quelques explications, en nous arrêtant seulement aux principes[2].

Il faut y distinguer deux parties : 1° la procédure devant la juridiction de jugement, c'est-à-dire devant le tribunal criminel et les jurés ; 2° la procédure préparatoire et d'instruction[3].

1° L'Assemblée constituante a donné à la procédure devant la juridiction de jugement les règles les plus simples et les plus exactes. Elle était publique et orale et comportait la pleine liberté de la défense. Aussi, on peut le dire, les traits essentiels du

---

[1] Ci-dessus, p. 109, in fine, et s.

[2] Pour les détails, V. Esmein, *Histoire de la procédure criminelle en France*, p. 417 et s.

[3] Bien entendu, logiquement et chronologiquement ces deux phases se suivent dans l'ordre inverse de celui indiqué ici; la procédure d'instruction vient nécessairement la première; mais la marche que j'adopte facilite l'exposition.

système se sont maintenus depuis lors; ils sont
en substance aujourd'hui les mêmes qu'en 1791[1].
L'Assemblée a aussi aboli le système des *preuves
légales*, si malfaisant dans l'ancien droit[2]. Elle a
établi celui des *preuves morales*, dont le Code
des délits et des peines a donné une admirable définition, que reproduira plus tard le Code d'instruction criminelle : « La loi ne leur demande pas compte
(aux jurés) des moyens par lesquels ils se sont con-
vaincus; elle ne leur prescrit point de règles desquelles ils doivent faire particulièrement dépendre
la plénitude ou l'insuffisance d'une preuve; elle leur
prescrit de s'interroger eux-mêmes dans le silence et
le recueillement, et de chercher dans la sincérité de
leur conscience quelle impression ont faite sur leur
raison les preuves apportées contre l'accusé et les
moyens de sa défense. La loi ne leur dit point : *Vous
tiendrez pour vrai tout fait attesté par tel ou tel nombre de témoins.* Elle ne leur dit pas non plus : *Vous
ne regarderez pas comme suffisamment établie toute
preuve qui ne sera pas formée de tel procès-verbal, de
telles pièces, de tant de témoins ou de tant d'indices.* Elle
leur fait cette seule question qui renferme la seule
mesure de leurs devoirs : *Avez-vous une intime conviction?* » L'Assemblée, en cette partie, ne commit
qu'une erreur; elle supprima le droit de grâce pour

---

[1] Il y a un point qui a beaucoup varié sous la Révolution et depuis; c'est la manière de former les jurys; mais ce sont là des détails qui n'ont point leur place ici.

[2] Esmein, *Histoire de la procédure criminelle en France*, p. 260 et s.

tous les crimes jugés par jurés[1]. Elle pensait sans
doute que leur intervention était une garantie suffisante pour empêcher toute erreur judiciaire. Mais,
outre que cette infaillibilité n'est point conforme aux
faits, le droit de grâce sert à réparer d'autres inexac-
titudes dans l'application des lois pénales; il eût été
particulièrement bienfaisant avec un Code qui établissait le système des peines fixes.

2° Mais l'Assemblée constituante fut moins heureuse dans les règles qu'elle donna à l'instruction.

Nous savons qu'elle l'avait confiée principalement
au juge de paix et qu'elle avait à peu près supprimé
le droit de poursuite du ministère public[2]. Le juge
de paix pouvait bien parfois agir d'office ou sur une
dénonciation officielle, transmise par l'accusateur
public. Mais, en principe, le soin d'engager la procédure était laissé aux particuliers, comme en Angleterre. Lorque l'initiative en était prise par un *plaignant*, c'est-à-dire par la victime du délit, ou par
un *dénonciateur civique*, c'est-à-dire par un citoyen
quelconque qui signait et affirmait sa dénonciation,
le juge de paix était tenu de faire les premiers actes
de l'instruction et d'entendre les témoins qu'on lui
désignait, et alors le particulier, plaignant ou dénonciateur civique, avait un rôle actif dans la suite du
procès. Or ce système ne réussit pas en France. Le
juge de paix français était un trop petit personnage,
un magistrat trop peu instruit, pour bien jouer

---

[1] Esmein, *Éléments de droit constitutionnel*, p. 599.
[2] Esmein, *Histoire de la procédure criminelle*, p. 420 et s.

le rôle important qui lui était dévolu; et dans notre pays les individus sont peu enclins à prendre en mains l'intérêt public, lorsque leur intérêt privé n'est pas en jeu.

La procédure devant les tribunaux de police correctionnelle et municipale était aussi publique et la défense libre; et là le plus souvent l'instruction préparatoire était nulle.

Enfin l'Assemblée constituante *in extremis* pour supprimer immédiatement certaines rigueurs sans attendre la date du 1ᵉʳ janvier 1792 à laquelle les nouvelles lois criminelles entreraient en vigueur, vota le décret des 27 septembre-30 décembre 1791. Il était ainsi conçu : « Dorénavant la peine de mort ne sera plus que la simple privation de la vie. La marque est abolie à partir de ce jour. Le condamné aura trois jours pour déclarer qu'il entend se pourvoir en cassation; du jour de cette déclaration, il aura une quinzaine pour préparer sa requête et faire statuer ».

L'Assemblée législative ne fit, en matière répressive, que des lois d'exception. Mais la Convention produisit, pour la procédure criminelle de droit commun, un monument important, un vrai code, le *Code des délits et des peines*, du 3 brumaire an IV. Elle avait eu la pensée d'opérer la codification entière du nouveau droit, pourtant si jeune encore, soit criminel soit privé. Elle avait chargé de préparer ce travail, comme principaux rédacteurs, Cambacérès et Merlin; spécialement, par un décret du 23 fructidor an II, elle avait ordonné de préparer un *Code de police de sûreté et de police correctionnelle*. Dix-huit mois après, Merlin apportait le résultat de son labeur. C'était bien son œuvre propre : on y sent la continuité d'une rédaction personnelle, aucun élément étranger ne s'y mêlant. D'après le plan primitif, ce *Code des délits et des peines* devait comprendre tout le droit criminel, le droit pénal aussi bien que la procédure criminelle. Mais les forces d'un homme ne pouvaient faire ce miracle dans un laps de temps si bref. Merlin n'avait pu aller jusqu'au bout. La partie achevée, qu'il apportait à l'Assemblée, ne comprenait guère que la procédure criminelle : sur les 646 articles qu'elle contenait, les 598 premiers et le 646ᵉ lui étaient consacrés. Les art. 599 à 645 contenaient le début du Code pénal. Ils énuméraient et définissaient les peines criminelles, qui étaient : la mort, la déportation, les fers, la réclusion dans une maison de force, la gêne, la détention, la dégradation civique et le carcan ; — les peines correctionnelles et celles de simple police. Ils prévoyaient aussi et punissaient les crimes contre la sûreté intérieure de la République et les crimes des fonctionnaires publics dans l'exercice des pouvoirs qui leur sont confiés.

Le système de procédure criminelle que contenait le *Code des délits et des peines* était, sauf quelques retouches, celui qu'avait établi l'Assemblée constituante [1], mais il était cette fois réglé, précisé dans

---

[1] Esmein, *Histoire de la procédure criminelle*, p. 440 et s.

les moindres détails par la main d'un grand jurisconsulte, libre de ses mouvements. Les garanties
accordées à la défense étaient multipliées presque à
l'excès. Les formalités étaient minutieuses. Jamais la
rédaction des questions, qui doivent être posées aux
jurés, n'avait été mieux ordonnée, pour arriver à ne
lui soumettre que des questions simples, auxquelles
ils puissent répondre par *oui* ou par *non* : les pres-
criptions à cet égard rappellent naturellement le jeu
de la procédure formulaire des Romains.

La Convention vota en bloc, sans discussion ni
amendements, le projet de Merlin. C'est ainsi qu'on
fait les Codes.

Le lendemain, 4 brumaire an IV, le jour même où
elle décidait que la Place de la Révolution porterait
désormais le nom de *Place de la Concorde*, la Convention décrétait : « A dater du jour de la publication de
la paix générale, la peine de mort sera abolie dans la
République française ». Mais cette disposition resta
lettre morte; quand la paix générale se fit, les idées
avaient bien changé.

TITRE II

LE CONSULAT ET L'EMPIRE, DU 18 BRUMAIRE AN VIII AU 3 AVRIL 1814

CHAPITRE I

LES CONSTITUTIONS

La série des gouvernements qui se sont succédé entre le 18 brumaire an VIII — date du coup d'État accompli par Bonaparte — et le 3 avril 1814 — date à laquelle le Sénat impérial prononça la déchéance de Napoléon et de sa dynastie, — présente des phases diverses, à chacune desquelles correspond une Constitution nouvelle : Consulat, Consulat à vie, Empire héréditaire. Mais elle n'en présente pas moins une réelle unité au point de vue constitutionnel. La Constitution de l'an VIII resta la base ; les sé..atusconsultes postérieurs apportèrent

seulement à l'édifice des additions ou des retouches, d'ailleurs profondes ; ils opérèrent aussi des
démolitions partielles et importantes. Cette unité
fondamentale se traduisait dans le langage officiel
du Premier Empire : on appelait l'ensemble de ces
textes constitutionnels *Les Constitutions de l'Empire*.
On resta fidèle à cette terminologie, lorsque, pendant
les Cent Jours, Napoléon, poussé par la force des
choses dans une voie nouvelle, accorda aux Français
une nouvelle Constitution, libérale celle-là, organisant, à peu près, le gouvernement parlementaire,
celle du 22 avril 1815 ; il l'appela l'*Acte additionnel
aux Constitutions de l'Empire*.

Cette série d'actes constitutionnels présente aussi
un autre trait commun. Pour les principaux d'entre
eux, tout au moins ceux qui créèrent le Consulat, le
Consulat à vie et l'Empire, on appliqua le principe
qu'avait proclamé la Convention dans sa première
séance : ils furent soumis à la ratification du vote
populaire, comme le fut plus tard aussi l'Acte additionnel.

I

Le Coup d'État du 18 brumaire se fit sanctionner en
apparence par une loi, celle du 19 brumaire, votée
par ce qui restait du Conseil des Cinq-Cents et par le
Conseil des Anciens. Elle portait d'abord : « Le Conseil... Devant la situation de la République, déclare
l'urgence et prend la résolution suivante : Art. 1. Il
n'y a plus de Directoire, et ne sont plus membres de

la représentation nationale, pour les excès et attentats
auxquels ils se sont constamment portés, et notamment le plus grand nombre d'entre eux dans la
séance de ce matin (18 brumaire) les individus ci-après
nommés..... — Art. 2. Le Corps législatif crée provisoirement une Commission consulaire exécutive, composée des citoyens Siéyès, Roger-Ducos, ex-directeurs,
et Bonaparte, général, qui prendront le nom de *Con-*
suls de la République française [1]. — Art. 3. Cette
Commission est investie de la plénitude du *pouvoir*
directorial, et spécialement chargée d'organiser
l'ordre dans toutes les parties de l'administration,
d'établir la tranquillité intérieure et de procurer une
paix honorable et solide ».

Ainsi, les Consuls étaient présentés comme les con-
tinuateurs du Directoire; ils exerçaient le *pouvoir*
directorial. De même, l'élaboration d'une Constitution
nouvelle se déguisait sous l'apparence d'une révision
de la Constitution de l'an III. Le pouvoir législatif
laissait docilement le champ libre au gouvernement
provisoire : il s'ajournait (art. 6) au 1er ventôse suivant, devant se réunir « de plein droit à cette époque, à
Paris, dans ses palais ». Avant de se séparer, et séance
tenante (art. 8) chaque Conseil nommait une Commission de 25 membres, et ces deux Commissions,
par une délégation singulière, défendue expressément
dans la Constitution de l'an III, jouaient respectivement le rôle législatif attribué par celle-ci aux deux

---

[1] Le nom de *Consuls* fut probablement inspiré par la maxime
célèbre : « Caveant *Consules* ne quid detrimenti Respublica capiat ».

Conseils; elles pouvaient voter des lois, mais « avec la proposition formelle et nécessaire de la Commission consulaire exécutive sur tous les points urgents de police, de législation et de finances » [1]. Il était dit enfin (art. 11) : « Les deux Commissions sont encore chargées, dans le même ordre de travail et de concours, des *changements à apporter aux dispositions organiques de la Constitution, dont l'expérience a fait sentir les vices et les inconvénients* ».

La nouvelle Constitution fut en réalité l'œuvre de deux hommes : Siéyès, qui y fit entrer quelques-unes des conceptions qui lui étaient chères et que, pendant la discussion de la Constitution de l'an III, il avait exposées dans un magistral discours à la Convention [2]. L'ancien apôtre de la souveraineté nationale cherchait maintenant à en atténuer la puissance, en masquant ces déviations sous d'ingénieuses théories et sous des noms inusités et pompeux. L'autre collaborateur fut Bonaparte, qui sut mettre dans la Constitution tout ce qui était nécessaire pour assurer sa puissance. Il y réussit si bien, que, comme nous l'avons dit, le Consulat à vie et l'Empire purent se superposer à la Constitution de l'an VIII, en y appor-

---

[1] D'après ce texte, on ne comprend pas bien le langage de l'article suivant (art. 9) : « La Commission des Cinq-Cents exercera *l'initiative*, la Commission des Anciens, l'approbation ». Mais cela signifiait que le projet devait être d'abord porté aux Cinq-Cents et que la Commission des Anciens n'avait pas le droit d'amendement.

[2] Séance du 2 thermidor an III. V. Esmein, *Éléments de droit constitutionnel*, p. 500-501. V. aussi, Mignet, *Histoire de la Révolution française*, t. II, et appendice.

tant seulement des additions et des retouches.

Voici d'abord le programme qu'avait tracé la loi du 19 brumaire, Art. 12 : « Ces changements (à apporter à la Constitution de l'an III) ne peuvent avoir pour but que de consolider et consacrer inviolablement la souveraineté du peuple français, la République une et indivisible, le système représentatif, la division des pouvoirs, la liberté, l'égalité, la sûreté et la propriété ». Comment ce programme fut-il exécuté ?

A. — La Constitution du 22 frimaire de l'an VIII (13 décembre 1799) présentait d'abord ce trait distinctif, qu'elle n'était point précédée d'une déclaration des droits de l'homme et du citoyen, comme l'avaient été celles de 1791, de 1793 et de l'an III; cette dernière y avait même joint une déclaration des devoirs. Dans ses art. 76 et s., la Constitution de l'an VIII garantissait seulement les principaux de ces droits. On entrait dans une nouvelle phase de la Révolution.

B. — La loi du 19 brumaire avait indiqué, comme un des principes essentiels que devait assurer la nouvelle Constitution « *la division des pouvoirs* ». Elle ne disait pas la *séparation*, comme on l'avait dit en 1791 et en l'an III. L'idée était fort différente et le nouveau texte constitutionnel fut fidèle à celle qu'on lui proposait; ce qu'il organisait en apparence, c'était le morcellement, la dissémination des pouvoirs. Mais cet éparpillement, réel pour le pouvoir législatif, correspondait à une concentration intense du pouvoir exécutif entre les mains du Premier Consul.

Le pouvoir exécutif était bien attribué à trois Consuls, nommés pour dix ans et indéfiniment rééligibles. Les premiers nommés par la Constitution elle-même furent Bonaparte, Cambacérès et Lebrun. On n'avait pas osé établir l'unité, l'individualité du pouvoir exécutif; la prévention, qui y voyait une institution nécessairement monarchique, était trop forte encore. Mais la forme collective avait été réduite autant que possible, réduite à ce triumvirat que la Convention avait flétri, le 21 septembre 1792[1]. En réalité l'autorité tout entière appartenait au seul Premier Consul; les deux autres étaient des comparses. Ils avaient tout au plus, et pas toujours, voix consultative; ils suppléaient, il est vrai, le Premier Consul en cas d'absence ou d'empêchement (art. 41, 42).

Le pouvoir remis ainsi aux mains du Premier Consul, comprenait presque l'intégralité du pouvoir exécutif, en particulier la nomination libre de presque tous les fonctionnaires.

Bien plus, avec un pouvoir réglementaire très étendu, le Gouvernement avait seul l'initiative, la proposition des lois (art. 25, 26, 44), ce droit qui depuis la Révolution avait toujours été réservé aux Assemblées législatives. Cependant il n'avait pas le droit de déclarer la guerre de sa seule autorité. D'après l'art. 50 : « Les *déclarations de guerre* et les traités de paix, d'alliance, de commerce, sont proposés, discutés, décrétés et promulgués comme des

---

[1] Esmein, Préface du *Fédéraliste*, édition Jèze.

lois ». Chose curieuse, cette disposition ne fut pas modifiée par les sénatusconsultes postérieurs. Il est vrai que Napoléon n'en tenait aucun compte!

Le Premier Consul choisissait à volonté ses ministres, hormis qu'il ne pouvait les prendre parmi les sénateurs. Ils ne dépendaient que de lui, sauf leur responsabilité pénale, forcément individuelle. Bien que la Constitution ne le dît pas expressément, ils n'avaient aucun contact avec les diverses assemblées, où ils ne paraissaient point.

A côté ou en face du Gouvernement, étaient établies quatre assemblées ou corps, entre lesquels Siéyès avait ingénieusement réparti, par une savante division du travail, les différentes opérations, par lesquelles passe successivement l'élaboration d'une loi.

1° C'était d'abord, un *Conseil d'État*, institution reprise à l'ancien régime, mais singulièrement améliorée. Les membres en étaient nommés par le Premier Consul et toujours révocables par lui, art. 52[1].

Les premiers furent recrutés avec soin parmi les vétérans de la Révolution qui avaient accepté le Coup d'État du 18 brumaire. Les attributions du Conseil d'État, étaient, on va le voir, très importantes.

2° Puis, venaient trois assemblées électives, si l'on peut les désigner ainsi, étant donnée la manière dont leurs membres étaient élus et qu'on verra un peu plus loin, savoir :

---

[1] V. le règlement du 5 nivôse an VIII.

Un *Sénat conservateur* de 80 membres, âgés de 40 ans au moins, et inamovibles, élus à vie ;

Un *Tribunat* de 100 membres, âgés de 25 ans au moins, renouvelés par cinquième tous les ans, et indéfiniment rééligibles;

Un *Corps législatif* de 300 membres, âgés de 30 ans au moins, renouvelés par cinquième tous les ans, et rééligibles seulement au bout d'un an.

Le Sénat et le Tribunat étaient permanents. Le Corps législatif, sauf convocation extraordinaire par le pouvoir exécutif, n'avait qu'une session de quatre mois, qui s'ouvrait de droit le 1er frimaire de chaque année.

On sera peut-être étonné de voir le Conseil d'État placé ainsi au premier rang, avant les assemblées élues. Ce rang est pourtant assez conforme aux principes de la Constitution, telle qu'on la comprenait, sinon en l'an VIII, au moins sous l'Empire. Napoléon l'a proclamé à plusieurs reprises. En 1808, à l'occasion d'une réception officielle, l'impératrice régente, avait appelé les députés du Corps législatif « les représentants de la nation ». Une note rectificative du Maître parut au *Moniteur officiel* du 15 décembre 1808; on y lisait : « Dans l'ordre de nos Constitutions, après l'Empereur est le Sénat, après le Sénat, est le Conseil d'État; après le Conseil d'État le Corps législatif » [1]. Napoléon, il est vrai, ne donne là que le second rang au Conseil d'État; mais, c'est par défé-

---

[1] En 1808, le Tribunat avait été déjà supprimé; c'est pourquoi il ne figure pas dans ce passage.

rence pour le Sénat, et dans sa pensée le Conseil d'État était le corps important par excellence. Le 31 décembre 1813, répondant à l'adresse de remontrances votée par le Corps législatif et qu'il qualifiait « d'incendiaire », il disait encore : « Le Corps législatif n'est qu'une partie de l'État, qui ne peut pas même entrer en comparaison avec le Sénat et le Conseil d'État ». Peut-être ces pensées étaient-elles déjà dans l'esprit de Napoléon en 1799 ; mais il n'aurait osé alors les exprimer. La loi du 19 brumaire lui commandait de respecter dans la Constitution la souveraineté du peuple et le gouvernement représentatif.

Quel était le rôle de chacun de ces corps dans le travail législatif ?

Le Gouvernement, qui seul avait l'initiative des lois, faisait préparer les projets, qui étaient ensuite discutés et votés provisoirement par le Conseil d'État[1]. Celui-ci désignait parmi ses membres des *orateurs* qui devaient défendre chaque projet devant le Corps législatif. Siéyès qui, dans son grand discours de l'an III, comparant volontiers l'élaboration des lois à un procès, que jugeait le Corps législatif, disait que c'étaient là les avocats de l'une des parties, du Gouvernement.

L'autre partie, qui était ou pouvait être la partie adverse, c'était le Tribunat. Il avait été conçu comme devant représenter l'esprit novateur et popu-

---

[1] Comme le Conseil du roi de l'ancien régime, le nouveau Conseil d'État eut ses *maîtres des requêtes*, et aussi des auditeurs, pépinière de jeunes fonctionnaires.

laire. C'était comme une opposition normale et organisée ; de là son nom. Il était comme le corps des *Tribuns du peuple ;* par là s'explique qu'on se contentait de l'âge de 25 ans pour ses membres, tandis qu'on en exigeait 30 pour les membres du Corps législatif. Ils furent au début consciencieusement choisis, et l'Assemblée prit son rôle au sérieux.

Le projet de loi, sorti du Conseil d'État, venait devant le Tribunat, qui le discutait en séance publique et votait pour l'adoption ou le rejet. Mais son vote favorable n'était point nécessaire pour que la loi passât : il n'était point une chambre participant au pouvoir législatif. Son vote indiquait seulement l'avis de la majorité de ses membres. Il désignait parmi eux trois *orateurs* qui allaient le défendre devant le Corps législatif et tâcher de l'y faire prévaloir.

Cette institution appartenait entièrement à Siéyès, et sans doute Bonaparte ne l'admit qu'avec peine ; c'était pourtant ce qu'on pouvait imaginer de plus inoffensif comme assemblée délibérante.

Le Tribunat avait aussi comme un droit d'initiative mitigé. Il pouvait spontanément exprimer des vœux sur les lois à faire et les réformes à opérer (art. 28, 29).

Après avoir été discuté par le Tribunat, le projet allait au Corps législatif. Il y était débattu, mais seulement par les orateurs du Conseil d'État et par ceux du Tribunat ; les membres du Corps législatif ne pouvaient prendre la parole ; c'était, comme on dira, « un corps de muets ». Cela était d'ailleurs conforme à l'idée de Siéyès : le Corps législatif était le tribunal, et les juges ne pérorent pas ; ils ne font qu'écouter les avocats [1]. Il faisait la loi « en statuant au scrutin secret sans aucune délibération de la part de ses membres ». Comme avant lui le Conseil des Anciens, il ne pouvait que rejeter ou accepter en bloc le projet qui lui était soumis ; il n'avait pas le droit d'amendement.

Enfin le Sénat jouait le rôle d'un Tribunal de Cassation ; c'était, comme avait dit Siéyès, la « jurie constitutionnaire [2] ». Il devait annuler toutes les lois inconstitutionnelles, toutes celles qui violaient la Constitution. C'était le Tribunal qui était chargé de les lui déférer dans des délais fixés, par l'art. 37 : « Tout décret du Corps législatif, le dixième jour après son émission, est promulgué par le Premier Consul, à moins que, dans ce délai, il n'y ait eu recours au Sénat pour cause d'inconstitutionnalité. Ce recours n'a point lieu contre les lois promulguées ».

Ce n'étaient pas d'ailleurs seulement les lois, mais aussi tous les actes inconstitutionnels du Gouvernement que le Tribunat pouvait déférer au Sénat, art. 28 : « Il défère au Sénat pour cause d'inconstitutionnalité seulement, les listes d'éligibles [2], les actes du Corps législatif et ceux du Gouvernement ».

C. — Où se trouvaient dans la Constitution « la souveraineté nationale et le gouvernement représentatif » ?

---

[1] Les juges discutent pourtant entre eux dans la délibération.

[2] Esmein, *Éléments de droit constitutionnel*, p. 501.

[3] Voyez ci-après, p. 272.

Pour la première fois (sauf les précédents partiels et éphémères de 1792 et 1793) le suffrage universel était établi, presque dans toute sa largeur, à la base. Tous les Français âgés de 21 ans étaient citoyens pour l'exercice des droits politiques; cependant on maintenait l'exclusion traditionnelle des domestiques et serviteurs à gages. Mais ce qu'exerçaient les citoyens, ce n'était pas un droit d'élection, pas même à deux degrés; Siéyès avait remplacé ce système, qui fonctionnait depuis 1791, par celui des *listes de confiance* (art. 7 et s.).

Tous les citoyens domiciliés dans un même arrondissement (c'était l'ancien district que rétablissaient sous ce nouveau nom les lois de l'an VIII) choisissaient au scrutin le dixième d'entre eux, pour former la *liste de confiance de l'arrondissement*, sur laquelle devaient être pris tous les fonctionnaires de l'arrondissement. Tous ceux qui étaient portés sur les listes des divers arrondissements d'un même département choisissaient, à leur tour, en assemblée, le dixième d'entre eux pour former la *liste de confiance du département*, sur laquelle devaient être pris les fonctionnaires du département. — Enfin ceux qui étaient portés sur la liste d'un département choisissaient encore le dixième d'entre eux, et les noms ainsi triés dans chaque département, portés sur une même liste, formaient la *liste de confiance nationale*, sur laquelle devaient être pris les fonctionnaires nationaux, c'est-à-dire ceux dont le ressort n'était point limité à une subdivision territoriale déter-

minée[1]. Les citoyens, on le voit, n'avaient pas même
un droit de présentation proprement dit; c'était un
système de sélections graduelles par la voie du scrutin, qui limitait les choix que pouvaient faire, pour
les diverses fonctions publiques, le Premier Consul
et ses préfets.

Mais quand il s'agissait de corps *dits élus*, le Sénat,
le Tribunat, le Corps législatif, qui ferait les choix?
Siéyès, dans son plan, avait voulu créer un fonctionnaire suprême le *Grand Électeur*, dont les seules
fonctions auraient consisté à faire tous les choix dans
les listes de confiance : on l'a parfois comparé, mais à
tort, à un monarque constitutionnel ou à un Président
de la République sous le gouvernement parlementaire.
C'était sans doute à lui-même qu'il destinait ce rôle,
mais Bonaparte n'était point disposé à le lui accorder,
et il ne le voulait pas pour lui-même. C'est au Sénat
que la Constitution le confia pour tous les fonctionnaires nationaux que ne nommait point le Premier
Consul. C'est lui (art. 20) qui élisait ainsi sur la liste
nationale les membres du Tribunat et du Corps législatif. D'autre part, il élisait ses propres membres sur
une triple présentation faite par le Premier Consul, le
Tribunat et le Corps législatif. Bien entendu, pour les
premières nominations, il avait fallu procéder autrement. Siéyès et Roger-Ducos, nommés sénateurs par la
Constitution elle-même, et joints à Cambacérès et à
Lebrun, étaient chargés d'élire la majorité du Sénat

[1] Esmein, *Éléments de droit constitutionnel,* p. 387, 420, 423.

qui, ainsi composé, devait se compléter par cooptation. C'est ainsi qu'avaient été constituées, on s'en souvient, les premières assemblées provinciales sous le règne de Louis XVI. Cependant on ne nomma à cette époque que 60 sénateurs sur 80. Le Sénat procéda ensuite aux élections des Tribuns et des membres du Corps législatif, qui furent choisis, comme ses propres membres, parmi les hommes les plus marquants qu'avait révélés la Révolution, qui avaient survécu aux tourmentes et qui cependant ne conservaient point un culte obstiné pour la liberté politique.

Dans ce système, les assemblées représentatives étaient composées d'hommes pris indistinctement dans la France entière et sans attaches à une circonscription déterminée. La Constitution voulait cependant (art. 30) que le Corps législatif comprît au moins un citoyen pris dans chaque département de la République.

II

Le Consulat à vie, dont le principe avait été adopté dans un plébiscite par les Assemblées primaires, fut organisé par le Sénatus-consulte du 16 thermidor an X (4 août 1802). Il apportait à la Constitution de l'an VIII des modifications importantes.

Le Premier Consul, outre le caractère viager de sa magistrature, recevait de nouveaux pouvoirs. C'était le droit de ratifier les traités de paix et d'alliance (art. 58) « après avoir pris l'avis du conseil privé; — avant de les promulguer il en donne connaissance au

Sénat » ; il n'était plus besoin d'une loi. C'était encore (art. 86) le droit de grâce, qui était rétabli : « Le Premier Consul a le droit de faire grâce. — Il l'exerce après avoir entendu dans un Conseil privé le Grand-Juge, deux ministres, deux sénateurs, deux conseillers d'État, deux juges du Tribunal de Cassation ».

Le Sénat voyait aussi ses attributions élargies[1]. Il acquérait : Le droit de prononcer la dissolution du Tribunat et du Corps législatif (art. 55-57), qui étaient alors renouvelés en entier. — Le droit de suspendre dans tel ou tel département les garanties constitutionnelles. — Le droit de suspendre pendant cinq ans dans un département la procédure criminelle par jurés ; — enfin le droit précieux, et dont on verra l'abus, de régler tout ce qui, non prévu par la Constitution, était nécessaire à sa marche.

Le Tribunat, qui avait eu des accès d'indépendance et d'opposition, était réduit à 50 membres renouvelés par moitié tous les trois ans. Il était divisé en sections, perdant ainsi son unité. Réduit et impuissant, il devenait inutile : on le conservait cependant par respect pour la Constitution-mère.

Le Corps législatif était profondément transformé, non dans ses attributions, mais dans sa composition. Il devenait le Corps des *députés des départements*. Ses membres étaient attribués aux divers départements, entre lesquels ils étaient répartis (art. 69) d'après la

---

[1] Quant à sa composition, V. *infrà*, p. 277.

population. Les départements étaient divisés en cinq séries ; les députés appartenant à chacune d'entre elles (art. 73) étaient renouvelés successivement, d'année en année.

Cela coïncidait avec la transformation du système électoral. Le Sénat restait le grand électeur ; mais les listes de confiance, qui n'avaient existé que pendant un an, étaient remplacées par des présentations plus précises, individuelles.

L'élément générateur était l'assemblée primaire de canton, qui comprenait tous les citoyens jouissant des droits politiques, et qui élisait deux sortes de collèges électoraux (du second degré) : les *collèges d'arrondissement* et les *collèges de département*, dont les membres étaient élus à vie ; ou du moins ils continuaient à faire partie du collège, tant qu'ils n'en avaient pas été exclus par un renouvellement (art. 20, 21), lequel se produisait difficilement. Le collège d'arrondissement avait, pour attribution propre, le droit de présenter deux candidats au Tribunat ; et le collège de département celui de présenter deux candidats au Sénat. Lorsqu'une place de député représentant le département était vacante, les collèges d'arrondissement et le collège de département présentaient chacun deux candidats. Disons encore qu'à chaque collège le Premier Consul pouvait ajouter dix membres (art. 27) pris dans diverses catégories de citoyens, déterminées par le Sénatus-consulte.

Malgré le peu de force que possédait un droit de suffrage ainsi réglé, les élections au Corps législatif reprirent par là quelque valeur : le Sénat était obligé de choisir le député parmi les candidats présentés. Aussi, avant même la proclamation de l'Empire, on rendit au Corps législatif un peu de vie. D'après le Sénatus-consulte organique du 28 frimaire an XII, le Gouvernement pouvait, outre les projets de loi qui lui étaient soumis, lui adresser des communications quelconques. Il délibérait alors en *comité général*, c'est-à-dire en comité secret ; il pouvait même demander des renseignements au Gouvernement se rapportant à l'objet de la communication, et exprimer son avis dans une adresse. C'était une velléité d'associer, le cas échéant, le Corps législatif à l'action gouvernementale. Mais cela n'aura d'effet qu'à la fin de l'année 1813, à l'heure des désastres et des appels désespérés.

III

L'Empire héréditaire, dont le principe avait été soumis au peuple par un plébliciste, fut organisé par le Sénatus-consulte du 28 floréal an XII (18 mai 1804). La transformation de la République en monarchie, déjà accomplie dans les faits, était dissimulée dans les termes. L'art. 1er portait : « Le gouvernement de la République est confié à un empereur qui prend le titre d'*Empereur des Français* ». Depuis le 18 brumaire, c'était une terminologie empruntée aux Romains qui couvrait toutes les nouvelles formes politiques, ou à peu près : Consulat, Tribunat, Plébiscite, Sénatus-consulte, Empereur. Cette longue

Constitution, qui comprend 142 articles, est d'ailleurs presque tout entière consacrée à la famille
impériale, aux grands dignitaires et grands officiers
de l'Empire. Ce qu'elle ajoutait au mécanisme constitutionnel proprement dit était moins important.

Le Sénat avait été déjà élargi par le Sénatus-consulte du 16 thermidor an X. Les membres du Grand
conseil de la Légion d'honneur y avaient été introduits de droit (art. 62). Les 80 places de sénateurs
créées par la Constitution de l'an VIII (il en restait
alors 14 à nommer) continuaient à être octroyées par
le Sénat lui-même, qui élisait les nouveaux sénateurs, sur la présentation par le Premier Consul de
trois sujets pris sur la liste des citoyens désignés par
les collèges électoraux. Mais l'art. 63 ajoutait : « Le
Premier Consul peut, en outre, nommer au Sénat,
sans présentation préalable par les collèges électoraux de département, les citoyens distingués par leurs
services et leurs talents, à condition qu'ils auront
l'âge requis par la Constitution et que le nombre des
sénateurs ne pourra, dans aucun cas, excéder cent
vingt ». Enfin l'art. 64 avait supprimé l'incompatibilité entre la qualité de sénateur et toute une série
de fonctions publiques, au premier rang desquelles
figuraient celles de ministre.

Le Sénat de l'Empire s'élargit encore. D'après
l'art. 57 du Sénatus-consulte du 28 floréal an XII,
il se compose : « 1° des princes français ayant atteint
leur dix-huitième année; 2° des titulaires des grandes
dignités de l'Empire; 3° des 80 membres nommés

sur la présentation de candidats choisis par l'Empereur sur les listes formées par les collèges électoraux de département; 4° des citoyens que l'Empereur juge convenable d'appeler à la dignité de sénateur ».

Le Sénat recevait des attributions nouvelles. Il était créé dans son sein deux commissions, l'une de la *liberté individuelle* et l'autre de la *liberté de la presse*, auxquelles pouvaient être dénoncés les actes attentatoires à ces deux libertés. Après enquête, elles devaient saisir le Corps législatif, s'il y avait lieu. Cela aurait été une institution bienfaisante, comme on le verra plus loin, si elle avait fonctionné sérieusement. Mais, comme les précautions libérales en apparence prises par la Constitution de l'an VIII, c'était un simple décor destiné à masquer les actes du pouvoir absolu.

Le Sénatus-consulte du 28 floréal an XII organisait aussi une Haute Cour de justice impériale, destinée à remplacer celle qu'avait créée l'art. 73 de la Constitution de l'an VIII, selon le type antérieur et qui n'avait pas été organisée. Elle était composée (art. 164) « des princes de l'Empire, du Grand-Juge, ministre de la Justice, des grands dignitaires et grands officiers de l'Empire, de soixante sénateurs, des six présidents des sections du Conseil d'État, de quatorze conseillers d'État et de vingt membres de la Cour de cassation appelés par ordre d'ancienneté ». Sa compétence (art. 101) était très étendue. Elle devait en particulier juger les ministres dénoncés par le Corps législatif. D'après la Constitution de l'an VIII, le Corps législatif ne pouvait décider de pareilles poursuites que sur la dénonciation du Tribunat. La nouvelle Constitution (art. 115) était plus large : « La dénonciation du Corps législatif ne pourra être arrêtée que sur la demande du Tribunat ou sur la réquisition de 50 membres du Corps législatif, qui requièrent un comité secret à l'effet de désigner dix d'entre eux par la voie du scrutin pour rédiger le projet de dénonciation ».

Le Corps législatif, dont les membres devenaient immédiatement rééligibles (art. 78), recevait aussi quelques prérogatives nouvelles. Il cessait d'être absolument le *Corps des muets* en matière législative. Avant la séance ordinaire et publique, où, après avoir entendu les orateurs du Conseil d'État et ceux du Tribunat, il statuait sur le projet de loi, un *Comité général* (comité secret), dans lequel ses membres « discutaient entre eux les avantages et les inconvénients du projet de loi » pouvait avoir lieu (art. 82, 83). — Comme cela intéressait surtout le Corps législatif, disons aussi que les membres de la Légion d'honneur entraient de droit dans les collèges électoraux ; les simples légionnaires dans le collège d'arrondissement ; les officiers et dignitaires supérieurs dans le collège du département auquel appartenait leur cohorte.

Quant au Tribunat, ses pouvoirs étaient prorogés à dix ans et il devait se renouveler par moitié tous les cinq ans. Il était divisé en trois sections — législation, intérieur, finances — et ne discutait plus jamais

les projets de loi en assemblée générale. Ces sections
(art. 87) étaient même présentées comme des commissions du Corps législatif : « Les sections du
Tribunal constituent les seules Commissions du
Corps législatif, qui ne peut en former d'autres que
dans le cas énoncé, art. 113, tit. XIII, *de la Haute
Cour impériale* ».

C'était annoncer la destruction prochaine du Tribunat. Elle fut opérée par le Sénatus-consulte du
19 août 1807, et, cela fut encore présenté comme
une transformation, que faisait présager le texte cité
ci-dessus. L'art. 1 portait : « A l'avenir et à partir de
ce jour, la discussion préalable des lois, qui est faite
dans les sections du Tribunat, le sera, pendant la
durée de chaque session, par trois Commissions du
Corps législatif sous le titre : la 1re, de commission
de législation civile et criminelle; — la 2e, de commission d'administration intérieure; — la 3e, de commission des finances ». Les tribuns, dont, d'après
le Sénatus-consulte du 28 floréal an XII, les pouvoirs devaient aller jusqu'en l'an XXI (1812), étaient
versés au Corps législatif, « ils y entreront et feront
partie de ce Corps jusqu'à l'époque où leurs fonctions
auraient dû cesser au Tribunat ». Cela se fit sans
plébiscite aucun, quoiqu'il s'agît d'un des organes
essentiels créés par la Constitution de l'an VIII;
mais le Sénat n'était-il par chargé de régler tout ce
qui était nécessaire à la marche de la Constitution,
et d'ailleurs, cette fois encore, n'était-ce pas une
simple transformation?

D'ailleurs, le Corps législatif à cette occasion, acquérait de nouveaux droits. Si la commission qu'il avait nommée (l'une des trois) était en dissentiment avec la section correspondante du Conseil d'État, une conférence mixte avait lieu entre elles. Si la commission concluait définitivement contre le projet de loi, tous ses membres pouvaient « exposer devant le Corps législatif les motifs de leur opinion ». En revanche, dorénavant, d'après l'art. 10 « nul ne pouvait être nommé membre du Corps législatif à moins qu'il n'eût 40 ans accomplis ».

Que manquait-il, en droit à Napoléon pour être constitutionnellement tout-puissant? Le pouvoir législatif. Il ne l'avait pas, mais il le prit. Souvent il décida par un simple décret ce qui ne pouvait être décidé que par une loi ; et, par une jurisprudence assez singulière, la Cour de cassation a déclaré valables, ceux de ces décrets qui ont survécu à l'Empire, n'étant pas indissolublement liés à ce régime politique[1].

---

[1] Esmein, *Éléments de droit constitutionnel*, p. 501-502; 575-576. — C'est à partir de l'Empire que le terme *décret* s'oppose à *loi* et désigne l'acte par lequel le titulaire du pouvoir exécutif exerce le pouvoir réglementaire qui lui appartient. Cet acte s'était appelé auparavant *proclamation royale*, *arrêté* du Directoire ou des Consuls. Le mot *décret* était au contraire spécifique jusqu'à la Constitution de l'an III pour désigner les décisions (lois ou autres) votées par les Assemblées législatives.

CHAPITRE II

LES LOIS ORGANIQUES

Le Consulat et l'Empire ont produit un certain nombre de lois organiques qui égalent en importance celles de la Révolution. Elles ont d'ailleurs le plus souvent pour objet de réagir contre celles-ci et de rétablir des institutions empruntées à l'ancien régime. Nous allons examiner les principales; nous aurons en même temps l'occasion de dire ce que devinrent alors les divers droits individuels.

I. — *Organisation administrative.*

L'Assemblée constituante avait introduit une décentralisation intense et imprudente, principalement politique, et la Convention en avait simplement corrigé les excès les plus insupportables. Napoléon rétablit la centralisation de l'ancien régime, plus étroite et plus étouffante encore. La première et principale loi à cet égard est celle du 28 pluviôse de l'an VIII, *concernant la division du territoire de la République et l'administration.*

Les divisions territoriales étaient les mêmes que
celles établies par l'Assemblée constituante : le département, l'arrondissement succédant au district[1], et la
commune. Les municipalités de canton disparaissaient, la division en cantons subsistait d'ailleurs,
servant aux intérêts électoraux et judiciaires.

Mais l'organisation administrative qui s'adaptait
à ces divisions différait profondément de celle qu'elle
remplaçait. Deux traits essentiels caractérisaient la
loi nouvelle.

1° L'administrateur individuel reparaissait, à la
place des administrations collectives. Ce principe se
traduisait dans un axiome qu'aimait à répéter notre
ancien maître, M. Vuatrin : « Agir est le fait d'un
seul ; délibérer est le fait de plusieurs ». A la tête du
département, était placé un préfet, représentant général du pouvoir central ; à la tête de l'arrondissement,
un sous-préfet ; à la tête de la commune un maire.
Le préfet était la copie de l'intendant de l'ancien
régime ; le sous-préfet celle du subdélégué, mais devenu un fonctionnaire public et non un simple fondé
de pouvoir du préfet, transformation que l'ancien
régime n'avait jamais pu réaliser d'une manière sta-
ble. Mais ces deux copies étaient réduites par rapport
aux modèles. La circonscription, à laquelle présidait
le préfet, souvent n'était pas plus étendue que ne l'é-
tait jadis celles de beaucoup de subdélégués. Les préfets et sous-préfets étaient nommés par le Premier

[1] La loi du 28 pluviôse dit toujours *arrondissement communal* ;
mais l'épithète est tombée depuis et le nom est resté seul.

Consul ; les maires, par le Premier Consul ou par le préfet, selon l'importance de la commune.

2° Le second trait essentiel, c'est que, non seulement ces administrateurs individuels, agents du Gouvernement, mais encore les membres des Conseils qui étaient placés auprès de ces fonctionnaires, pour la délibération et parfois pour la décision, étaient nommés et révocables par lui. Les membres de ces Conseils, d'ailleurs et très logiquement étaient, comme les fonctionnaires proprement dits, choisis pour une durée indéfinie : nommés pour trois ans, ils pouvaient toujours être *continués*. Par un fatal retour des choses d'ici-bas, l'élection, qui avait été tout depuis la Révolution dans l'ordre administratif, n'était plus rien maintenant. L'art. 18 portait : « Le Premier Consul nommera les préfets, les conseillers de préfecture, *les membres des conseils généraux de département*, le secrétaire général de préfecture, les sous-préfets, les *membres du conseil d'arrondissement*, les maires et adjoints des villes de plus de 5.000 habitants, les commissaires généraux de police et préfets de police dans les villes où il en sera établi ». Et l'art. 20 : « Les préfets nommeront et suspendront de leurs fonctions les *membres des conseils municipaux* ; ils nommeront et pourront suspendre les maires et adjoints des villes dont la population est inférieure à 5.000 habitants ».

A côté du préfet, dans chaque département existaient deux conseils : *le Conseil de préfecture* et le *Conseil général.* Le premier était un conseil d'adminis-

tration proprement dit, n'ayant en principe que voix
consultative; mais qui, avait aussi, comme on va le
voir, d'importantes attributions judiciaires. Le *Conseil
général* était une assemblée délibérante, comme l'ancien conseil de département créé par la Constituante.
Mais nous savons comment ses membres étaient nommés. Il avait une session annuelle de quinze jours.
Ses pouvoirs étaient peu étendus. Cependant il élisait
son bureau, comme le Conseil d'arrondissement, dont
il va être parlé. D'après la loi du 28 pluviôse, il répartissait les contributions directes, imposées au département, entre les divers arrondissements et déterminait, dans les limites fixées par la loi, les centimes
additionnels au principal de ces impositions, nécessaires pour les dépenses départementales; il entendait tous les ans le compte que le préfet devait rendre de l'emploi de ces centimes additionnels.

Auprès du sous-préfet, dans chaque arrondissement, était établi un Conseil d'arrondissement, qui
avait aussi une session annuelle, et dont l'attribution
la plus importante était la répartition entre les communes du contingent d'impôts directs attribué à l'arrondissement.

Auprès du maire enfin, remplacé au besoin par un
adjoint, était un Conseil municipal; le nombre de ses
membres variait suivant l'importance de la commune. «Ce conseil, disait la loi, s'assemblera chaque
année le 15 pluviôse et pourra rester assemblé
quinze jours; il pourra être convoqué extraordinai-
rement par ordre du préfet; il entendra et pourra

débattre le compte des recettes et dépenses municipales qui sera rendu par le maire au sous-préfet,
lequel statuera définitivement; il réglera le partage
des affouages, pâtures et fruits communs; il réglera
la répartition des travaux nécessaires à l'entretien et
aux réparations des propriétés qui sont à la charge
des habitants; il délibérera sur les besoins particuliers et locaux de la municipalité, sur les emprunts,
octrois ou contributions en centimes additionnels
qui pourront être nécessaires pour subvenir à ces
besoins, sur les procès qu'il conviendra d'intenter ou
de soutenir pour l'exercice et la conservation des
droits communs ». Si le conseil municipal avait été
un corps élu, ces pouvoirs eussent été à peu près
suffisants à cette époque.

A un autre point de vue, la Constitution du 22 frimaire et les lois des 28 pluviôse et 5 nivose an VIII
réalisaient dans l'ordre administratif, une réforme
considérable et des plus heureuses. L'Assemblée constituante, sauf les litiges soulevés par les impôts indirects, avait enlevé aux tribunaux civils la connaissance du contentieux administratif et l'avait attribué
aux corps mêmes chargés de l'administration active :
les directoires de district et de département. En l'an
III, le contentieux administratif avait été attribué aux
administrations départementales. Le Consulat créa
pour le juger des tribunaux administratifs spéciaux.
C'était en première instance le Conseil de préfecture,
dont la loi du 28 pluviôse (art. 4) détermina soigneusement la compétence. Il est vrai que ce corps était

encore mêlé à l'administration active, mais bien
moins directement que les anciens directoires et
administrations de département; car, d'après la loi,
(art. 3) « le préfet était seul chargé de l'administration ». Il faut ajouter, d'ailleurs, que la procédure
n'était point orale et contradictoire devant le Conseil
de préfecture et que ses audiences n'étaient pas publiques. Mais au-dessus, était le Conseil d'État, qui
recevait les appels des Conseils de préfecture et devait
parfois statuer en première et dernière instance ou
jouer le rôle de Cour de cassation. La Constitution
(art. 52) en faisait une de ses principales attributions : « Sous la direction des Consuls, le Conseil
d'État est chargé de rédiger les projets de loi, les règlements d'administration publique et *de régier les
difficultés qui s'élèvent en matière administrative* ».
Sans doute le Conseil d'État aussi intervenait dans
l'administration active, mais de haut. Sa dignité et
la valeur de ses membres étaient par elles-mêmes
des garanties, et bientôt, il eut une jurisprudence
arrêtée sur les principaux points.

D'ailleurs, les administrateurs furent protégés
contre les entreprises des tribunaux judiciaires plus
énergiquement encore que dans le passé, par l'article
75 de la Constitution de l'an VIII, d'après lequel
« les agents du Gouvernement autres que les ministres ne peuvent être poursuivis pour les faits relatifs
à leurs fonctions qu'en vertu d'une décision du Conseil d'État ».

L'Empire créa aussi, ou plutôt rétablit, une autre

haute juridiction administrative, la *Cour des comptes*,
par une loi du 16 septembre 1807. La Constituante,
après une longue et intéressante discussion, avait
aboli cette institution ; elle trouvait inutile de soule-
ver d'office et nécessairement une sorte de procès à
propos des comptes d'un comptable public quelconque. La loi de 1807 rétablit la Cour des comptes,
à peu près telle qu'elle était dans l'ancien régime.
Elle présentait ce trait notable, qui jurait avec les nouvelles juridictions administratives, que ses membres
étaient inamovibles. De toutes les juridictions françaises, c'est encore aujourd'hui celle qui, par son
organisation et même ses traditions, reflète le mieux
ce passé lointain de l'ancienne France.

L'effroyable centralisation qu'avait créée la loi du
28 pluviôse fut relâchée, dans une certaine mesure,
par le Sénatus-consulte du 16 thermidor an X. La
présentation de candidats individuels par les collèges
électoraux s'introduisit ; sous cette forme l'élection
reparaissait pour les conseils généraux et d'arrondissement et pour les conseils municipaux des villes au
moins de 5.000 âmes. Le Conseil général (art. 30)
se renouvelait désormais par tiers tous les cinq ans, et
pour chaque place vacante le collège électoral de département présentait au Premier Consul deux citoyens
domiciliés dans le département, dont un devait être
pris nécessairement hors du collège électoral qui le
présentait. Les conseils d'arrondissement (art. 28) se
renouvelaient également par tiers tous les cinq ans, et
pour chaque place vacante, le collège d'arrondisse-

ment devait également présenter, dans les mêmes conditions, deux candidats au Premier Consul. Enfin voici ce qui était établi pour les conseils municipaux :

« Art. 10. Dans les villes de 5.000 âmes, l'assemblée de canton (assemblée primaire) présente deux citoyens pour chacune des places du conseil municipal. Dans les villes où il y aura plusieurs justices de paix ou plusieurs assemblées, le canton présentera pareillement deux citoyens pour chaque place du conseil municipal. — Art. 11. Les membres des conseils municipaux sont pris par chaque assemblée de canton sur la liste des plus imposés du canton. Cette liste sera arrêtée et imprimée par ordre du préfet. — Art. 12. Les conseils municipaux se renouvellent tous les dix ans par moitié ».

II. — *Organisation judiciaire.*

La réforme de l'organisation judiciaire, dont les grandes lignes sont tracées dans la Constitution de l'an VIII, fut opérée par la loi du 27 ventôse an VIII. Elle porta à la fois sur la hiérarchie des tribunaux et sur le recrutement de la magistrature.

A. — Les juges de paix étaient maintenus dans les conditions antérieures, sauf qu'ils n'avaient plus d'assesseurs, mais seulement des suppléants. Les tribunaux civils de département établis par la Constitution de l'an III étaient supprimés. A leur place, étaient créés des *tribunaux civils de première instance*, dont un était établi dans chaque arrondissement. On

revenait à l'idée de la Constituante : mettre la justice
tout près du justiciable. Mais les nouveaux tribunaux d'arrondissement étaient plus importants que
les anciens tribunaux de district : ils devaient compter dix juges et cinq suppléants. L'appel était maintenu avec le taux fixé par la Constituante, mais,
pour la première fois depuis la Révolution, il était
remis sur sa vraie base. Il était créé (art. 24) des
Tribunaux d'appel au nombre de 27 et le nombre
devait s'en accroître avec l'extension future du territoire français. C'étaient des corps importants qui
(Paris excepté) devaient comprendre de douze à trente
et un juges, et ne pouvaient statuer qu'à sept juges
au moins. Cependant ils étaient beaucoup plus multipliés que ne l'avaient été des Parlements et Cours
supérieures de l'ancien régime ; nombre de villes où
ils étaient établis n'avaient eu jadis qu'un *présidial*.
C'étaient à peu près les *Grands bailliages* de 1788,
avec la pleine compétence en dernier ressort.

Le système nouveau répudiait, tout en le conservant en apparence, le principe d'après lequel la Constituante avait séparé la *justice civile* et la *justice
répressive*.

Dorénavant le tribunal civil faisait en même temps
l'office de tribunal correctionnel. Le tribunal criminel
subsistait et il devait, comme par le passé, y en avoir
un par département, composé d'un président et de
deux juges. Mais il n'avait plus, pour ainsi dire, de
personnel à lui propre. Le président était « choisi
tous les ans par le Premier Consul parmi les juges

de la Cour d'appel ». Il était toujours rééligible. Les fonctions d'accusateur public étaient, d'après la Constitution (art. 63), remplies par le Commissaire du Gouvernement. D'ailleurs elle confirmait la garantie, en matière criminelle, du double jury. Art. 62 : « En matière de délits emportant peine afflictive ou infâmante, un premier jury admet ou rejette l'accusation; si elle est admise, un second jury reconnaît le fait; les juges formant un tribunal criminel appliquent la peine. Le jugement est sans appel ».

Le Tribunal de Cassation avec son caractère essentiel, était conservé; des modifications étaient apportées à son organisation, comme il en avait subi maintes fois depuis 1791.

Cet organisme reçut en l'an IX des additions et des retouches importantes[1]. La loi du 7 pluviôse an IX *concernant la police des délits en matière criminelle et correctionnelle*, reconstitua véritablement l'action du ministère public. Elle donna au Commissaire du Gouvernement près le tribunal criminel des substituts dans chacun des arrondissements du département, nommés par le Premier Consul et révocables par lui à volonté. Ces magistrats avaient l'exercice de l'action publique, le droit de poursuite pour les crimes et délits. Il y a plus : ils avaient le droit de mettre en état de détention préventive, par un *mandat de dépôt,* les prévenus qui étaient amenés devant eux; les juges de paix et autres officiers de police judiciaire deve-

---

[1] Esmein, *Histoire de la procédure criminelle en France,* p. 470 et s.

naient leurs auxiliaires. En même temps, l'instruction préparatoire, remise au directeur du jury, tendait à devenir écrite et secrète, et le jury d'accusation ne statuait plus que sur des pièces écrites, sans entendre les témoins.

La loi du 18 pluviôse an IX créait des tribunaux criminels d'exception, des *Tribunaux spéciaux*. La procédure criminelle par jurés n'avait pas donné, pendant la Révolution, tous les bons effets qu'on en attendait. Le milieu n'était pas favorable. Les passions politiques, l'anarchie locale, et surtout la guerre civile et le brigandage, en avaient troublé le fonctionnement et dérangé l'équilibre. Pour juger les brigands et les *chauffeurs* il avait fallu, déjà sous le Directoire, établir des commissions militaires par des lois d'exception. En l'an IX on alla plus loin ; et, dans ces Tribunaux spéciaux composés d'un président, des juges du tribunal criminel ordinaire, de trois officiers militaires et de deux simples particuliers ayant les qualités requises pour être juges, on ressuscita les *Tribunaux des prévôts des maréchaux* de l'ancien régime, les cours prévôtales si redoutées dans l'ancienne France. Il est vrai que la copie nouvelle fut largement améliorée par rapport au modèle ancien [1]; on leur donna compétence pour juger, non seulement les brigands proprement dits, dont les actes avaient provoqué cette création, mais bien d'autres malfaiteurs redoutables.

---

[1] V. dans mon *Histoire de la procédure criminelle*, p. 472 et s., la comparaison détaillée de la loi du 18 pluviôse et de l'ancien droit.

Sous l'Empire, de nouvelles modifications importantes furent apportées à l'organisation judiciaire par le Code d'instruction criminelle; nous en parlerons plus loin. L'ordre judiciaire fut réglé à nouveau dans son ensemble par la grande loi du 20 avril 1810 et par les décrets qui la complétèrent. Le langage s'adapta aussi au nouveau régime. Les tribunaux de cassation et d'appel prirent le nom de *Cour de Cassation* et *Cours d'appel;* on ne redoutait plus d'évoquer le souvenir des *Cours souveraines* de l'ancienne France. Les officiers du ministère public reprirent leurs anciens noms de *Procureurs* et de *Substituts; Procureurs généraux* près de la Cour de Cassation, de la Cour des comptes et des Cours d'appel, *Procureurs impériaux* près des tribunaux de première instance.

B. — Si le Consulat supprimait l'élection en matière politique et administrative, ce n'était certes point pour la laisser subsister dans l'ordre judiciaire. D'après la Constitution de l'an VIII (art. 41) le Premier Consul « nomme les juges criminels et civils autres que les juges de paix et les juges de cassation *sans pouvoir les révoquer* ». Les juges nommés par le Gouvernement devaient être pris, suivant les cas, sur la liste de confiance de l'arrondissement, sur celle du département ou sur la liste nationale. On faisait cependant une légère concession, au système électif antérieur, qui était maintenu sur deux points, au bas et au sommet de l'échelle.

Les juges de paix continuaient à être élus, comme par le passé. La loi du 27 ventôse an VIII disait dans son art. 2 : « Il n'est rien innové aux lois concernant les juges de paix ». Les juges du Tribunal de Cassation étaient élus par le Sénat (art. 20) et pris sur la liste nationale. La loi du 27 ventôse ajoutait simplement, art. 59. « Lorsqu'il vaquera une place au Tribunal de Cassation, le Commissaire du Gouvernement en instruira les Consuls qui en donneront connaissance au Sénat conservateur ». Mais pour ces magistrats un changement considérable se produisait. Ils étaient dorénavant élus, non plus à temps, mais à vie. L'art. 68 de la Constitution portait : « Les juges *autres que les juges de paix*, conservent leurs fonctions toute leur vie, à moins qu'ils ne soient condamnés pour forfaiture ou qu'ils ne soient pas maintenus sur les listes d'éligibles ».

Le Sénatus-consulte du 16 thermidor an X, modifia les règles relatives à ces deux classes de magistrats. Il portait en ce qui concerne les juges de paix, art. 8 : « L'assemblée de canton désigne deux citoyens entre lesquels le Premier Consul choisit le juge de paix du canton. Elle désigne également deux citoyens pour chaque place vacante de suppléant de juge de paix. Les juges de paix et leurs suppléants sont nommés pour dix ans ». C'était le système de la présentation substitué à l'élection véritable. Quant aux juges de cassation, la liberté du Sénat était également restreinte pour le choix, art. 85 : « Les membres du Tribunal de cassation *sont élus par le Sénat sur la présentation du Premier Consul. Le Premier Consul* présente trois sujets pour chaque place vacante ».

On se demande pourquoi le Consulat laissa subsister ces deux vestiges du système électif. C'est sans doute parce que le juge de paix conciliateur avait été dès le début considéré comme l'homme de confiance du canton (il fallait donc qu'il fût choisi par ses concitoyens), et que l'on avait vu dans la Cour de Cassation en quelque sorte le prolongement de la législature.

D'ailleurs, ce ne fut pas le dernier mot. Le Sénatus-consulte du 28 floréal an XII, portait dans son art. 1er : « La justice se rend au nom de l'Empereur par des officiers qu'il institue ». C'était une règle absolue, qui faisait disparaître les derniers vestiges du système électif. L'art. 235 ajoutait : « Les présidents de la Cour de Cassation, des Cours d'appel et de Justice criminelle sont nommés *à vie* par l'Empereur et peuvent être choisis hors des corps qu'ils doivent présider ».

La Constitution de l'an VIII avait promis l'inamovibilité aux juges nommés par le Premier Consul. Mais les légistes napoléoniens, par une de ces interprétations subtiles dont on a vu plusieurs exemples, trouvèrent le moyen de tourner cette disposition. L'art. 68 de la même Constitution portait en effet, que les juges ne pourraient rester en place, s'ils n'étaient pas maintenus, lors de sa révision, sur la liste de confiance correspondant à leur emploi. C'était disait-on, une condition qui assurait la permanence de leur civisme et leur exactitude à remplir leurs fonctions. Cette garantie avait disparu avec le système des listes de confiance : il était naturel et parfaitement constitutionnel de la remplacer par une autre. En conséquence, un Sénatus-consulte du 12 octobre 1807 décida deux choses. En premier lieu, à l'avenir (art. 1) « les provisions instituant les juges à vie ne leur seraient délivrées qu'après cinq années d'exercice en leurs fonctions et si, à l'expiration de ce délai, le Gouvernement reconnaissait qu'ils méritaient d'être maintenus dans leur place ». D'autre part, on procédait à l'épuration des magistrats antérieurement nommés. Ceux qui « seraient signalés par leur incapacité, leur conduite et des déportements dérogeant à la dignité de leurs fonctions » devaient être « examinés dans le courant de décembre 1807 ». Cela voulait dire que, sur le rapport du Grand-Juge, les faits qui leur étaient reprochés étaient examinés par une commission, et celle-ci désignait ceux « dont elle estimait que la nomination devait être révoquée ». Son travail devait être terminé le 1er mars 1808.

La loi du 22 ventôse an XII avait reconstitué, comme établissements d'État et sur le modèle amélioré des anciennes Facultés, des Écoles de droit qui délivraient les certificats pour l'obtention des grades de bachelier, licencié et docteur. Depuis la suppression des anciennes universités, l'enseignement du droit ne se donnait plus que de deux manières. Il s'était fondé à Paris des écoles libres, l'*Académie de législation* et l'*Université de jurisprudence*. D'autre part, la *législation* était comprise dans le programme des Écoles centrales, et, bien que cet enseignement y fût fort réduit, il avait été donné parfois par des juris-

consultes remarquables, au premier rang desquels
est Proudhon. La loi du 22 ventôse, dans son art. 21,
tenait compte de cet état de fait antérieur. Enfin elle
décidait (art. 23) qu'à dater « du 1ᵉʳ vendémiaire
an XVII, nul ne pourrait être appelé à l'exercice des
fonctions de juge, commissaire du Gouvernement ou
leurs substituts dans les tribunaux de cassation, d'appel, criminels ou de première instance, s'il ne présentait un diplôme de licencié ». Cette loi rétablissait
aussi et réorganisait l'Ordre des avocats et exigeait le
diplôme de licencié en droit pour l'exercice de la
profession d'avocat.

III. — *Impôts et armée.*

Dans le régime des impôts directs, le Consulat et
l'Empire n'introduisirent pas de modifications profondes. Une loi du 15 septembre 1807 régla la confection d'un cadastre général, qu'avait déjà ordonnée
le décret du 3 frimaire an VII. Mais c'était un travail immense qui ne put aboutir. Ce qui fut transformé, ce fut le mode de recouvrement et l'administra-
tration. Avec un personnel spécial d'employés et de
prudentes mesures s'établirent la certitude et la
régularité.

Mais le système général des impôts fut notable-
ment modifié. Nous avons vu sous le Directoire les
impôts indirects reparaître, mais timidement. Napoléon les rétablit hardiment et largement. L'ancien
impôt des aides sur le vin et les boissons spiritueuses
fut rétabli, mais amélioré. Cela se fit par des lois du

5 ventôse an XII (droits de circulation), 24 avril 1806 (droit de détail) et 21 décembre 1806 (droits de consommation). Le système entier fut réglé soigneusement et minutieusement par la grande loi du 25 novembre 1808. Ces contributions indirectes prirent le nom de *Droits réunis*. C'était un vieux terme qui désignait jadis les droits, autres que les *aides* proprement dites, qui étaient, pour la perception, *réunis* à la ferme des aides. Dans le nouveau droit, bien entendu, les *droits réunis* n'étaient point affermés ; mais perçus en régie par des employés de l'État. Cette législation comprenait aussi, avec des droits sur le sucre, un impôt sur la fabrication du sel, mais léger et qui n'en gênait point le libre commerce[1].

Le Directoire avait établi un faible impôt sur la production des tabacs sans en entraver la fabrication et la vente. Le décret du 29 décembre 1810 rétablit au profit de l'État le monopole 'de la fabrication et de la vente et régla administrativement la culture. On lisait dans le préambule : « Les tabacs, qui, de toutes les matières, sont la plus susceptible d'imposition, n'avaient point échappé à nos regards. L'expérience a montré l'inconvénient de toutes les mesures qui ont été prises jusqu'à ce jour. Les fabricants étant peu nombreux, il était à prévoir qu'on serait obligé d'en réduire encore le nombre. Le prix du tabac fabriqué était aussi élevé qu'à l'époque de la ferme générale. La plus faible partie des produits

---

[1] V. l'apologie de ces impôts dans le préambule du décret du 29 décembre 1810.

entrait au Trésor : le reste se partageait entre les
fabricants. A tant d'abus, se joignait celui des agri-
culteurs qui se trouvaient à leur merci ». La fabrication des poudres devint aussi un monopole de
l'État par le décret du 16 février 1807.

Nous avons dit que la loi de l'an VI avait fourni
les soldats des armées de l'Empire. Napoléon la
crut donc bonne et suffisante. Il est vrai qu'il la viola
plus d'une fois, appelant prématurément des classes,
sans vote du Corps législatif et avec la seule approbation du Sénat. Des modifications de quelque
importance y furent seulement apportées par la loi
du 28 floréal an X. Le Conseil de la commune
devait désigner, sauf recours à qui de droit, « les individus hors d'état, par leurs infirmités de soutenir les
fatigues de la guerre », lesquels devaient payer une
indemnité fixée par la loi, lorsqu'eux ou leurs pères
supporteraient plus de cinquante francs d'impositions
réunies. On constituait aussi une réserve avec une
partie des classes, et c'étaient encore les municipalités qui désignaient les conscrits qui entreraient
dans la réserve. Ceux-là « restaient chez eux et
étaient réunis et exercés dans la saison où il y a le
moins de travaux à la campagne ». Le remplacement fut aussi toléré ; mais souvent le conscrit remplacé était repris dans une autre levée [1].

---

[1] Exposé des motifs par le conseiller d'État Lacuée, séance du
21 floréal an X : « Les remplacements, tels qu'ils avaient été autorisés par la loi du 17 ventôse an VIII, avaient des avantages, mais
l'expérience a prouvé qu'ils offraient des inconvénients nombreux

On a vu combien de grades avaient été enlevés à la disposition de Louis XVI et comment la Constituante avait, pour les grades inférieurs, introduit la présentation ou l'élection par les inférieurs ou les égaux [1]. La Convention ou le Comité de Salut public, ou les représentants en mission aux armées se réservèrent toutes les nominations aux grades et emplois importants, l'élection continuant à fonctionner au bas de l'échelle.

« Les officiers d'infanterie et de cavalerie étaient choisis dans la troupe et étaient nommés, partie à l'ancienneté (colonels, chefs de bataillons), partie à l'élection (capitaines, lieutenants). Dès l'an III, la Convention prit le droit de nommer le tiers des officiers, et le Directoire, en l'an IV, acheva d'enlever aux troupes le droit de nommer leurs chefs » [2].

D'après la Constitution de l'an VIII (art. 41), le Premier Consul nommait « les officiers de l'armée de terre et de mer », sans exception:

IV. — Les cultes.

On a vu comment s'était faite la séparation des Églises et de l'État. Ici encore Napoléon voulut remonter le cours du temps et les unir de nouveau à l'État. Il reprit le type ancien, amélioré d'ailleurs.

et majeurs. La nouvelle loi, en fermant en quelque sorte les yeux sur les substitutions de gré à gré autorisées par les magistrats, a conservé ce que la loi ancienne avait de bon ».

[1] V. *suprà*, p. 138.
[2] Dussieux, *L'armée en France*, t. II, p. 395-396.

Il voulut spécialement rétablir légalement l'autorité spirituelle de l'Église catholique, tout en maintenant, quant au temporel, les actes irrévocables
accomplis par la Révolution. Il voulut surtout l'avoir
dans sa main plus étroitement encore que les anciens
rois ne tenaient l'ancienne Église gallicane.

L'Église catholique alors n'en espérait et n'en demandait pas tant. Elle s'était faite déjà au régime de
la liberté. Elle réclamait seulement deux choses :
1° être reconnue comme Église nationale des Français ; mais, à cet égard, elle se serait certainement con-
tentée d'une déclaration comme celle par laquelle
débute le Concordat de l'an IX : « Le Gouvernement
de la République française reconnaît que la religion
catholique apostolique et romaine est la religion de la
grande majorité des citoyens français ». Elle ne voulait plus être regardée par l'État avec mépris et comme
une ennemie. En second lieu, elle voulait avoir pour
elle, sincèrement et exclusivement, les anciennes églises. Voici ce qu'on lit dans un livre écrit par un prêtre et publié en l'an III, qui fit alors quelque sensa-
tion : « Mais la Nation peut-elle adopter un culte
particulier sans en payer les frais? ou peut-elle en
prendre l'engagement sans surcharger les citoyens
d'un impôt accablant? Un autre dirait peut-être ici
que, la Nation s'étant emparée de tous les biens,
qu'une destination irrévocable avait depuis des mil-
liers d'années, affectés au service de la religion
catholique, il était de l'équité, comme de la politique, de réserver sur cette riche proie de quoi

fournir avec une modeste simplicité aux frais du
même culte ; l'Assemblée constituante l'avait ainsi
réglé, et en cela, son décret fut indubitablement
l'expression de la volonté générale. Mais je veux
bien renoncer à cette considération pour aller
droit au but. *Je dirai ici, sans craindre d'être
désavoué par aucun de ceux qui connaissent l'esprit de l'Évangile : qu'on rende au peuple français sa religion et ses temples, c'est tout ce qu'il
demande*[1] ». Et l'auteur assurait que la séparation
serait acceptée à tous autres égards : « Les ministres du culte, *même avoués de la nation*, peuvent fort bien administrer les choses saintes, offrir
le sacrifice, disperser les sacrements, annoncer la
divine parole, *présider aux rassemblements religieux;*
se réunir, même en concile, quand l'intérêt de la
religion l'exige ; — et n'en être pas moins étrangers
aux affaires civiles, ni moins soumis aux lois, ni
moins incapables de troubler ou de contrarier l'administration politique »[2]. Enfin, il protestait contre
l'esprit d'intolérance à l'égard des autres cultes : « La
religion catholique peut donc rester ou rentrer dans
la Constitution française, sans qu'il y ait rien à crain-

---

[1] *Apologie de la religion chrétienne et catholique contre les blas-
phèmes et les calomnies de ses ennemis*, Paris, an III de la République, 1795, p. 123. — Le chapitre où se trouve ce passage est
intitulé : *La nation française peut conserver le christianisme sans
persécuter les autres religions, sans augmenter ses dépenses, sans
ressusciter les corporations sacerdotales.* L'ouvrage a eu une seconde
édition en 1796. Le père Lambert passe pour en être l'auteur.

[2] *Ibidem*, p. 131.

dre pour ceux de ses enfants qui ont un autre culte [1] ».

Un Concordat fut conclu entre le Premier Consul
et le Pape Pie VII, le 26 messidor an IX, ratifié par
les deux parties, le 23 fructidor suivant. Il faisait
tout d'abord table rase par rapport au passé. Il devait (art. 2) « être fait par le Saint-Siège, de concert
avec le Gouvernement, une nouvelle circonscription
des diocèses français » ; elle ne fut pas, d'ailleurs, très
différente de celle qu'avait établie l'Assemblée Constituante. Les évêques actuellement en fonctions
pour la France, non seulement ceux qui restaient de
l'Église constitutionnelle, mais ceux qui avaient été
nommés par le Pape, devaient se démettre, sinon le
Pape se déclarait décidé à les casser (art. 3). Le
Pape (art. 13), « pour le bien de la paix et l'heureux
rétablissement de la religion catholique, déclarait
que ni lui, ni ses successeurs ne troubleraient en
aucune manière les acquéreurs des biens ecclésiastiques aliénés et, qu'en conséquence, la propriété de
ces mêmes biens, les droits et revenus y attachés,
demeureraient incontestables entre leurs mains ou
celles de leurs ayant-cause ».

Quant au nouveau régime établi par cette convention, il était calqué sur le Concordat de 1516, en
ce qui concerne la nomination des dignitaires du
clergé séculier, avec cette différence première et
essentielle, qu'au lieu de bénéfices en biens d'Église, ils
recevaient des traitements de l'État. L'art. 16 disait

_____

[1] *Ibidem*, p. 127.

d'ailleurs : « Sa Sainteté reconnaît dans le Premier Consul de la République française les mêmes droits et prérogatives dont jouissait auprès d'elle l'ancien Gouvernement ».

Les *nominations* des évêques (c'était le terme même employé par le Concordat de 1516) devaient être faites par le Premier Consul (art. 4 et 5), et « Sa Sainteté conférera *l'institution canonique, suivant les formes établies par rapport à la France avant le changement de gouvernement* ». Le nouvel évêque devait prêter entre les mains du Premier Consul « le serment de fidélité qui était en usage avant le changement de gouvernement et dont l'art. 6 donnait la formule ». Il était autrement astringent à l'égard du pouvoir civil que celui qu'avaient repoussé les insermentés.

Les évêques (art. 9) devaient faire une nouvelle circonscription des paroisses de leurs diocèces, laquelle n'aurait d'effet qu'avec l'agrément du Gouvernement. Ils nommaient aux cures (art. 10), mais leur choix ne pouvait tomber que sur des personnes agréées par le Gouvernement. Les curés prêtaient entre les mains des préfets le même serment de fidélité que les évêques prêtaient entre celles du Premier Consul.

Il n'était point établi d'autres autorités ecclésiastiques; cependant l'art. 11 donnait une permission aux évêques qui « pouvaient avoir un chapitre dans leur cathédrale et un séminaire pour leur diocèse, sans que le Gouvernement s'oblige à les doter ».

Voici à quoi maintenant le Gouvernement s'obligeait : « Art. 12. Toutes les églises métropolitaines, cathédrales, paroissiales et autres non aliénées, nécessaires au culte, *seront remises à la disposition des évêques.* — Art. 14. Le Gouvernement assurera un traitement convenable aux évêques et aux curés dont les diocèses et les paroisses seront compris dans la circonscription nouvelle ». Mais il ne faudrait pas croire que cela s'appliquât aux desservants de toutes les Églises, dont pour beaucoup les traitements ne seront établis que plus tard. Le nombre des paroisses, on le sait, avait été considérablement diminué en 1791 et tout d'abord il ne fut pas beaucoup augmenté en l'an X. L'art. 15 portait enfin : « Le Gouvernement prendra également des mesures pour que les catholiques français puissent, s'ils le veulent, faire en *faveur des Eglises* des fondations ».

Disons aussi que plus tard les biens des anciennes fabriques non aliénés furent remis aux fabriques créées près des nouvelles paroisses, par un arrêté des Consuls du 7 thermidor an XI.

Mais pour que toutes ces dispositions pussent s'appliquer, il fallait abroger la législation existante, celle que nous avons étudiée plus haut. Ce fut l'objet principal de la loi *contenant les articles organiques de la Convention du 26 messidor an IX,* votée le 18 germinal an X. Elle reproduisait en outre, atténuées, la plupart des règles contenues dans la doctrine ancienne des *libertés de l'Église gallicane,* et qui assuraient le contrôle de l'autorité publique sur le clergé, quant au temporel et à la discipline. *L'appel comme d'abus* y était maintenu; mais il était porté maintenant au Conseil d'État. Ce changement avait été préparé par la jurisprudence du xviii° siècle. Dans les querelles religieuses de ce temps-là, particulièrement celles soulevées par la bulle *Unigenitus*, les appels comme d'abus, alors si fréquents, portés aux Parlements avaient été si souvent évoqués au Conseil du roi, que celui-ci apparaissait en fait comme leur juge ordinaire.

Pendant tout le temps que le Concordat de l'an IX est resté en vigueur, la Cour de Rome a contesté la légalité de ces articles organiques, comme étant des dispositions ajoutées à un traité par une seule des parties. Mais ce traité ne pouvait recevoir effet qu'en devenant loi française. Or, sans les articles organiques, il n'eût jamais été accepté par le Corps législatif de cette époque, quelle que fût sa déférence envers Napoléon. Ils faisaient donc nécessairement corps avec le Concordat lui-même. On ne pouvait invoquer l'un et rejeter les autres.

La loi du 18 germinal fut votée dans une session extraordinaire. Portalis rédigea un admirable exposé des motifs. Le Corps législatif l'adopta, après avoir entendu les tribuns Lucien Bonaparte et Jaucourt, qui opinaient favorablement; elle réunit 228 voix sur 249 votants.

Le Concordat n'avait point rétabli les ordres et congrégations de religieux et de religieuses. Le texte était muet, en ce qui les concerne, et les travaux préparatoires de la loi du 18 germinal an X sont for-

mels[1], ils établissent clairement que leur suppression était maintenue[1]. D'ailleurs, si l'on avait voulu
les comprendre dans les institutions catholiques
reconstituées, il est certain qu'une protestation formidable se fût élevée dans le pays et que le Concordat n'eût pas été accepté par le Corps législatif.

Cependant quelques congrégations devaient reparaître en France sous le Consulat et le Premier
Empire et quelques établissements religieux se fonder. Mais cela se fit sans abrogation des lois antérieures qui en prononçaient la suppression générale.
Cela se fit par des *dispenses* à ces lois. Ces dispenses, il
est vrai, furent accordées par de simples décrets; mais
nous savons qu'alors le décret remplaçait souvent
la loi. Le décret du 3 messidor an XII, est le premier
texte qui autorisa de nouveau certaines congrégations. Son art. 3 portait : « Les lois qui s'opposent
à l'admission de tout ordre religieux dans lequel on
se lie par des vœux perpétuels continueront d'être
exécutées selon leur forme et teneur ». Qu'est-ce à
dire, sinon qu'à cette époque, les lois de la Révolu-

---

[1] Discours de Portalis au Corps législatif le 15 germinal an X :
« Le pape avait autrefois dans les ordres religieux une milice qui
lui prêtait obéissance. Nos lois ont licencié cette milice et elles l'ont
pu; car on n'a jamais contesté à la puissance publique le droit d'é-
carter ou de dissoudre des institutions arbitraires, qui ne tiennent
point à l'essence de la religion et qui sont jugées suspectes ou
incommodes à l'État. — Conformément à la discipline fondamentale, nous n'aurons qu'un clergé séculier, c'est-à-dire des évêques
et des prêtres toujours intéressés à défendre nos maximes comme
leur propre liberté, puisque leur liberté, c'est-à-dire les droits de
l'épiscopat et du sacerdoce, ne peuvent être garantis que par ces
maximes ».

tion, toujours en vigueur, continuaient à prohiber
les ordres religieux, et même les congrégations à
vœux simples, car ces derniers aussi sont, en principe, perpétuels? Mais alors, comment expliquer les
autorisations qu'accordait ce même décret et celles
qu'il prévoyait comme possibles dans la suite? Nous
ne voyons qu'une explication admissible : c'est que
ces autorisations était des *dispenses* de la loi prohibitive toujours existante. Le droit constitutionnel français paraît bien, en effet, avoir conservé la règle que
le législateur peut, dans des cas particuliers, dispenser des lois, sans les abroger[1]. Ce qui était irrégu-
lier, contraire aux principes, c'est que cette dispense
fût accordée par un simple décret, par le pouvoir
exécutif et non par le pouvoir législatif.

Plus tard, le décret du 18 février 1809, relatif aux
« maisons hospitalières de femmes, à savoir celles
dont l'institution a pour but de desservir les hospices
de notre Empire, d'y servir les infirmes, les malades
et les enfants abandonnés ou de porter aux pauvres
des soins, des secours ou des remèdes à domicile »,
portait, dans son art. 2 : « Les statuts de chaque congrégation ou maison séparée seront approuvés par
nous, et insérés au *Bulletin des lois, pour être reconnus et avoir force d'institution publique* ». Ce même
décret (art. 6-8) reconnaissait et réglementait les
vœux de ces religieuses, qui ne pouvaient être prononcés qu'à l'âge de 21 ans, et pour cinq ans seule-

[1] Esmein, *Éléments de droit constitutionnel*, p. 595 et s.

ment, « en présence de l'évêque (ou d'un ecclésiastique délégué par l'évêque) et de l'officier civil, qui dressera l'acte et le signera sur un registre double ». La discipline était également réglée, et Napoléon mettait ces congrégations « sous la protection de Madame, notre très chère et honorée mère ».

Le Concordat en lui-même, ainsi restreint aux rapports de l'État avec le clergé séculier, ne fut pas pendant la vie de son principal auteur un instrument de concorde et de paix. Napoléon voulait avoir dans sa main les prélats et leurs prêtres comme un régiment bien discipliné, exact à l'obéissance passive. Un décret du 25 février 1810 portait « L'Édit de Louis XIV sur la déclaration faite par le clergé de France de ses sentiments touchant la puissance ecclésiastique, donné au mois de mars 1682 et enregistré au Parlement le 25 desdits mois et an, est déclaré loi générale de notre Empire », et publié à nouveau. Napoléon voulait établir en quelque sorte le culte catholique de sa propre personne. Un décret du 4 avril 1806 avait ordonné, avec l'approbation du cardinal-légat, la rédaction d'un catéchisme spécial, empreint de cet esprit, et qui devait être « seul en usage dans toutes les Églises catholiques de l'Empire ».

Mais les plus grandes difficultés vinrent d'ailleurs. Elles portèrent sur un point qui a encore été l'une des causes principales qui ont amené en 1905 l'abrogation de la loi du 18 germinal an X et la chute du Concordat. Il s'agissait de la nomination des évêques.

La Papauté prétendait avoir le droit d'accepter ou

de refuser les ecclésiastiques nommés par le Premier
Consul ou plus tard par l'Empereur; elle prétendait,
sauf la nécessité d'un accord avec lui, avoir le choix
de la personne et pouvoir refuser l'institution canonique sans avoir besoin de donner des raisons légales.
Napoléon soutenait au contraire que le Pape était
obligé de donner l'investiture canonique à l'ecclésiastique nommé par lui; il ne pouvait la refuser que
pour un cas d'indignité ou d'incapacité prévu par le
droit canonique et bien établi. Il avait cent fois raison; c'était comme disaient nos anciens auteurs, une
collation forcée de la part du Pape : tout le prouve, le
texte du Concordat de l'an IX et le rapprochement,
fait par lui-même, avec le Concordat de 1516, qui
incontestablement organisait un pareil système. Mais
la Papauté a toujours cherché à conquérir ce point,
quand l'occasion se présentait : elle avait lutté contre
Louis XIV, elle lutta contre Napoléon. Celui-ci apporta dans la lutte toute la brutalité de son vouloir.
Ce n'est pas ici le lieu de rappeler les péripéties du
conflit : les incidents de Savone, la mainmise sur
les biens de la Papauté, le Pape détenu, transporté
en France, des prélats français incarcérés. En 1813,
Napoléon négocia et signa avec le Pape un nouveau
Concordat *dit de Fontainebleau*, qui était destiné à
régir l'Empire français et le royaume d'Italie et qu'il
publia le 13 février 1813. En dehors des satisfactions
d'ordre temporel accordées au Pape, ce Concordat
qui n'était qu'un supplément à l'ancien, portait
presque uniquement sur le gros point litigieux et le

résolvait en somme suivant le désir de Napoléon. L'art. 4 disposait : « Dans les six mois qui suivront la notification d'usage de la nomination par l'Empereur aux archevêchés et évêchés de l'Empire et du royaume d'Italie, le Pape donnera l'institution canonique, conformément aux concordats, et en vertu du présent indult. L'information préalable sera faite par le métropolitain. *Les six mois expirés sans que le Pape ait donné l'institution, le métropolitain et, à son défaut, ou, s'il s'agit du métropolitain, l'évêque le plus ancien de la province, procédera à l'institution de l'évêque nommé, de manière qu'un siège ne soit jamais vacant plus d'une année* ».

Mais le pape se rétracta, répudia ce Concordat, comme imposé par la force. Napoléon le maintint néanmoins par un décret du 25 mars 1813 : « Le concordat signé à Fontainebleau, qui règle les affaires de l'Église et qui a été publié comme loi de l'État le 13 février 1813, est obligatoire pour nos archevêques, évêques et chapitres, qui sont tenus de s'y conformer ». L'art. 4 reproduisait et précisait le système établi par le Concordat de Fontainebleau. C'était reprendre, sauf l'élection, les règles de la Constitution civile du clergé. L'art. 5 donnait aux Cours d'appel compétence pour assurer l'exécution des concordats; par un curieux retour aux anciens principes, il leur donnait aussi le jugement des appels comme d'abus : « Nos cours impériales connaîtront de toutes les affaires connues sous le nom *d'appels comme d'abus*, ainsi que de toutes celles qui résulteraient de la non-exécution des lois des concordats ». C'est ainsi que Louis XIV avait employé les Parlements dans sa lutte contre la Papauté.

La loi du 18 germinal an X avait réglementé le culte protestant (Église réformée et Église de la confession d'Augsbourg) en même temps que le culte catholique; mais non le culte israélite. La condition des juifs n'était pas nettement établie sous le Consulat et l'Empire, comme le montrent les décisions assez nombreuses rendues par décrets ou par avis du Conseil d'État sur l'exercice par eux des différents droits. Cependant Napoléon les prit en quelque sorte sous sa protection. On peut voir, comme pièce intéressante, une décision du grand sanhédrin du 7 mars 1807, qui commence ainsi : « Béni soit à jamais le seigneur Dieu d'Israël, qui a placé, sur le trône de France et du royaume d'Italie, un prince selon son cœur. Dieu a vu l'abaissement des descendants de l'antique Jacob et a choisi Napoléon le Grand pour être l'instrument de sa miséricorde. A l'ombre de son nom, la sécurité est rentrée dans nos cœurs et nous pouvons désormais bâtir, ensemencer, moissonner, cultiver les sciences humaines, appartenir à la grande famille de l'État, le servir et nous glorifier de ses nobles destinées » [1]. Un décret du 20 juillet 1808, concernant les Juifs qui n'ont pas de nom de famille et de prénoms fixes, les obligea à prendre, dans les trois mois, des noms patronymiques

---

[1] Sirey, *Lois annotées*, t. I, p. 742.

et à en faire la déclaration devant l'officier de l'état civil de la commune de leur domicile.

V. — *Les droits individuels.*

Les droits individuels, autres que la propriété, subirent pour la plupart de rudes atteintes sous le Consulat et sous l'Empire ; ce qui montre bien que, lorsque disparaît la liberté politique, ils sont eux-mêmes fort compromis.

L'esclavage des nègres dans les colonies françaises, où il existait avant la Révolution, fut rétabli sous le Consulat et la traite redevint légitime. On profita pour cela du traité d'Amiens, qui nous rendait des colonies occupées antérieurement par l'Angleterre. La loi du 30 floréal an X, décida : « Art. 1. Dans les colonies restituées à la France en exécution du traité d'Amiens du 6 germinal an X, *l'esclavage est maintenu* conformément aux lois et règlements antérieurs à 1789. — Art. 2. Il en sera de même dans les autres colonies françaises au delà du Cap de Bonne Espérance. — Art. 3. La traite des noirs et leur importation dans lesdites colonies auront lieu conformément aux lois et règlements existant avant ladite époque de 1789 ». L'exposé des motifs portait : « Il faut se hâter de substituer à de séduisantes théories un système réparateur, dont les combinaisons se lient avec les circonstances, varient avec elles et soient confiées à la sagesse du Gouvernement ».

La liberté du travail et du commerce fut respectée, telle que l'avait faite l'Assemblée constituante. L'ar-

rêté des Consuls du 19 vendémiaire an X supprima
seulement la liberté de la boulangerie à Paris; il
fallut dorénavant une autorisation du préfet de police
pour exercer la profession, qui fut réglementée.

Le décret du 5 février 1810 *contenant règlement
sur l'imprimerie et la librairie* supprima aussi, mais,
dans un tout autre but, la liberté de la profession d'imprimeur. Cette profession devint un *office*,
comme il en existait quelques-uns avant 1789 (perru-
quiers, barbiers, étuvistes, etc.) qui était conféré par
un *brevet*. Le nombre des imprimeurs était limité,
comme aussi le nombre des presses. Ceux qui se présentaient comme successeurs des imprimeurs brevetés
et assermentés devaient « justifier de leur capacité,
de leurs bonne vie et mœurs et de leur attachement à
la patrie et au souverain ». En même temps (et la
réglementation de la profession d'imprimeur n'était
qu'un moyen d'assurer ce résultat) la liberté de la
presse était supprimée quant aux livres et écrits non
périodiques. Il était défendu (art. 11) « de rien imprimer ni faire imprimer qui puisse porter atteinte aux
devoirs des sujets envers le souverain et à l'intérêt de
l'État ». La censure préalable était rétablie, faculta-
tive, il est vrai, mais de la part de l'Administration, à
qui tout imprimeur devait immédiatement faire connaître les ouvrages qu'il avait reçus et qu'il comptait
imprimer. Il était créé, comme dans l'ancien régime,
un directeur général de l'imprimerie et de la librairie, qui choisissait les censeurs.

Quant aux journaux et écrits périodiques, ils étaient

plus maltraités encore. La censure ici paraissait une
mesure insuffisante, bien qu'on l'employât; ce qu'il
fallait, c'était l'exploitation administrative des journaux au point de vue financier et politique[1]. Le régime
inouï qui se forma alors se constitua sans l'intervention du législateur, sans même un décret ayant l'apparence d'une loi générale. Dans un rapport adressé
à l'Empereur, au mois d'août 1810, par Savary, ministre de la police, on lit : « Le dernier acte public du
Gouvernement sur cet objet remonte au 27 nivôse an
VIII. Un arrêté des Consuls (daté de ce jour) sup-
prime tous les journaux politiques qui existaient à
cette époque (à Paris) à l'exception de douze »[2].
Tout se fit, on peut le dire, par des mesures de police
sanctionnées par un décret quand elles étaient trop
exorbitantes. Ce qui le montre bien, c'est que le principal contrôle sur les journaux appartint toujours au
ministère de la police générale, sauf pendant le court
laps de temps durant lequel ce ministère fut supprimé. On partait de cette idée que le Gouvernement
avait le droit d'empêcher la circulation des journaux lorsqu'ils pouvaient compromettre l'ordre
public, de les arrêter à la poste. Faisant un pas de
plus, on concluait au droit de les supprimer. Bien
entendu, et dans leur intérêt même, on leur adressait
des avertissements, des remontrances; on leur suggé-

---

[1] Henri Welschinger, *La censure sous le Premier Empire;* Gustave Le Poittevin, *op. cit.*, p. 110 et s.

[2] Gustave Le Poittevin, *op. cit.*, p. 250, d'après la pièce des Archi-
ves nationales.

rait les articles à faire; on leur communiquait les nouvelles à publier.

Mais on ne s'arrêta pas là. On reprit, comme s'ils n'avaient jamais cessé d'être en vigueur, les principes de l'ancien régime et on en fit des applications que l'ancien régime n'avait jamais osé faire. Voici encore ce qu'on lit dans le rapport officiel du duc de Rovigo : « Plusieurs années après[1], le Gouvernement reconnut en principe que le droit exclusif de publier des feuilles périodiques ne pouvait être abandonné aux particuliers et que l'État devait mettre un prix au privilège des journaux, ou à la tolérance qui leur est accordée, *qui est un privilège tacite.* — Ce principe n'avait jamais été méconnu avant la Révolution; il est admis dans tous les États monarchiques; *il ne peut être détruit que par la liberté illimitée de la presse*, dont la France a trop éprouvé le danger et dont l'Angleterre seule, parmi les États civilisés, donne aujourd'hui l'exemple. D'un autre côté, tous les hommes sages sentaient l'utilité d'une censure vigilante sur l'imprimerie et la librairie; elle était surtout nécessaire pour les journaux qui exer-

---

[1] C'est-à-dire après le 27 nivôse an VIII. Dans un rapport antérieur, on trouve pour soutenir cette même idée cet argument étrange (G. Le Poittevin, *op. cit.*, p. 243) : « On a vu depuis vingt ans plus de 150 journaux imprimés à Paris seulement. Presque tous ont été détruits par les autorités du jour qui ne rendaient pas compte de leurs motifs et qui trop souvent ne consultaient que leurs passions. Aussi, loin d'accorder des indemnités aux prétendus propriétaires, on les accablait de persécutions aussi violentes qu'injustes. Ces procédés révolutionnaires sont indignes d'un gouvernement réparateur.

cent une influence bien plus active sur l'opinion ».

Voilà les principes ; voici maintenant les conséquences : « De la nécessité démontrée d'un privilège
et d'une censure découlait celle d'imposer les feuilles
périodiques ou de charger l'État d'une nouvelle dé-
pense. — Le premier parti fut pris et dut être préféré.
En conséquence, deux arrêtés de M. le duc d'Otrante,
ministre de la police générale, assujettirent les journaux à payer au Gouvernement 2 1/2 pour cent de
leurs bénéfices. Ces deux arrêtés sont les seules pièces
qui restent au Ministère concernant les mesures prises sur les journaux. — A la même époque, des rédacteurs responsables furent donnés aux feuilles les
plus accréditées : 2 1/2 de leurs bénéfices furent affectés au traitement de ces rédacteurs. Ainsi, les propriétaires des journaux payèrent le tiers de leur
produit net *pour le privilège tacite qui assurait leur
existence* et pour un rédacteur responsable du contenu de leurs feuilles ».

Dans un rapport antérieur, Savary avait dit des
journaux : « On est accoutumé dans toute l'Eu-
rope à les regarder comme la pensée secrète du Gouvernement, et à mettre sur son compte toutes les in-
discrétions et toutes les bévues qui leur échappent...
Puisqu'on est convaincu généralement que nos journaux sont l'ouvrage du Gouvernement, il faut qu'ils
le soient en effet, mais avec une organisation telle
que le Gouvernement ne puisse être compromis par
l'imprudence ou l'indiscrétion des rédacteurs [1] ». En

---

[1] Gustave Le Poittevin, *op. cit.*, p. 241.

1811, le Gouvernement tira les conséquences de cette idée. Il réduisit à quatre ou cinq les journaux politiques de Paris et, expropriant, le plus souvent sans indemnité, les anciens propriétaires, il mit les journaux conservés en actions et accorda ces actions à des personnes bien en Cour, qu'il gratifiait ainsi. Ces actionnaires sûrs formaient le conseil d'administration du journal[1]. Cela se fit simplement par des décrets particuliers. Voici comment une note postérieure adressée du ministère de la police à l'Empereur appréciait ces opérations : « Dans le courant de l'année 1811, V. M. à réorganisé sur un nouveau pied quatre des journaux principaux de Paris... Elle (la réorganisation) s'opéra sans nuire, ni aux propriétaires[2], ni aux salariés des administrations, partant sans exciter de clameurs, sans diminuer les bénéfices. — Les bureaux ont été réoganisés d'une manière régulière, la comptabilité se tient en partie double comme à la Trésorerie, et le ministère a des moyens assurés d'inspection sur les administrations des journaux. — Cette réorganisation a donné à S. M. le moyen de récompenser un grand nombre de ses sujets utiles et a consolidé la propriété de personnes qui exploitaient les journaux »[3].

Les journaux des départements furent plus épargnés : ils échappèrent à la coupe réglée et même ne payèrent pas exactement les 2 1/2 pour cent. Mais

---

[1] Gustave Le Poittevin, op. cit., p. 263, 270 et s.

[2] Voy. ci-dessus, même page 318.

[3] Ibidem, op. cit., p. 301.

leur servitude n'en fut pas moins étroite. Voici ce que prescrivit aux préfets une circulaire du ministre de la Police générale du 6 novembre 1807 : « Je vous invite à défendre aux journalistes de votre département d'insérer à l'avenir dans leurs feuilles aucun article quelconque relatif à la politique, excepté seulement ceux qu'ils pourront copier dans le *Moniteur* »[1]. De plus, ils étaient sous la censure étroite des préfets, à qui les épreuves devaient être soumises avant la publication[2].

Le droit d'association, on le conçoit, ne devait pas être épargné. Les art. 291 et suivants du Code pénal de 1810 y pourvurent. L'art. 291 était ainsi conçu : « Toute association de plus de vingt personnes, dont le but sera *de se réunir* tous les jours où à certains jours marqués, pour s'occuper d'objets religieux, littéraires, politiques ou autres, ne pourra se former qu'avec l'agrément du Gouvernement et aux conditions qu'il plaira à l'autorité publique d'imposer à la société. — Dans le nombre de personnes indiquées par le présent article ne sont pas comprises celles domiciliées dans la maison où l'association se *réunit* ». Et, comme on l'a dit plus haut, la tendance fut d'appliquer aussi ce texte aux réunions, même aux réunions non périodiques, lorsqu'elles étaient *publiques*, toute personne pouvant entrer dans le local ou elles se tenaient.

[1] Gustave Le Poittevin, p. 304. — Le *Moniteur* était devenu le Journal officiel le 1er nivôse an VIII.

[2] *Ibidem*, p. 309 et s.

La Convention avait proclamé la liberté de l'enseignement et créé les écoles centrales ; Napoléon supprima cette liberté et créa l'*Université de France*. Cela ne se fit pas tout d'un coup. D'abord, une loi du 11 floréal an X sur l'instruction publique, qui réglementait les écoles primaires publiques et créait les lycées nationaux, supprima la liberté de l'enseignement secondaire, art. 8 : « Il ne pourra être établi d'écoles secondaires sans l'autorisation du Gouvernement ». La création de l'Université mit aux mains de l'État toute l'instruction publique donnée en France, c'est-à-dire toute celle qui était donnée en dehors de la famille. Le principe en fut posé par la loi du 10 mai 1806 : « Art. 1. Il sera formé sous le nom d'*Université nationale* un corps chargé exclusivement de l'enseignement et de l'éducation publique dans tout l'Empire. — Art. 1. Les membres du corps enseignant contracteront des obligations civiles spéciales et temporaires ». Mais le législateur indiquait aussi que cette organisation devait être faite par une loi : Art. 3. « L'organisation du corps enseignant sera présentée en forme de loi au Corps législatif à la session de 1810. » Mais cette dernière disposition ne devait pas être obéie. L'Université devait naître non comme *nationale*, mais comme *impériale*. Elle devait être créée non par une loi, mais par un décret-loi du 17 mars 1808 complété par un autre du 15 novembre 1811.

C'était, d'ailleurs, une haute conception et une puissante organisation. L'idée développée par les

publicistes du xviiie siècle précédemment signalés[1] se réalisait : une instruction publique et nationale, la même pour tous à chaque degré, était
donnée par l'État. Il est vrai qu'elle était fort imprégnée de catholicisme et d'impérialisme. « Toutes
les écoles de l'Université impériale (art. 38) prendront pour base de leur enseignement : 1° Les
préceptes de la religion catholique ; 2° la fidélité à
l'Empereur, à la hiérarchie impériale, dépositaire
du bonheur des peuples, et à la dynastie napoléo-
nienne, conservatrice de l'unité de la France et de
toutes les idées libérales proclamées par les Constitutions ; 3° l'obéissance aux statuts du corps enseignant, qui ont pour objet l'uniformité de l'instruction et qui tendent à former pour l'État des
citoyens attachés à leur religion, à leur prince, à leur
famille ; 4° tous les professeurs de théologie seront
tenus de se conformer aux dispositions de l'Édit de
1682 concernant les quatre propositions contenues
dans la Déclaration du clergé de France de cette
année ».

Il n'y avait point d'instruction publique en dehors
de l'Université et de ses dépendances. « Art. 1. L'enseignement public dans tout l'Empire est confié exclusivement à l'Université. — Art. 2. Aucune école,
aucun établissement quelconque d'instruction ne peut
être formé hors de l'Université impériale, et sans
l'autorisation de son chef ». Et l'Université donnait,

___
[1] V. *suprà*, p. 212.

en dehors des écoles techniques destinées à former des fonctionnaires, l'intégralité de l'enseignement, supérieur, secondaire et primaire. Tout cela était réparti par académies dont une par Cour d'appel, ayant à leur tête un recteur. « Les écoles appartenant à chaque académie seront placées dans l'ordre suivant : art. 5. 1° les facultés, pour les études approfondies, et la collation des grades[1]; 2° les *lycées*, pour les langues anciennes, l'histoire, la rhétorique, la *logique*, les éléments des sciences mathématiques et physiques; 3° les collèges, écoles secondaires communales, pour les éléments des langues anciennes et les premiers principes de l'histoire et des sciences; 4° les institutions, écoles tenues par des instituteurs particuliers, où l'enseignement se rapproche de celui des collèges; 5° les pensions, pensionnats appartenant à des maîtres particuliers et consacrés à des études moins fortes que celles des institutions; 6° les *petites écoles*[2], écoles primaires, où l'on apprend à lire, à écrire et les premiers éléments du calcul ».

Une hiérarchie savante et précise était établie entre tous les maîtres qui étaient compris dans l'Université ou qui en dépendaient. L'art. 29 en donne le

---

[1] Il y avait au siège de chaque académie une faculté des lettres et une faculté des sciences, dont le personnel enseignant était fourni en partie par des professeurs du lycée de la même ville. Les écoles de droit créées en l'an XII, et les écoles de médecine, créées en l'an XI devenaient des facultés de droit et de médecine. Le décret de 1808 créait aussi des facultés de théologie catholique. Le diplôme de bachelier ès-lettres était la condition première pour l'obtention de tous les autres grades.

[2] C'était le nom souvent usité dans l'ancienne France.

tableau, qui porte au premier rang le Grand Maître et au dernier les maîtres d'études. On croirait voir les grades d'une armée ou les catégories du *Tchin* russe.

L'Université avait à sa tête un Grand Maître, comme on vient de le voir. Elle avait ses conseils : En haut, le Conseil de l'Université, qui possédait un large pouvoir réglementaire et disciplinaire; il était composé de dix conseillers à vie, et de vingt conseillers ordinaires dont tous les ans le Grand Maître dressait la liste. Au-dessous, étaient les conseils académiques. Des inspecteurs généraux assuraient la surveillance.

Les membres du corps enseignant contractaient des devoirs précis et particuliers, qui parfois allaient jusqu'à la délation. Pour ce qui est, tout au moins du personnel des lycées et collèges, en faisant cette immense construction, on avait songé sûrement aux anciens ordres religieux ou corporations séculières qui jadis donnaient partout l'enseignement secondaire. C'est sans doute en se reportant aux vœux perpétuels des religieux que la loi du 10 mai 1806 avait dit : « Les membres du corps enseignant contracteront des obligations *civiles* spéciales et *temporaires* ». Le décret de 1808 poussa l'imitation jusqu'à imposer dans une certaine mesure le célibat et la vie en commun. « Art. 101. A l'avenir, et après l'organisation complète de l'Université, les proviseurs et censeurs des lycées, les principaux et régents des collèges, ainsi que les maîtres d'études de ces écoles, seront astreints au célibat et à la vie commune. — Les

professeurs des lycées pourront être mariés et, dans
ce cas, ils logeront hors du lycée. Les professeurs
célibataires pourront y loger et profiter de la vie
commune... Art. 102. Aucune femme ne pourra être
reçue ni logée dans l'intérieur des lycées et des
collèges ».

La liberté individuelle n'est jamais assurée sous
un pouvoir absolu. Mais sous l'Empire il y eut quelque chose de plus. Napoléon par un décret du 3 mars
1810 *concernant les prisons d'État*, rétablit légalement (autant qu'il pouvait le faire dans un décret-loi)
cette institution de l'ancienne monarchie absolue, et
en même temps, par la force des choses, des ordres
analogues aux anciennes *lettres de cachet*. Les motifs
donnés dans le préambule sont les suivants : « Considérant qu'il est un certain nombre de nos sujets, détenus dans les prisons de l'État, *sans qu'il soit convenable de les faire traduire devant les tribunaux, ni
de les faire remettre en liberté;* — que plusieurs ont,
à différentes reprises, attenté à la sûreté de l'État ;
qu'ils seraient condamnés par les tribunaux à des
peines capitales; mais que des considérations supérieures s'opposent à ce qu'ils puissent être mis en jugement ». D'ailleurs le décret réglementait dans une
certaine mesure l'institution, comme l'ancienne monarchie avait eu l'intention de le faire dans ses derniers jours : « Considérant qu'il est de notre justice
de nous assurer que tous ceux qui sont détenus dans
les prisons de l'État le sont *pour cause légitime, en vue
d'intérêts publics* et non pour des considérations ou

passions privées ; — qu'il convient d'établir pour
l'examen de chaque affaire des *formes légales* et
solennelles; — et, qu'en faisant procéder à cet examen,
rendre les premières décisions dans un conseil privé,
et revoir de nouveau chaque année les causes de la détention, pour reconnaître si elle doit être prolongée,
nous pourvoirons également à la sûreté de l'État et à
celle des citoyens ... ». Il est difficile d'exposer plus hardiment et plus naïvement les théories du despotisme.
Mais à quoi servait donc la *Commission sénatoriale de
la liberté individuelle?*

Nous ne pouvons clore ce chapitre sur les lois
organiques du Consulat et de l'Empire sans dire un
mot de la Légion d'honneur et de la noblesse impériale.

L'organisation de la Légion d'honneur ne se fit point
d'un seul coup. L'Assemblée législative avait supprimé les anciens ordres de chevalerie, comme contraires à l'égalité, et l'amour de l'égalité, toujours per-
sistant, semblait devoir empêcher le rétablissement
d'une institution semblable. Cependant parfois les
Assemblées avaient donné des uniformes spéciaux ou
des armes d'honneur à ceux qui avaient accompli des
actes de courage éclatants. La Constitution de l'an
VIII, dans son art. 87, voulut généraliser et régula-
riser cette pratique : « Il sera décerné des récompenses nationales *aux guerriers* qui auront rendu des
services éclatants, en combattant pour la République ». Mais il n'était question là que des militaires.
Une loi du 4 nivôse an IX créa, en effet, toute une

série d'armes d'honneur, appropriées à l'arme et au grade du *guerrier* et qui devaient servir à récompenser les exploits notables. Mais la Légion d'honneur proprement dite, fut créée par la loi du 29 floréal an X : « En exécution de l'art. 87 de la Constitution concernant les récompenses militaires, et *pour récompenser les services et les vertus civiles*, il est formé une Légion d'honneur ». La loi passa avec peine au Corps législatif, tellement les sentiments qui avaient animé la Révolution étaient encore vivants chez beaucoup d'hommes de ce temps-là. Cette première loi fut suivie d'une série de décrets impériaux ; ils donnèrent à la Légion d'honneur une organisation savante et curieuse qui reproduisait l'organisation militaire, comme jadis les charges du Palais sous l'Empire romain. Des dotations et des émoluments faisaient partie du système. La croix de la Légion d'honneur fut créée par un décret du 11 juillet 1804.

On sait que Napoléon voulut créer une noblesse nouvelle correspondant à sa nouvelle monarchie. Ce qu'il créa d'ailleurs, ce fut simplement des *titres de noblesse*, ne conférant aucun privilège légal et laissant subsister l'égalité des citoyens devant la loi. Constitutionnellement il pouvait le faire ; car on a toujours tenu chez nous que le droit de créer et de conférer ces titres était un droit régalien appartenant au titulaire du pouvoir exécutif. Mais Napoléon fit plus. Il hiérarchisa cette noblesse et voulut la consolider et l'élargir par la possibilité de créer des *majorats* qu'établit le décret du 1er mars 1808, dont le préambule débute ainsi : « Nos décrets du 30 mars 1806 et le Sénatus-consulte du 14 août de la même année ont créé des titres héréditaires avec transmission des biens auxquels ils sont affectés. L'objet de cette institution a été, non seulement d'entourer notre trône de la splendeur qui convient à sa dignité, mais encore de nourrir au cœur de nos sujets une noble émulation en perpétuant d'illustres souvenirs et en conservant aux âges futurs l'image toujours présente des récompenses, qui, sous un gouvernement juste, suivent les grands services rendus à l'État ».

CHAPITRE III

LES CODES

Le Consulat et le Premier Empire virent s'accomplir le vœu de l'ancienne France et de la Révolution : la codification des lois françaises. De 1800 à 1810 furent successivement préparés, votés par le pouvoir législatif, et promulgués cinq Codes : Le Code civil (30 ventôse an XII), le Code de procédure civile (1806), le Code de commerce (1807), le Code d'instruction criminelle (1808) et le Code pénal (1810).

I

Cette immense et, en général, excellente production législative, s'explique par deux causes.

En premier lieu, le moment était venu et la préparation antérieure était considérable. La Révolution proprement dite était finie et l'on avait devant soi le droit civil et criminel qu'elle avait produit; il ne s'agissait plus que de savoir ce que l'on voulait en

garder et ce que l'on voulait reprendre à l'ancien
droit. La difficulté était seulement, et elle était grande,
de marier ces deux législations, de fondre ensemble
ces éléments d'origine si diverse. Nous dirons bientôt comment en général ce tri et cette fusion se firent
avec sagesse et habileté.

La préparation d'une codification était, d'autre part,
très avancée, soit pour l'ancien droit, soit pour le droit
de la Révolution. L'ancienne France avait eu ses
Codes : l'ordonnance de 1667 sur la procédure civile ;
l'ordonnance de 1670 sur la procédure criminelle ;
l'ordonnance de 1673 sur le commerce des marchands ;
et l'ordonnance de 1681 sur la marine. Il ne lui manquait qu'un Code pénal et un Code civil ; encore des
morceaux de ce dernier avaient-ils été rédigés dans
les ordonnances de Louis XV sur les donations, les testaments et les substitutions. Restait, il est vrai, surtout pour les matières que la Révolution n'avait pas
touchées, la diversité des coutumes anciennes, dont
les textes avaient été officiellement rédigés, et l'antagonisme du droit coutumier et du droit écrit. Mais
la diversité du droit coutumier était plus à la surface
qu'au fond, elle était dans les détails plutôt que dans
les principes. Aussi la doctrine, la littérature juridique avait-elle pu dégager un *droit commun coutumier* dont l'expression se trouvait au xviii° siècle
dans les œuvres de Pothier, Bourjon et bien d'autres.
De même l'expression française et réduite en termes généraux du droit écrit se trouvait dans *Les lois
civiles dans leur ordre naturel* de Domat et, en der-

nier lieu, dans les *Institutes* de Boutaric et de de Serres[1].

Le droit de la Révolution contenait des Codes, le Code pénal de 1791 et le *Code des délits et des peines* de l'an IV; il fournissait aussi de grandes lois organiques sur l'état civil, les successions, le régime hypothécaire et la transmission de la propriété foncière, sans parler des projets de Code civil mentionnés plus haut. Sans doute ces lois contenaient souvent des exagérations, que l'on allait répudier; mais la plupart avaient été bien faites, rédigées par d'habiles jurisconsultes, dont beaucoup maintenant occupaient les hautes dignités ou siégeaient au Conseil d'État.

Une autre cause facilita singulièrement l'élaboration des Codes. Si la Constitution de l'an VIII était peu favorable à la liberté, elle l'était extrêmement à la confection des lois techniques, à la législation mûrie et compréhensive. Pour des lois de cette nature, pour des Codes, les libres débats, parfois confus, des assemblées délibérantes, les amendements improvisés, ne valent rien. Il faut des hommes compétents, en petit nombre, pour préparer les projets; des hommes compétents, plus nombreux, mais formant un conseil encore restreint, pour les discuter. S'ils doivent être votés par des assemblées législatives, la sagesse commande à celles-ci de les voter de confiance, sans discussion et sans modifications. C'est ce qu'avait fait la Convention pour le *Code des délits et des*

---

[1] Esmein, *Cours élémentaire d'histoire du droit français*, p. 756 et s.

peines et pour les grandes lois civiles qui émanent
d'elle.

Or, la Constitution de l'an VIII, par ses défauts
mêmes, assurait en quelque sorte cette méthode de
travail. Les projets de loi sortaient en effet du Conseil
d'État. Ce Conseil fournissait des hommes compétents
pour préparer la première rédaction. Puis, dans sa
section de législation ou dans son assemblée générale, il fournissait des assemblées restreintes et compétentes pour délibérer ce texte et lui donner la
forme définitive. Porté enfin devant le Corps législatif, celui-ci devait le voter en bloc sans discussion et
sans amendements. Un seul corps pouvait troubler
l'ordre régulier de ce travail. C'était le Tribunat qui
discutait et qui pouvait proposer le rejet au Corps législatif. Par une fâcheuse inspiration, il essaya d'opposer son *veto* aux premiers titres du Code civil ; mais
il fut bientôt mâté et l'œuvre suivit son cours.

II

Le Code qui fut terminé le premier fut le Code
civil : c'était le plus désiré et, en même temps, le
plus difficile à faire. Bonaparte, dès son avènement
au pouvoir, en eut la préoccupation. Il est visé dans
la loi du 19 brumaire qui ratifiait le Coup d'État
accompli la veille, et qui instituait les deux Commissions représentant les deux Conseils. Elle disait,
art. 14 : « Enfin les deux commissions sont chargées
de préparer un Code civil ». C'était, comme on dirait

aujourd'hui, une réclame. On ne pouvait espérer que ces deux délégations, issues d'un coup de force et nécessairement éphémères, pourraient accomplir un pareil travail. Cependant un de leurs membres, Jacqueminot, prit l'invitation au sérieux et rédigea partiellement un nouveau et intéressant projet.

Le 24 thermidor an VIII, un arrêté des Consuls nommait une commission de quatre membres pour rédiger un projet de Code civil. Elle comprenait, Tronchet, président du Tribunal de Cassation, Portalis, commissaire du Gouvernement près le Conseil des prises, Bigot-Préameneu, commissaire du Gouvernement près le Tribunal de Cassation et Malleville, membre du Tribunal de Cassation.

Les commissaires apportaient leur œuvre, en germinal an IX, précédée d'un remarquable *discours préliminaire*. Après avoir été soumise à la Cour de Cassation et aux Cours d'appel, elle fut longuement et soigneusement discutée au Conseil d'État, et modifiée sur bien des points, portée enfin [1], successivement et par fragments, devant les Chambres, votée et promulguée. C'est la loi du 30 ventôse an XII qui réunit tous ces fragments en un seul Code sous le titre de Code civil des Français; il prit plus tard le titre de Code Napoléon. Napoléon avait souvent présidé les séances du Conseil d'État où l'on discutait les articles, et, bien que peu compétent comme juriste, était parfois intervenu dans le débat par des

[1] Fenet, *Recueil complet des travaux préparatoires du Code civil.*

boutades ou par des remarques qu'inspirait le bon
sens. Mais, de là, à la légende qui voit en lui un éminent collaborateur dans l'œuvre du Code civil, il y a
loin[1]. Le Code civil est l'œuvre de la nation, non
celle des individus ; il renferme ce qu'a produit l'ancien droit, et ce qu'a produit la Révolution, ramené
à une commune mesure[2].

La combinaison de ces deux éléments a été faite
en général, je l'ai dit, avec sagesse et habileté. Le
Code civil a conservé l'institution des registres de
l'état civil et le mariage purement civil. Il a conservé
le divorce, en écartant le divorce pour incompatibilité d'humeur. Il l'admettait, non seulement pour
cause déterminée, mais encore par consentement
mutuel (art. 275 et s.). Mais il soumettait alors les
époux à des délais, et à de sérieuses tentatives de conciliation devant le juge ; et surtout il n'admettait ce
mode de divorce que lorsqu'il était autorisé par les
père et mère des époux ou autres ascendants
vivants (art. 278). Cela rendait bien difficiles en
général les divorces des jeunes époux, les plus dangereux de tous. Le divorce ne pouvait intervenir
qu'après deux ans de mariage et ne le pouvait plus
après vingt ans, ni quand la femme avait quarante-
cinq ans. Le Code réintroduisait à côté du divorce
la séparation de corps ; mais, lorsqu'elle avait duré
trois ans, il permettait à l'époux originairement

[1] Comp. Albert Sorel, *Introduction au livre du centenaire du Code
civil.*
[2] Esmein, *L'originalité du Code civil.*

défendeur de réclamer la conversion en divorce, laquelle ne pouvait être refusée, à moins que le conjoint n'acceptât une réconciliation. La femme adultère ne pouvait invoquer cette disposition (art. 310).

Une condition légale était maintenue aux enfants naturels simples dûment reconnus. Ils étaient unis par des liens de parenté au père et à la mère, mais non aux parents de ceux-ci ; et avaient des droits successoraux, mais différant profondément par leur nature et par leur quotité de ceux des enfants légitimes ; ils ne pouvaient même recueillir la succession entière que lorsque le défunt ne laissait aucun parent au degré successible. — Les enfants adultérins ou incestueux n'avaient droit qu'à des aliments.

Dans la matière des successions *ab intestat*, le Code suivait principalement les principes introduits par la loi de nivôse an II, en y apportant des retouches et en réintroduisant certaines règles de notre ancien droit. Mais il permet, dans une mesure beaucoup plus large, les dispositions à titre gratuit entre-vifs où à cause de mort, qui peuvent être faites même au profit des successibles et, même avec dispense de rapport. Il assure une réserve aux descendants et aux ascendants ; dans le premier cas, la quotité en varie avec le nombre des enfants. La loi du 4 germinal an VIII était déjà entrée dans cette voie ; mais le Code alla plus loin.

Il a aussi rétabli les substitutions ; mais elles ne peuvent être faites que par un grand-père au profit

de ses petits-enfants ou par un oncle au profit de ses
neveux et ne peuvent porter que sur la quotité disponible.

Il maintint la propriété foncière libre et absolue
qu'avait créée la Révolution et n'admit que les servitudes évidemment nécessaires. Mais, sur un point
important, son système fut moins heureux. Il ne voulut pas admettre l'entière publicité des hypothèques
et des translations de biens immobiliers, comme
l'avait fait la loi de brumaire an VII; ses rédacteurs
introduisirent, quant à la publicité des hypothèques,
des exceptions, d'ailleurs assez justifiées; quant à la
translation des propriétés foncières, ils hésitèrent
entre le droit de la Révolution et celui de l'ancien
régime, donnant des solutions souvent incomplètes
ou peu nettes.

Pour les autres Codes, sauf celui d'instruction criminelle, la tâche fut beaucoup plus facile. La rédaction se fit par la même méthode que celle suivie pour
le Code civil. Pour le Code de procédure civile, on prit
pour modèle, quant à la procédure devant les juges
de paix et, en partie, quant au pourvoi en cassation,
les lois de la Révolution et, pour le surplus, l'ordonnance de 1667, dont les formalités furent simplifiées.
Pour le Code de commerce, les modèles furent l'ordonnance de 1673, et quant au livre II, qui traite du
commerce maritime, l'ordonnance de 1681.

Quand il s'agit du Code d'instruction criminelle,
de redoutables questions se posèrent. La procédure
criminelle établie par la Révolution n'avait pas très

bien réussi et la procédure criminelle de l'ancien droit, purgée de ses atrocités et de ses injustices, avait conservé de nombreux partisans. L'autre venait d'Angleterre, et l'Angleterre était alors l'ennemie, décriée par tous les organes de l'opinion; le jury surtout, était condamné par beaucoup d'esprits, et Napoléon certainement ne lui était point favorable. De ces influences et des discussions qui eurent lieu [1] se dégagea une solution transactionnelle.

Pour l'*instruction préparatoire* en matière de crimes et de délits, on reprit, amélioré, le système de l'ancien droit, l'instruction secrète, écrite, rarement contradictoire, sans liberté de la défense. Les lois de l'an IX indiquées plus haut [2] avaient d'ailleurs préparé ce résultat. — Au contraire, pour la procédure devant les juridictions de jugement, y compris la Cour d'assises, ce fut le droit de la Révolution qui l'emporta et se fit recevoir; la procédure, orale et publique, avec la pleine liberté de la défense; et le système des preuves morales, sauf de rares exceptions. Le jugement par jurés fut maintenu : malgré la volonté contraire, clairement manifestée par Napoléon, les vétérans de la Révolution qui siégeaient au Conseil d'État, ne purent sur ce point sacrifier leurs anciens principes; ils le défendirent et le sauvèrent [3]. Cependant ils ne purent sauver l'insti-

---

[1] Esmein, *Histoire de la procédure criminelle*, p. 481-558.

[2] V. *suprà*, p. 291-292.

[3] Esmein, *Histoire de la procédure criminelle*, p. 515 et s. — Comp. *Mémoires* de Madame de Rémusat.

tution dans son intégralité. Le jury d'accusation disparut, et le droit de prononcer la mise en accusation fut attribué à une chambre de la Cour d'appel. Cependant le jury d'accusation, comme celui de jugement, était garanti par la Constitution de l'an VIII. On passa outre déclarant, par un de ces ingénieurs détours si souvent employés à cette époque, que la Cour d'appel était *le meilleur des jurys d'accusation*. En même temps, les tribunaux criminels étaient supprimés. Un conseiller de la Cour d'appel était périodiquement délégué pour présider les assises des jurys dans chaque département. Il composait la *Cour d'assises* avec deux magistrats fournis par la Cour d'appel ou par le tribunal de première instance. La chambre de la Cour d'appel, qui décidait les mises en accusation, recevait aussi et jugeait les appels des tribunaux correctionnels.

Le Code pénal de 1810 s'inspirait presque uniquement des principes proclamés par la Révolution. Cependant il reprenait quelques-unes des pénalités de l'ancien régime. D'après l'art. 7 : « La marque et la confiscation générale peuvent être prononcées concurremment avec les peines afflictives dans les cas déterminés par la loi ». La mort civile était rétablie comme conséquence des peines afflictives perpétuelles (art. 18). Une mutilation était réintroduite : le parricide devait avoir le poing coupé avant d'être exécuté à mort (art. 13). Les peines perpétuelles privatives de liberté reparaissaient.

Le système des peines fixes était abandonné. En

général, quand il s'agissait de peines temporaires privatives de liberté, le Code déterminait pour chaque
crime ou délit un *maximum* et un *minimum* entre
lesquels le juge pouvait se mouvoir; de même, pour
les amendes. En matière criminelle, il déterminait un
certain nombre d'*excuses atténuantes,* qui, étant reconnues par le jury, entraînaient un abaissement, même
une transformation de la peine; le Code des délits et
des peines en avait fourni déjà quelques exemples.
Enfin les *circonstances atténuantes* laissées à la libre
appréciation du juge étaient admises par le Code
pénal, pour les délits qu'il prévoyait(art. 463); mais il
fallait que le préjudice causé n'excédât pas 25 francs :
par l'effet des circonstances atténuantes, le juge pouvait réduire l'emprisonnement et l'amende au taux
des peines de simple police; il pouvait prononcer sé-
parément l'une ou l'autre de ces deux peines quand
la loi les prononçait cumulativement.

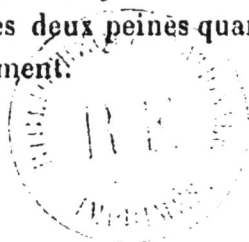

TABLE DES MATIÈRES

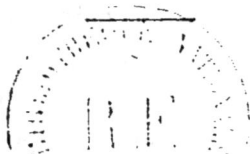

Pages.

PRÉFACE.. VII

INTRODUCTION.. 1
    I. Les causes principales de la Révolution, p. 1. — II. L'avè-
nement de Louis XVI; Turgot et l'école des physiocrates
au pouvoir, p. 6. — L'administration de Necker, p. 9. —
Calonne, p. 12. — L'assemblée des notables, p. 14. —
Projets de réforme qui leur sont soumis, p. 14. — Attitude des notables, p. 23. — Chute de Calonne; Loménie
de Brienne; conflits avec les parlements, p. 25. — Necker
revient au pouvoir, p. 29. — Convocation des Etats généraux; l'Assemblée nationale et souveraine, p. 30.

TITRE I

DE 1789 AU 18 BRUMAIRE

CHAPITRE I. — **Les constitutions**...................... 31
    Les périodes sans constitution, p. 32. — Les trois con-
stitutions de la Révolution; les déclarations des droits,
p. 32. — I. La Constitution de 1791. A. La souveraineté nationale; la nouvelle royauté, p. 33. — B. La
séparation des pouvoirs, p. 34. — L'Assemblée législative unique, p. 35; ses attributions, p. 36. — Le *veto*,
p. 37. — L'exécutif royal, p. 38. — Les relations extérieures, p. 39; l'administration intérieure, p. 40. — Le
système électoral; citoyens actifs et assemblées électorales,
p. 42. — II. La Convention, p. 44. — Le projet de constitution dite *girondine*, p. 45. — La Constitution du 24 juin
1793, p. 45. — Comment elle disparaît, p. 49. — III. La

Pages.

Constitution de l'an III, p. 50. — Le système électoral,
p. 50. — Le pouvoir législatif, les deux conseils, p. 51. —
Le Directoire exécutif, p. 53. — Rapports entre le pouvoir législatif et le Directoire, p. 54. — Choix et rôle
des ministres, p. 55.

CHAPITRE II. — **L'abolition du régime féodal**   56
I. L'Assemblée constituante; ce qui restait du régime féodal, p. 58. — Les difficultés de la liquidation, p. 59. —
La nuit du 4 août, p. 64. — Le comité des droits féodaux, p. 66. — La loi des 15-28 mars 1790; la *féodalité
dominante* et la *féodalité contractante*, p. 67. — Les tenures simplement foncières; la liberté de la propriété foncière, p. 70. — II. L'Assemblée législative, les lois de 1792,
p. 71. — La Convention, décret du 17 juillet 1793, p. 73.

CHAPITRE III. — **L'organisation administrative**   74
La centralisation de l'ancien régime; réformes de Louis X' I,
p. 74. — I. L'Assemblée constituante; organisation
municipale, décret du 14 décembre 1789, p. 77. — II. Organisation administrative, décret du 22 décembre 1789,
p. 81. — Départements, districts et cantons, p. 82. —
Administrations collectives et électives, conseils et directoires; l'administration générale et l'administration locale
confondues, p. 83. — Le *pouvoir administratif*, p. 84. —
III. La Convention et la loi du 14 frimaire an II, p. 88.
La Constitution de l'an III; les administrations de département, p. 91. — Les municipalités de canton, p. 92. —
Les commissaires du Directoire et leurs pouvoirs dans l'Administration, p. 93.

CHAPITRE IV. — **L'organisation judiciaire**   96
L'Ancien régime; les Parlements, p. 96. — I. L'Assemblée
constituante; les deux tendances nouvelles, p. 96. — Le
jury, p. 98. — II. L'élection des juges, p. 99. — Les commissaires du roi, p. 100. — III. Les juridictions. A. Juridictions en matière civile; les juges de paix, p. 104; —
tribunaux de district, p. 106; d'appel, p. 107. — B. Juridictions répressives; tribunaux criminels, p. 109; correctionnels, p. 111. — Le pourvoi en cassation, p. 112. —
Le tribunal de cassation, p. 113. — Le contentieux de l'administration et des impôts, p. 116. — IV. Modifications
opérées par la Convention, p. 117. — L'organisation judiciaire dans la Constitution de l'an III, p. 118.

CHAPITRE V. — **Les impôts et la force armée** 121
SECTION 1 : *Les impôts.* — Principes qui guidèrent l'Assem-

Pages.

blée constituante, p. 121. — I. Les anciens impôts supprimés, p. 123. — Nouveaux impôts; impôts directs; la contribution foncière, p. 124. — La question de l'impôt sur
l'ensemble du revenu, p. 126. — La contribution personnelle et mobilière, p. 128. — Les impôts sous
la Convention; les réformes du Directoire, p. 134. —
SECTION II : *L'armée.* — L'armée de l'ancien régime,
p. 136. — Suppression des milices, p. 137. — Le principe
du service personnel, p. 137. — Maintien de l'armée permanente recrutée par engagement volontaire; les grades,
p. 138. — Les gardes nationales, p. 139. — Les levées de
la Convention, p. 140. — La loi du 18 fructidor an VI, p. 141.

CHAPITRE VI. — **Les cultes et l'État** 143
Les nouveaux principes, p. 143. — Difficultés quant à leur
application, p. 144. — § 1. *Les protestants et les juifs*;
lois de l'Assemblée constituante concernant les protestants,
p. 147. — Les juifs, p. 150. — § 2. *L'Église catholique.*
I. La nationalisation des biens ecclésiastiques, p. 152. —
II. Les ordres religieux, p. 159. — III. La constitution civile du clergé, p. 163. — IV. L'Assemblée législative sup-
prime toutes les congrégations, p. 174. — Les tendances
de la Convention, p. 172. — La séparation des Églises et de
l'État, p. 174.

CHAPITRE VII. — **Les droits individuels** 182
I. L'égalité, p. 182. — Suppression de la noblesse, p. 183.
II. Suppression de l'esclavage des nègres, p. 185. — La
liberté du travail, du commerce et de l'industrie, p. 185.
— Prohibition des associations et coalitions d'ouvriers et
de patrons, p. 186. — La Convention, la loi du *maximum*,
p. 189. — La propriété littéraire et artistique, p. 189. —
III. La liberté de la presse; liberté illimitée à partir de
1788, p. 190. — L'Assemblée constituante, p. 191. — Le
10 août 1792; la Convention, p. 193. — Le Directoire,
p. 196. — IV. Le droit de réunion et d'association; confusion
entre eux, p. 199. — A. Les attroupements et la loi martiale, p. 200. — B. Les associations; *clubs* et sociétés populaires, p. 203. — La Constitution de l'an III, p. 209. —
Dissolution des clubs, p. 210. — V. La liberté de l'enseignement; l'ancien régime, p. 210. — Les idées nouvelles
sur l'instruction publique; l'Assemblée constituante, p. 212.
— L'Assemblée législative; la Convention; les écoles primaires et *les écoles centrales*, p. 212. — Les écoles spéciales; l'Institut national, p. 214. — La liberté de l'enseignement, p. 215.

Pages.

CHAPITRE VIII. — **Les lois civiles et les lois pénales.**   217
§ 1. *Le droit civil.* — I. Le vœu pour l'unité de législation,
p. 217. — L'Assemblée constituante, p. 218. — Le prêt à
intérêt permis, p. 218. — Abolition du régime féodal;
suppression des inégalités légales dans la succession *ab
intestat*, p. 219. — Les substitu'ions et les testaments,
p. 220. — Décret des 8-15 avril 1791, p. 220. — Les étrangers admis à la jouissance des droits privés, p. 221. —
II. L'état civil et le mariage civil, p. 222. — Précédents
quant à l'état civil, p. 222. — L'Assemblée législative et
la loi des 20-25 décembre 1792, p. 224. — Le mariage civil,
loi du 20 septembre 1792, p. 225. — Le divorce, p. 227; —
pour causes déterminées par la loi, p. 228; — par consentement mutuel, p. 228; — pour incompatibilité d'humeur
et de caractère, p. 229. La séparation de corps supprimée,
p. 230. — La Convention, décret du 9 fructidor an V,
p. 232. — La puissance paternelle, p. 233. — L'Assemblée
législative et les substitutions, l'adoption, p. 233. — III.
Les lois civiles de la Convention; les substitutions, p. 234.
— Abolition du droit de disposer en faveur des descendants, p. 234. — La loi du 2 brumaire an II sur les enfants naturels, p. 235. — L'adoption, p. 237. — La loi
successorale du 17 nivôse an II, p. 238. — Le but poursuivi,
p. 239. — Les règles de dévolution, r. 240. — Le droit de
disposer à titre gratuit; la rétro .ctivité, p. 242. — Les ci-
devant religieux, p. 243. — I .s loi· de la Législative et de
la Convention sur le partage des biens communaux, p. 244.
Les lois de messidor an III sur les hypothèques et les
déclarations foncières, p. 246. — Les projets de Code civil à la Convention, p. 249. — § 2. *Les lois pénales*, préparation de la réforme, p. 249. — I. L'Assemblée constituante;
lois de 1789 et 1790, p. 250. — A. Le Code pénal, l'ancien régime, p. 251. — Les nouveaux principes, p. 252. —
Le Code pénal du 25 septembre 1791. — Les nouvelles
peines, p. 252. — Les peines temporaires; les peines fixes,
p. 253. — Le Code correctionnel, p. 253. — B. La procédure criminelle; le jury; la procédure devant les juridictions de jugement, p. 254. — L'instruction, p. 256. —
La Convention; le Code des délits et des peines, p. 257.

TITRE II

LE CONSULAT ET L'EMPIRE, DU 18 BRUMAIRE AN VIII AU 3 AVRIL 1814

Pages.

CHAPITRE I. — **Les constitutions**..................... 260
Les *constitutions de l'Empire*, p. 260. — I. La loi du
19 brumaire an VIII, p. 261. — La Constitution du 22 frimaire an VIII, p. 262. — A. Pas de déclaration de droits,
p. 264. — B. La division des pouvoirs, p. 264. — Le pouvoir exécutif, p. 265. — Les Assemblées : le Conseil d'Etat,
p. 266. — Les Assemblées électives; Sénat; Tribunat;
Corps législatif, p. 267. — Rôles respectifs de ces corps,
p. 268. — Le système électoral; suffrage universel, p. 271.
— Le Sénat et les listes de confiance, p. 272. — II. Le
Consulat à vie, Sénatus-consulte du 16 thermidor an X,
p. 273. — Nouveaux pouvoirs du Premier Consul; du Sénat; le Tribunat; le Corps législatif, p. 274. — Les collèges
électoraux de département et d'arrondissement, p. 275. —
III. L'Empire héréditaire ; Sénatus-consulte du 28 floréal
an XII, p. 276. — Modifications quant au Sénat, p. 277. —
La Haute-Cour de justice, p. 278. — Le Corps législatif,
p. 279. — Le Tribunat; sa suppression en 1807, p. 280.
— Les décrets-lois, p. 281.

CHAPITRE II. — **Les lois organiques**........ 282
I. *Organisation administrative*, loi du 28 pluviôse an VIII,
p. 282. Caractère de la nouvelle administration, p. 283. —
Départements, p. 284. — Arrondissements et communes,
p. 285. — Contentieux administratif ; conseils de préfecture
et Conseil d'État, p. 286. — L'art. 75 de la Constitution de
l'an VIII, p. 287. — La Cour des comptes, p. 288. — Le
Sénatus-consulte du 16 thermidor an X et les conseils généraux, d'arrondissement et municipaux, p. 288. — II.
L'organisation judiciaire. — A. Les juridictions, tribunaux d'arrondissement et tribunaux d'appel, p. 290. —
Fusion de la justice civile et répressive, p. 290. — Les tribunaux criminels et le jury, p. 291. — La loi du 7 pluviôse an IX, p. 291. — La loi du 18 pluviôse an IX et les
tribunaux spéciaux, p. 292. — B. Le recrutement de la
magistrature ; l'élection supprimée en principe, p. 293. —
Les juges de paix, p. 293. — Les juges de cassation,
p. 294. — Sénatus-consultes du 16 thermidor an X, p. 294
et du 28 floréal an XII, p. 295. — Le Sénatus-consulte du
12 octobre 1807, p. 296. — Les écoles de droit et les grades,

Pages.

p. 296. — III. *Impôts et armée;* les impôts directs, p. 297.
— Les impôts indirects, p. 297. — L'armée, p. 299. — La
loi du 28 floréal an X; le remplacement, p. 299. — La
nomination aux grades, p. 300. — IV. *Les cultes;* le vœu
des catholiques, p. 301. — Le Concordat de messidor
an IX, p. 303, — Nomination des évêques; traitements
ecclésiastiques, p. 304. — La loi du 18 germinal an X,
p. 305. — L'appel comme d'abus; les ordres religieux et
congrégations. p. 306. — L'exécution du Concordat; Napoléon et le Pape, p. 309. — Le Concordat de Fontainebleau,
p. 310. — Le culte protestant; les juifs, p. 312. — V. *Les
droits individuels;* rétablissement de l'esclavage des nègres aux colonies, p. 313. — La liberté du commerce et de
l'industrie, p. 313. — La liberté de la presse; l'imprimerie
et la librairie; la censure, p. 314. — Les journaux; les
principes, p. 315. — Les journaux imposés et les rédacteurs responsables, p. 307. — Les journaux expropriés et
mis en actions, p. 318. — Le droit d'association et le Code
pénal, p. 319. — L'instruction publique, p. 320. — *L'Université de France,* p. 320. — La liberté individuelle, les
prisons d'Etat, p. 323. — La légion d'honneur, p. 325.
— La noblesse impériale, p. 326.

CHAPITRE III. — **Les Codes**.................... 327
Les Cinq Codes, p. 327. — Le moment propice, p. 327.
— La préparation antérieure, p. 328. — La Constitution
de l'an VIII favorable à la Codification, p. 331. — Le Code
civil, son élaboration, p. 332. — Ses caractères, p. 333. —
Le mariage, p. 333. — Les enfants naturels, p. 334. — La
propriété foncière et les hypothèques, p. 335. — Le Code
de procédure civile et le Code de commerce, p. 335. —
Le Code d'instruction criminelle, p. 336. — Le Code pénal, p. 337.

TABLE ALPHABÉTIQUE *

A

Abbés commandataires. — V. Ordres religieux sous l'ancien droit.

Abdication légale, 34.
V. Déchéance du Roi.

Abolition du régime féodal, 57, 218.

Abolition du servage en France, 185.

Abolition de l'esclavage aux colonies, 185.

Abrogation du Concordat. — V. Concordat (du 26 messidor an IX).

Abrogation de l'art. 35 de la loi du 19 fructidor an V (Mesures de salut public), 198, *in fine*-199.

Académie de législation (L'), 296.

Académies (de danse, d'équitation, d'escrime), 211.
V. Enseignement.

Accusateur public : Assemblée Constituante, 44, 110-111, 256.

— Directoire, 120.

— Consulat, 291.

Acte additionnel aux Constitutions de l'Empire, 261.
V. Constitution du 22 avril 1815.

Actes des apôtres, 204, note.

Actes de l'état civil. — V. État civil.

Actes du 8 mai 1788, 26-29.
V. Parlements : Mesures destinées à leur affaiblissement.

Administrateurs(Élection des),46.
V. Constitution du 24 juin 1793.

Administrateurs du district, 44.

Administration intérieure, 39,56.
V. Directoire exécutif, Roi.

Administration des communes, 78.
V. Organisation communale.

Administration des départements, 86, 88, 92.
V. Organisation départementale.

Administration des districts, 87, *in fine.*

— Suppression par la Convention, 91.

Administration de la gabelle, 122.
V. Perquisitions. Visites domiciliaires.

Administration des impôts directs, 85.

Administration des aides et droits annexes, 122.
V. Administration de la gabelle.

* Elle a été dressée par M. AL. MARTINI, docteur en droit, secrétaire de M. A. DARRAS, au *Sirey.*

Adoption (Assemblée législative), 233.

Adresses (des réunions générales des citoyens de la commune) : Constituante, 80.

Affouage. — V. Partage des affouages.

Affranchissement des terres. — V. Abolition du régime féodal.

Agents diplomatiques (Nomination des), 39.
    V. Directoire exécutif, Roi.

Agents nationaux, 89.
    V. Loi 14 frimaire an II.

Aides. — V. Impôt des aides.

Aide seigneuriale (Suppression), 68.

Aides et droits annexes. — V. Administration des aides et droits annexes.

Aiguillon (Duc d'), 64.

Aînesse (Droit d'); Suppression, 70.

Ambassadeurs (Nomination des), 39.

Amendement (Droit d'), 52.
    V. Conseil des Anciens.

Amiraux, 40.
    V. Roi.

Angleterre, 97, 98, 104, 109, 313, 316, 336.
    V. Juge de paix ; Magistrature anglaise.

Aides sur les boissons spiritueuses. — V. Impôt des aides sur les boissons spiritueuses.

Aides sur les vins. — V. Impôt des aides sur les vins.

Annulation des actes des administrations départementales ou communales, 93-94.
    V. Directoire exécutif.

Annulation rétroactive des donations entre-vifs faites après le 14 juillet 1789. — V. Donations entre-vifs.

Appel (en matière civile) : Assemblée Constituante, 107-109.
— Directoire, 110.
— Consulat, 290.
    V. Juridictions civiles, Organisation judiciaire.

Appel (en matière répressive), 111.
    V. Juridictions répressives, Organisation judiciaire.

Appel comme d'abus : Constitution civile du Clergé, 169.
— Loi du 18 germinal an X, 305, in fine-306.
— Décret du 25 mars 1813, 311, in fine-312.

Archevêchés, 76.

Armée : Constituante, 138, 300 ; Convention et Directoire, 299-300 ; Consulat et Empire, 299-300.

Armée régulière : sous l'Ancien Régime, 136.

Armes d'honneur. — V. Loi du 4 nivôse an IX.

Armoiries. — V. Suppression de la noblesse (par l'Assemblée constituante).

Arrêté du Directoire, 281, note.

Arrêté du Directoire du 12 fructidor an VII (Déportation de journalistes), 199.

Arrêté des Consuls, 281, note.

Arrêté des Consuls du 24 thermidor an VIII (Code civil, projet), 332.

Arrêté des Consuls du 19 vendémiaire an X (Boulangerie), 314.

Arrêté des Consuls du 7 thermidor an XI (Fabriques. Biens non aliénés), 305.

Arrondissement : Création, 283.

Articles organiques. — V. Loi du 18 germinal an X.

Assemblée Constituante, 4, 31, 146, 282, 283, 285, 302, 303.

— Rachat des droits féodaux, 62, 63, 64, 65, 66, 67, 70.

— Décentralisation politique, 75, 76.

— Conseil général des communes, 80.

— Division du territoire, 81, 82, 83, 86.

— Organisation judiciaire, 98, 99, 101, 102, 104, 107, 109.

— Impôts, 121, 123, 129, 150, 131, 132, 133, 134.

— Armée, 137, 139.

— Suppression de la noblesse, 183; des titres de noblesse, 183.

— Abolition des maîtrises. — Liberté du travail, du commerce, de l'industrie, 185.

— Abolition du. servage en France, 185.

— Interdiction des associations ouvrières et patronales, 186.

— Interdiction des coalitions, 187.

— Poursuites contre les journaux, 191, 192.

— Enseignement, 212.

— Lois civiles, 217, in fine-222.

— Mariage, 227.

— Lois pénales, 250-257.

— Contentieux administratif, 286.

— Suppression de la Cour des comptes, 288.

— Liberté du travail et du commerce, 313, in fine.

Assemblée Législative :

— Abolition du régime féodal, 63, 71.

— Armée, 139, in fine-140.

— Prêtres insermentés, 171.

— Suppression des congrégations religieuses, 171.

— Suppression des confréries, 172.

— Titres généalogiques (destruction des), 184, in fine-185.

— Enseignement, 212.

— État civil, 222-224.

— Mariage, 224, in fine-226, 227.

— Divorce, 227-232.

— Suppression de la séparation de corps, 230.

— Abolition de la puissance paternelle sur les majeurs, 233.

— Adoption, 233.

— Prohibition des substitutions, 233.

— Partage obligatoires des communaux, 244.

— Lois pénales d'exception, 257.

— Suppression des ordres de chevalerie, 325.

V. Corps Législatif.

Assemblée générale des habitants (L'), 77, 80.

Assemblée primaire de canton (sous le Consulat à vie), 275.

Assemblée des notables (de Calonne), 13, in fine-23, 28.

Assemblées administratives, 77.

Assemblées primaires, 43, 44, 45, 49, in fine-50, 51, 77.

V. Constitution de l'an III, Corps législatif : élection.

— Adoption du consulat à vie, 273.

Assemblées provinciales, 10, 16, 23, 25, 85, 273.

V. Assemblée de notables (de Calonne), *Calonne, Loménie de Brienne.*

Assemblées d'habitants, 245.

V. Communaux.

Assemblées électorales, 43, 102.

V. Corps législatif : élection; Élection des juges.

Assemblées de district, 16.

V. *Calonne.*

Assemblées de paroisse, 16.

V. *Calonne.*

Assemblées électorales de département, 85, 43, 44, 51.

V. Corps législatif : élection; Constitution de l'an III.

Assemblées électorales de district, 43.
  V. Corps législatif : élection.
Assesseurs (des juges de paix), 106.
Assignats, 121, 125, 158.
  V. Impôts ; Nationalisation des biens ecclésiastiques.
Association (Droit d'). — V. Droit d'association.
Associations ouvrières et patronales (interdiction des) par l'Assemblée constituante, 186-187.
Attroupements, 200, 201, 203.
— Prohibition par la Constitution de l'an III, 210.
Auditeurs (au Conseil d'État), 268, note.
Avocat. — V. loi du 22 ventôse an XII.

B

Baccalauréat en droit, 296.
Baccalauréat ès-arts, 210.
  V. Universités.
Baccalauréat ès-lettres sous l'Empire, 322, note 1.
Banalités, 58, in fine, 68.
— Suppression, 71.
Bans. — V. Publications de mariage.
Barnave, 86, 100, 134.
Bastille, 204, 242.
Bâtards. — V. Enfants naturels.
Baudeau (abbé), 20.
Beccaria, 250.
Bénéfices ecclésiastiques, 21.
  V. Imposition territoriale.
Bergasse, 97, 108.
Berlier, 198, 239.
Biauzat, 127.
Biens immobiliers. — V. Transfert des biens immobiliers.
Biens nationaux, 121.
  V. Impôts.

Bigot-Préameneu, 332.
Blackstone, 97, 110, 241.
Boissy d'Anglas, 49.
Bonaparte, 260, 262, 263, 265, 269, 272, 331.
Bonaparte (Lucien), 306.
Boncerf, 63.
Bossuet, 156.
Boulangerie : sous le Consulat, 314.
Bourjon, 329.
Boutaric, 330.
Bref quod aliquantum (du 10 mars 1791), 170.
  V. Constitution civile du clergé.
Brigands. — V. Commissions militaires du Directoire.
Brisson, 227.
  V. Assemblée législative : Mariage, Divorce.
Bulle Unigenitus, 306.
Bureau (de la commune). — V. Organisation communale.
Bureau de conciliation, 105.
  V. Hollande, Juge de paix, Voltaire.
Bureau de paix. — V. Bureau de conciliation, Juge de paix.
Bureau des requêtes, 114.
  V. Tribunal de cassation.
Buzot, 127.

C

Cadastre (général) : Règlement de sa confection, 297.
Cahiers de 1789, 85, 101, 217.
Cahiers des paroisses, 57, note.
Calonne, 12-24, 152.
Cambacérès, 49, 236, 238, 246 in fine, 247, 248, 249, 257, 265, 272.
Cambon, 173.
Camus, 127.
Cantons. — V. Division en cantons.

Capitation, 2, 10, 122.

— Abolition par l'Assemblée Constituante, 124.

— (Afférente à la ville de Paris), 129.

V. Contribution mobilière (proprement dite), Necker.

Caractère arbitraire des peines sous l'Ancien Régime, 251-252.

V. « Peines sont arbitraires au royaume de France ».

Carcan, 258.

Cas impérieux (Suppression), 68.

Cédules hypothécaires, 246.

Célibat (des moines), 161.

Célibat des proviseurs, censeurs, principaux et régents (des collèges), maîtres d'étude sous l'Empire, 323.

V. Décret du 30 mars 1808.

Cens électoral, 43.

V. Citoyens actifs; Constitution de 1791.

Cens féodal, 59.

Censives, 59.

Censure. — Sous le Consulat et l'Empire : Livres et écrits non périodiques, 314, 316; Journaux et écrits périodiques, 315, 316, 317, 319.

Centième denier, 60.

V. Abolition du régime féodal.

Cent jours (Les), 261.

Chabrond, 96, 108, 116.

Chambre des mises en accusation. — V. Jury d'accusation : suppression (Code d'instruction criminelle).

Champ de mars, 203.

Champart, 59.

Chapelier, 186, 207.

Chapelles privées (maintien des), 169.

V. Constitution civile du clergé.

Chapitres (des cathédrales), 301, in fine.

Charles de Lameth, 134.

Chasse. — V. Droit exclusif de chasse (abolition du).

Chauffeurs. — V. Commissions militaires du Directoire.

Choix des ministres, 40, 41, 55.

V. Ministres, Roi.

Circonscription militaire, 141.

V. Loi du 19 fructidor an VI.

Circonstances atténuantes. — Loi du 1er germinal an III, 196. — Code pénal de 1810, 338.

Circulaire du 6 novembre 1807, 319.

V. Journaux des départements.

Citoyens actifs, 35, 42, 102, 105.

V. Assemblées électorales de département; Élection des juges; Sieyès.

Club breton, 204-205, 208.

— Ses filiales : 205, in fine-206, 208.

Club de Valois, 204, note 1.

Club de 1789, 206.

Club des Impartiaux, 206.

Club des Jacobins, 204, 205, 206, note.

V. Club breton.

Clubs, 203.

— Ancien régime, 203.

— Révolution : 204-206.

— Assemblée constituante, 206-207.

— Convention, 207-208.

Coalitions (interdiction des), par l'Assemblée constituante, 187.

Code civil, 246, 249.

— Projet du 9 août 1793, 246, in fine-247.

— Projet du 23 fructidor an II, 247, in fine-248.

— Projet du 24 prairial an IV, 249.

Code civil, 328, *331-335*.

— Elaboration, 331, *in fine*-333.

— Vue d'ensemble, 333-335.

Code Napoléon, 332, *in fine*. — V. Code civil.

Code pénal correctionnel. — V. Loi des 19-22 juillet 1791.

Code pénal du 15 septembre 1791, 252-253. 330.

Code pénal (de 1810), 328, *337-338*.

— Droit d'association, 319.

Code de commerce, 328, *335*.

Code de procédure civile, 328, *335*.

Code d'instruction criminelle, 293, 328, *335-337*.

Code des délits et des peines du 3 brumaire an IV, 255, *257-258*, 330, 331, 338.

Codes, *328-338*.

Codification des lois (sous le Consulat et l'Empire) : causes favorables, *328-331*.

Colbert, 17. V. Traites.

Collation forcée. — V. Nomination des évêques (conflit entre Napoléon et Pie VII).

Collecte forcée, 126. V. Contribution foncière : perception. Solidarité en matière de paiement de la taille.

Collèges, 211.

— Sous l'Empire, 322. V. Enseignement.

Collèges d'arrondissement (sous le Consulat à vie), 275.

Collèges de département, 288.

— (sous le Consulat à vie), 275.

Colombiers. — V. Droit des colombiers (abolition du).

Comité général, 23. V. Assemblée des notables (de Calonne), Calonne.

Comité permanent, 53. V. Conseil des Anciens; Conseil des Cinq-Cents.

Comité d'imposition (de l'Assemblée constituante), 126, 127. V. Contribution personnelle et mobilière.

Comité de constitution, 78, 80, 116, 129, 130, 131, 132, 207.

Comité de constitution (premier), 97. V. Organisation judiciaire.

Comité de constitution (second), 98. V. Organisation judiciaire.

Comité de législation (de la Convention), 90, 236.

— Nomination de juges, 118. V. Procureurs généraux syndics.

Comité de la Constituante, 91.

Comité de Salut public, 31, 45, 189.

— Destitution et nomination des fonctionnaires, 90.

— Choix des penseurs et philosophes chargés de « reviser le Code civil », 248.

Comité de sûreté générale, 32. V. Convention.

Comité des contributions, 116.

Comité des recherches (de l'Assemblée constituante). — V. Assemblée constituante : poursuite contre les journaux.

Comité des droits féodaux, 66.

Commandement des armées, 39-40. V. Roi.

Commandement des flottes de guerre, 39-40. V. Roi.

Commissaire du gouvernement. — V. Accusateur public (sous le Consulat).

Commissaires, 39. V. Ministère public, Roi.

Commissaires de police, 284.
V. Loi du 28 pluviôse an VIII.
Commissaires du Directoire, 93.
V. Organisation départemen-
tale.
Commissaires du Roi, 103, 110,
115.
Commissaires près les tribunaux
criminels, 117.
V. Décret des 29-30 octobre
1792.
Commissaires du Directoire
exécutif près les tribunaux,
120.
Commissaires nationaux près les
tribunaux criminels sous le
Directoire, 120.
Commission consulaire exécu-
tive : sa création, ses pouvoirs,
262-263.
V. Consuls, Premier Consul.
Commission sénatoriale de la
liberté individuelle (sous l'Em-
pire), 278, 325.
Commission de la liberté de la
presse (sous l'Empire), 278.
Commission (Les Douze), 32.
V. Convention.
Commission des Onze, 49, 54.
Commissions militaires du Direc-
toire, 202.
V. Tribunaux spéciaux.
Commissions nommées par le
Conseil des Cinq-Cents et le
Conseil des Anciens, après le
Coup d'État du 18 brumaire
an VIII, 262, in fine-263, 331,
in fine-332.
Communautés d'artisans, 8, 9.
— (Abolition des), 132.
V. Necker, Turgot.
Communautés d'habitants : choix
et acceptation des maitres de
l'enseignement primaire, 210,
in fine.

Communautés de marchands, 8,
9.
— (Abolition des), 132.
V. Necker, Turgot.
Communaux, 244.
— Ancien régime, 244.
— Assemblée législative : partage
obligatoire, 244.
— Convention : partage faculta-
tif, règles, 245.
Commune, 233.
Commune de Paris. — V. Sup-
pression des journaux pari-
siens.
Compte rendu au Roi (de Nec-
ker), 11.
Concordat de 1516 : 163, 303, 304,
310.
Concordat (du 26 messidor an IX),
301, 303-305, 309.
Concordat du 13 février 1813 (de
Fontainebleau), 310, in fine-
312.
Condorcet, 45.
Confiscation (Suppression), 251.
— Rétablissement (Code pénal
de 1810), 337.
V. Assemblée Constituante :
lois pénales. Droits fiscaux.
Conflit entre Napoléon et Pie
VII, relatif à la nomination
des évêques, 300-312.
Confréries (Suppression des),
par l'Assemblée législative,
172.
Congés militaires, 142. — V. Loi
du 19 fructidor an VI.
Congrégations enseignantes. —
V. Congrégations religieuses
(Suppression des), par l'Assem-
blée législative.
Congrégations hospitalières. —
V. Congrégations enseignan-
tes.
Congrégations religieuses, 211.
V. Enseignement.

— (Suppression des), par l'Assemblée législative, 171.
V. Décret du 18 août 1792, Ordres religieux.

Conseil exécutif, 31, 32, 47.
V. Constitution de 1793, Convention.

Conseil exécutif provisoire : Défense à l'Église d'entreprendre rien qui soit contraire à la constatation de l'état civil, 226.
V. Décret du 22 janvier 1793.

Conseil général, 284-285.
— Sénatus-consulte du 16 thermidor an X, 288.

Conseil municipal, 285-286.
— Sénatus-consulte du 16 thermidor an X, 288, 289.

Conseil (de la commune). — V. Organisation communale.

Conseil (de département ou de district), 83.
V. Organisation départementale.

Conseil de département, 86, 285.
V. Administration des départements.

Conseil de district, 83.
V. Administration des districts.

Conseil d'arrondissement, 285.
— Sénatus-consulte du 16 thermidor an X, 288-289.

Conseil de préfecture, 284, 286, in fine-287.

Conseil de l'Université, 323.
V. Université de France.

Conseil d'État : 331.
— Composition : 266.
— Prépondérance : 267-268.
— Attributions, 268.
— Contentieux administratif, 287.
— Appel comme d'abus, 300.

— Soumission du projet de Code civil, 332.

Conseil du Roi, 116.

Conseil d'en haut, 9, 12, 14.
V. Calonne, Necker.

Conseil des Anciens, 51, 52, 53, 54, 55.
V. Constitution de l'an III.
— Ratification du Coup d'État du 18 brumaire an VIII, 261-263.

Conseil des Cinq-Cents, 51, 52, 53, 54, 55.
V. Constitution de l'an III.
— Ratification du Coup d'État du 18 brumaire an VIII, 261-263.

Conseil de la commune : Indication des individus impropres au service des conscrits versés dans la réserve, 299.

Conseil général de la commune, 80.
V. Organisation communale.

Conseils académiques, 323.
V. Université de France.

Conseillers généraux, 284.
V. Loi du 28 pluviôse an VIII.

Conseillers municipaux. — V. Préfets.

Conseillers d'arrondissement, 284.
V. Loi du 28 pluviôse an VIII.

Conseillers de préfecture, 284.
V. Loi du 28 pluviôse an VIII.

Conservateurs des hypothèques, 249.

Constitution du 3 septembre 1791, 31, 33-44, 143, 149, 150, 157, note 3, 153, 264.
— Élection des ministres des cultes, 168, note 1.
— Conséquences de l'égalité civile, 182.

— Liberté de la presse, 192.
— Droit de réunion, 200-201.
— Enseignement, 212.
— Liberté individuelle, 215, *in fine.*
— Lois civiles, 218.
— Admission des étrangers à la pleine jouissance des droits privés, 221, *in fine*-222.
— Vœux religieux, 227, note.
— Mariage, 227.
Constitution du 24 juin 1793, 31, 45-50, 175, *in fine,* 247, 264.
— Liberté de la presse, 194.
Constitution du 5 fructidor an III, 31, 49, 50-56, 86, 91, 262, 263, 264, 281 note.
    V. Conseil des Anciens, Conseil des Cinq-Cents, Corps législatif.
— Impôts, 129, 131.
— Organisation judiciaire, 118.
— Cultes, 178, *in fine*-179.
— Liberté de la presse, 194, *in fine*-195.
— Droit d'association, 209.
— Attroupements, 210.
— Enseignement, 213, 215.
— Tribunaux civils du département : création, 289.
— Récompenses nationales aux guerriers, 325, 326.
Constitution de l'an VIII, 260, 263, 264-273, 278, 289.
— Pouvoir exécutif, 265-266.
— Pouvoir législatif, 266-270.
— Listes de confiance, 271-273.
— Contentieux administratif, 286-287.
    V. Garantie administrative (ou des fonctionnaires).
— Nomination des juges, 293-294.
— Élection des juges du paix, 293, *in fine.*
—   — des juges de cassation, 294.

— Inamovibilité des juges, 295.
— Armée, 300.
— Garantie du jury d'accusation, 337.
    V. Codification des lois (sous le Consulat et sous l'Empire): causes favorables.
Constitution girondine, 45.
    V. Convention.
Constitution du 22 avril 1815, 261.
    V. Acte additionnel aux Constitutions de l'Empire.
Constitution civile du clergé 146, *163-170,* 174, *in fine.*
— Appréciation, 163, 169, *in fine*-170.
— Remaniement des circonscriptions ecclésiastiques, 164, *in fine*-165.
— Election à vie des archevêques, évêques, curés, 165, 167.
— Nomination des vicaires et directeurs de séminaires, 166.
— Serment des évêques et curés, 167, *in fine*-168.
— Juridiction des évêques, 169.
Constitution des États-Unis, 38.
    V. *Veto.*
Constitutions de l'Empire (Les), 261.
Consulat, 4, 5, 260, 261-273.
— Concordat, 303-305.
    V. Napoléon et nomination des évêques : conflit avec Pie VII.
— Liberté du travail et du commerce, 313, *in fine.*
Consulat à vie, 260, 261, 263, 273-276.
Consuls.
— Élection. Réélection, 265.
— Pouvoirs, 265.
    V. Commission consulaire exécutive.
— Contentieux administratif, 116, 286-287.

Contentieux en matière d'impôts, 116.

Contraventions, 111.

Contribution foncière, *124-126.*

— Établissement, 124.

— Perception, 125-126.

— Répartition, 124-125.

— Versement (Nature du), 125.

Contribution mobilière (proprement dite), *129-131,* 132, 133, 135.

Contribution personnelle, 128-129, 132, 135.

Contribution personnelle et mobilière, *126-132.*

    V. Contribution mobilière. Contribution personnelle. Taxe d'habitation. Taxe sur les domestiques, chevaux et mulets de luxe.

Contributions directes, 122.

Contributions indirectes, 84.

Contributions indirectes : abolition par l'Assemblée constituante, 123.

    V. Préposés en chef aux contributions indirectes.

Convention, 31, 32, 44, 47, 49, 50, 54, 64, 73, 86, 88, 117, 220, 263, 265, 282.

— Suppression des districts, 91.

— Impôts, 134.

— Armée, 140-141, 146, *in fine.*

— Rapports avec les Églises, *172-181.*

— Abolition de l'esclavage aux colonies, 185.

— Rapports avec le travail et le commerce, *188-191.*

— Poursuites contre Marat, 193.

— Enseignement, 212-215.

— État civil. Clergé, 226-227.

— Divorce, *231-232.*

    V. Décret du 9 floréal an II; décret du 15 thermidor an III.

— Adoption, 238.

— Donations et legs aux descendants (prohibition des), 234.

— Enfants naturels, 235-238.

— Substitutions (prohibition et annulation des), 234.

— Successions, donations, legs, 239-243.

— Mort civile des religieux (suppression de la), 243.

— Partage facultatif des communaux, — règles, 244-245.

— Hypothèques, 246.

— Propriété foncière (Transmission de la), 246.

— Code civil : ordre d'élaboration au Comité de législation, 246.

— Renvois audit Comité des projets élaborés, 247-248.

— Lois pénales, 257-259.

— Ratification du vote populaire, 261.

— Nomination aux grades supérieurs dans l'armée, 300.

— Code des délits et des peines, 330, 331.

Corps législatif, 33, 34, 39, 40, 41, 44, 46, 51, 55, 131, *in fine,* 137, 141, 331.

Constitution de 1791.

— Élection, 35, 43.

— Éligibilité, 35.

— Permanence, 35.

— Attributions, 36.

— Session, 36.

— Vacances, 36.

    V. Ministres. Ratification des traités, Roi.

Constitution de 1793.

— Suspension des fonctionnaires, 84-85.

— Élection, 46.

— Publicité des séances, 46.

— Rapports avec le Conseil exécutif, 46.

Constitution de l'an III
— Attributions, 52.
— Composition, 51, 52.
— Électorat, 52.
— Éligibilité, 52.
— Permanence, 52.
— Règlement, 52.
— Renouvellement, 52.

Constitution de l'an VIII.
— Composition, 267, 272-273.
— Rang, 268.
— Rôle, 269, in fine-270.
— Approbation de l'enseignement des langues vivantes dans les Écoles centrales, 213, in fine.
— Composition (sous le Consulat à vie), 274, in fine-275.
— Composition sous l'Empire, 279.
— Attributions sous le Consulat à vie, 275, in fine-276; sous l'Empire, 278, 279, 281.
— Adoption des articles organiques, 306.
— Résistance à la création de la Légion d'honneur, 326.
Corps municipaux, 83, 84, 85.
Corps administratifs élus, 39.
V. Suspension des corps administratifs élus.
Corps de ville (Le), 77.
Corvées réelles, 67.
— (Maintien), 68.
— (Suppression), 68.
Corvée royale, 8, 9, 19.
V. Calonne, Necker, Turgot.
Coup d'État du 18 fructidor an V, 197.
Coup d'État du 18 brumaire an VIII, 260, 261, 266, 331, in fine.
Cour plénière, 28.
V. Parlements; Mesures destinées à leur affaiblissement.

Cour de cassation, 44, 287.
V. Assemblées électorales de département.
— Soumission du projet de Code civil, 332.
V. Tribunal de cassation.
Cour des comptes, 288.
— (Sous l'Empire), 293.
Couronne. — V. Domaine de la Couronne, Édit d'août 1779, Servage.
Cours d'appel. — V. Tribunaux d'appel (sous l'Empire).
Cours d'assises : Code d'instruction criminelle, 336, 337.
Crimes de lèse-majesté, 251, note 1.
Crimes des fonctionnaires dans l'exercice de leurs fonctions : Convention, 258.
Croix de la Légion d'honneur. — V. Légion d'honneur.
Cultes, 143-181.
— Sous le Consulat et l'Empire, 300-312.
Curé, 44, 51, 226.
V. Assemblées électorales du district. Décret du 22 janvier 1793.

D

Dandry, 207.
Danton, 204.
Décentralisation. — V. Organisation administrative.
Déchéance de Napoléon, 260.
Déchéance du Roi, 34.
Décision du Grand Sanhédrin du 7 mars 1807, 312.
Déclaration de guerre. — V. Consuls : pouvoirs.
V. Guerre (Déclaration de).
Déclaration du 23 juin 1789 (Dé-

claration des intentions du Roi ;
bases de la Constitution), 122.
Déclaration des droits de
l'homme et du citoyen, 32,
175, 187.
— Force armée, Service, 137.
— Être suprême, 145, note 1.
— Liberté de conscience, 149.
— Égalité civile, 182.
— Liberté de la presse, 191.
— « Nulla pœna sine lege »,
252.
— Arrestations, 254.
Déclarations foncières. — V.
Transmission de la propriété
foncière.
Décrets :
4, 7, 8, 11 août 1789 (Féodalité.
Abolition), 65.
3-12 octobre 1789 (Prêt à intérêt, Taux légal), 218.
24 novembre 1789 (Biens ecclésiastiques. Dotation du clergé),
157, 174.
14 décembre 1789 (Municipalités, Constitution) 76, 78, in
fine-81, 83, 201.
16 décembre 1789 (Armée. Recrutement), 138.
22 décembre 1789 (Assemblées
primaires. Assemblées administratives), 76, 81, 84.
24 décembre 1789 (Protestants.
Fonctions publiques), 147, in
fine-148.
21 janvier 1790 (Peines. Flétrissure personnelle. Confiscation). — V. Guillotine.
13-19 février 1790 (Vœux monastiques. Prohibition), 161-
162.
19-20 février 1790 (Religieux-
Successions), 162.
15-28 mars 1790 (Droits féodaux. Abolition), 66.
19-26 mars 1790 (Religieux.

Donations et Testaments.
Successions), 162-163.
3-9 mai 1790 (Féodalité. Droits
rachetables), 69.
10-16 juillet 1790 (Religionnai-
res fugitifs), 148.
12 juillet-24 août 1790 (Clergé.
Constitution civile). — V.
Constitution civile du clergé.
20 juillet 1790 (Juifs. Redevance. Suppression), 151.
24 juillet-24 août 1790 (Clergé.
Traitement), 168, note 2.
6-11 septembre 1790 (Organisation administrative et judiciaire. Compétence. Contributions directes), 116.
31 octobre 1790 (Douanes. Tarif unique. Abolition des
droits de traite), 123.
13-19 novembre 1790 (Association [Liberté d']), 206.
27 novembre-1er décembre 1790
(Cassation [Tribunal de]), 113.
27 novembre-26 décembre 1790
(Ecclésiastiques. Serment),
163.
9-15 décembre 1790 (Religion-
naires fugitifs. Restitution),
149.
2-17 mars 1791 (Aides [Droits
des]. Maîtrises et Jurandes.
Patentes, 185.
9-25 mars 1791 (Armée. Recrutement. Engagements), 138.
8-15 avril 1791 (Successions.
Partage), 220, in fine-221,
222, note.
18-22 mai 1791 (Pétition [Droit
de]), 201.
12 septembre 1791 (Résidence
des fonctionnaires), 33.
16-29 septembre 1791 (Justice
criminelle. Police de sûreté.
Jurés), 254-257.
27 septembre-30 décembre 1791

(Peine de mort. Cassation [Pourvoi en]), 257.

27 septembre 1791 (Juifs. Serment civique), 151.

28 septembre-16 octobre 1791 (Liberté. Hommes de couleur. Droits civiques), 185.

29 septembre-14 octobre 1791 (Garde nationale. Organisation), 139.

18 janvier 1792 (Adoption), 233.

18 juin-6 juillet 1792 (Féodalité. Droits casuels), 71.

14 août 1792 (Communaux. Partage), 244.

18 août 1792 (Congrégations et confréries. Suppression), 171, 172.

25-28 août 1792 (Féodalité. Abolition), 72.

25 août 1792 (Substitution. Abolition), 233.

28 août 1792 (Puissance paternelle. Majeurs), 233.

22-25 septembre 1792 (Tribunaux. Corps administratifs et municipaux. Renouvellement), 117.

14 octobre 1792 (Juges. Élection. Suppression des conditions de capacité professionnelle), 117.

25 octobre-15 novembre 1792 (Substitutions. Suppression. Annulation), 234.

29-30 octobre 1792 (Tribunaux. Suppression des commissaires nationaux. Accusateurs publics), 117.

22 janvier 1793 (Actes de l'état civil. Rédaction), 226.

21-26 février 1793 (Armée. Organisation), 141.

7-11 mars 1793 (Testaments, Abolition), 234.

10-11 juin 1793 (Communaux-Partage), 244-245.

13 juin 1793 (Sociétés populaires), 207.

17 juillet 1793 (Féodalité. Rentes. Suppression), 73.

19-24 juillet 1793 (Propriété littéraire), 189-190.

25 juillet 1793 (Émigrés. Biens. Dettes) 73, note.

25 juillet 1793 (Sociétés populaires), 207.

26 juillet 1793 (Grains. Farines. Prix. Maximum), 188.

24 août 1793 (Dette publique), 245.

11 septembre 1793 (Municipalités. Perquisitions. Greniers), 188.

11 septembre 1793 (Rentes foncières. Rachat), 70.

29 septembre 1793 (Denrées. Prix. Maximum), 189.

20 brumaire an II (Culte de la Raison. Église métropolitaine de Paris), 173.

14 frimaire an II (Gouvernement révolutionnaire), 208.

18 frimaire an II (Cultes. Liberté), 172.

26 frimaire an II (Cultes. Frais. Nation), 172.

16 pluviôse an II (Esclavage. Abolition), 185.

28 germinal an II (Jury d'accusation. Crimes et délits), 90.

9 floréal an II (Divorce-Absence), 231.

18 floréal an II (Être suprême. Culte), 173, note.

23 fructidor an II (Code de police de sûreté et de police correctionnelle. — Préparation), 257.

2 des Sans-Culottides an II (Cultes. Suppression des trai-

tements. Pensions), 173, 176, note.

25 vendémiaire an III (Sociétés populaires. Correspondance. Prohibition), 208.

16 frimaire an III (Adoption. Effets), 238.

24 nivôse an III (Abrogation de la loi du maximum), 189.

11 prairial an III (Cultes. Edifices), 177-178, 179, in fine.

9 messidor an III (Hypothèques), 246.

9 messidor an III (Propriété foncière. Déclarations foncières), 248.

2 thermidor an III (Impôt foncier. Paiement en nature),125.

15 thermidor an III (Divorce), 232.

6 fructidor an III (Sociétés populaires. Dissolution), 209, in fine-210.

4 brumaire an IV (Mort [Peine de]. Abolition), 259.

1er jour complémentaire de l'an V (Divorce. Incompatibilité d'humeur), 232.

3 frimaire an VII (Contributions directes. Cadastre [Projet de]), 297.
V. Loi du 15 septembre 1807.

1er nivôse an VIII (Moniteur. Journal officiel), 319, note 1.

3 messidor an XII (Associations religieuses. Dissolution), 307-308.

30 mars 1806 (Majorats. Substitutions), 327.

4 avril 1806 (Catéchisme), 309.

16 février 1807 (Poudres. Fabrication. Monopole), 299.

1er mars 1808 (Majorats), 326, in fine-327.

17 mars 1808 (Universités. Organisation), 320.

20 juillet 1808 (Juifs. Nom et prénoms), 312-313.

18 févr. 1809 (Congrégations religieuses. Femmes),308-309.

5 février 1810 (Imprimerie et librairie), 314-315.

25 février 1810 (Puissance temporelle. Puissance spirituelle. Indépendance), 309.

3 mars 1810 (Prisons d'État), 324.

29 décembre 1810 (Tabacs. Monopole), 298.

15 novembre 1811 (Université. Régime), 320.

25 mars 1813 (Cultes. Concordat. Appel comme d'abus), 311-312.

Décrets, 38.
{Sens ancien
{— moderne } 281, note.
V. Corps législatif.

« Défenseurs conscrits (Les) », 141.
V. Circonscription militaire;
Loi du 19 fructidor an VI.

Dégradation civique, 258.

Délégation des pouvoirs, 53.
V. Constitution de l'an III.

Délits de presse (Projet de Berlier sur les), 198.

De Lohme, 97.

Dénonciation civique, 256.

Départements. — V. Division en départements.

Déportation, 258.

Desmoulins, 204.

Destitution des administrateurs de département ou de canton, 94.
V. Directoire exécutif.

Destitution des juges, 117.

Détention, 258.

Diderot, 145.

Dime, 65.

Dime royale, 20.
V. Vauban.

Dîmes (Abolition des), 66.

Dîmes inféodées (Maintien des), 66.

Dionis, 127.

Directeur du jury, 110.

   V. Juridictions répressives; Organisation judiciaire.

Directeur général de l'imprimerie et de la librairie, sous le Consulat, 314, *in fine*.

Directoire exécutif, 53-56, 93, 94.

   V. Administration intérieure; Choix des ministres; Constitution de l'an III; Dissolution (Droit de); Haute Cour de justice; Proposition des lois, *Velo*. Rôle des ministres.

— Impôts, 134-136.

— Lutte avec les journaux, 196, 197-198.

— Déportation de journalistes, 199.

— Régime hypothécaire. Transmission de la propriété immobilière, 248.

— Conservateurs des hypothèques, 249.

— Enregistrement, 249.

— Code civil (Projet de), 249.

— Déchéance, 261.

— Commissions militaires, 292.

— Armée, 300.

Directoires de département, 83, 86-87, 90, 116.

   V. Administration des départements.

— Maintien par la Convention, 83.

— Contentieux administratif, 286, 287.

Directoires de district, 83, 88, 109, 116.

   V. Administration des districts; Appel.

— Contentieux administratif, 286, 287.

Discipline ecclésiastique. — V. Constitution civile du clergé, Juridiction des évêques.

Dispenses aux lois. — V. Établissements religieux, Ordres religieux (sous le Consulat et l'Empire).

Districts. — V. Division en districts.

District (Suppression du), 91.

   V. Constitution du 5 fructidor an III, Organisation municipale.

Dissolution (Droit de), 42, 55.

   V. Corps législatif; Roi; Directoire exécutif.

Division des pouvoirs. — V. Constitution de l'an VIII.

Division en cantons. — V. Organisation départementale.

Division en départements. — V. Organisation départementale.

Division en districts. V. Organisation départementale.

Divorce, 227-232.

— Raisons de son admission, 227-228.

— Causes, 228-232.

— Délai imposé aux époux divorcés au cas de second mariage, 230.

— Code civil, 333.

   V. Convention : divorce; Décret du 15 thermidor an III; Remariage des époux divorcés.

Divorce par consentement mutuel, 228-229.

   V. Divorce : causes.

— Code civil, 333.

Divorce pour cause d'absence, 228, 231.

   V. Divorce : causes.

Divorce pour cause d'émigration, 228.

   V. Divorce : causes.

Divorce pour cause de démence, 228.
V. Divorce : causes.
Divorce pour cause d'incompatibilité d'humeur, 229-230, 232.
V. Convention : divorce. Divorce : causes.
Dixième (Le), 122.
Doctorat en droit, 296.
Domaine éminent, 59.
Domaines de la Couronne, 10, 58, 61.
V. Servage.
Domat, 329.
Donations entre-vifs. — V. Convention : Successions, Donation, Legs.
Donations et legs aux descendants. — V. Convention : donations et legs aux descendants (Prohibition des).
Dotations et émoluments attachés à la Légion d'honneur. — V. Légion d'honneur.
Douanes, 84.
V. Préposés en chef des douanes.
Douanes extérieures, 17.
V. *Calonne*.
— Maintien par l'Assemblée constituante, 123, in *fine*-124.
Douanes intérieures. — V. *Traites*.
Double degré de juridiction, 96, 107.
Droit civil. — V. Lois civiles.
Droit commun coutumier, 329, in *fine*-330.
Droit pénal. — V. Lois pénales.
Droit d'aînesse, 218, 219.
Droit d'association, 199, 200.
— Révolution, 202-206.
— Constituante, 206-207.
— Convention, 207-210.
V. Clubs.
— Empire, 319.

Droit de grâce (Suppression du) par l'Assemblée constituante, 255, in *fine*-256.
Droit de pétition, 209.
Droit de réunion, 199.
— Constitution de 1791, 200-201.
Droit des colombiers (abolition du), 66.
Droit des fuies (Abolition du), 66.
Droit d'indire aux quatre cas (Suppression du), 68.
Droit exclusif de chasse (Abolition du), 66.
Droits casuels (Rachat des), 69.
V. Rachat des droits seigneuriaux.
Droits féodaux, 60, 63, 64.
— Suppression, 73.
Droits seigneuriaux, 60, 61.
— Suppression, 73.
Droits de marché, 68.
— Suppression, 71.
V. Droits fiscaux.
Droits civils. — V. *Droits individuels*.
Droits fiscaux, 58, 61.
Droits individuels, 42, 182.
V. *Citoyens passifs*.
— Consulat et Empire, 313.
Droits politiques, 42.
V. *Citoyens actifs*.
Droits réunis, 298.
V. Loi du 25 novembre 1808.
Droits de mutation, 59, 60.
V. Abolition du régime féodal.
Droits de meilleur cattel (Suppression des), 68.
Droits de morte-main (Suppression des), 68.
Droits de péage, 68.
— Suppression, 72.
Dualité des Chambres, 51.
V. Constitution de l'an III.
Dubois-Cranés, 125.

Duc d'Orléans, 14, 26.
Duc de Bourgogne, 2.
Duc de Chevreuse, 2, 3.
Duc de Choiseul, 136.
Dupont de Nemours, 8, 86, 128.
Duport, 98, 134.

E

Ecclesiae particulares, 155.
Ecclésiastiques, 210, note.
Échevins (Collège des), 79.
École polytechnique, 215.
École de navigation, 215.
École des géographes, 215.
École des mines, 215.
Écoles des ingénieurs militaires, 215.
École des ingénieurs de vaisseaux, 215.
École des ponts et chaussées, 215.
Écoles centrales, 213-214, 296.
Écoles spéciales, 214-215.
Écoles d'artillerie, 215.
Écoles de marine, 215.
Écoles de droit : Consulat, 296, 322, note 1.
   V. Facultés de droit.
Écoles de médecine, 322, note 1.
   V. Facultés de médecine.
Écoles primaires : Consulat, 320.
— Empire, 322.
Écoles secondaires communales : Empire, 322.
Édit de Nantes (Révocation de l'), 148.
Édit d'août 1779 (Suppression de la servitude personnelle et du droit de main-morte dans les domaines du Roi), 58.
Édit de juin 1787 (Assemblées provinciales et municipales), 75, 77, 85, 223.
Édit de novembre 1787 (Protestants. Liberté du culte. Jouis-

sance des biens et droits), 147, 148.
Édit du 1er mai 1788 (Déclaration relative à l'ordonnance criminelle) (Abolition de la torture), 249.
Édit de mai 1788 (Administration de la justice : justices seigneuriales), 58.
Égalité devant l'impôt, 121, 122.
Église catholique, 143, 144, 152-181.
   V. Nationalisation des biens ecclésiastiques.
Église réformée, 223.
   V. État civil.
Élection des juges, 100, 101, 102.
Élection des membres du clergé.
— V. Constitution civile du clergé.
Élection a *clero et populo* des évêques, 166.
   V. Constitution civile du clergé.
Emblèmes religieux (Suppression des), 177.
   V. Loi du 3 ventôse an III.
Émigration, 64. — Émigrés, 73, 146.
Empire, 5, 141, note, 260, 261, 263, 267, 276-281.
— Rétablissement de la Cour des comptes, 287.
Encens. — V. Suppression de la noblesse.
Enfants adultérins, 238.
— Code civil, 334.
Enfants incestueux.
— Code civil, 334.
Enfants naturels, 235-238.
— Filiation légale, 236-237.
— Droits successoraux, 236-237.
— Code civil, 334.
Enregistrement, 249.
   V. Impôt d'enregistrement.

Enrôlements volontaires, 136, 138.
V. Organisation militaire.
Enseignement, 210-216.
— Ancien régime, 210-211.
— Révolution, 211-212.
— Assemblée constituante, 212.
—   — législative, 212.
— Convention, 212, in fine-215.
— Consulat : (suppression de la liberté de l'), 320.
— Empire, 320-324.
Enseignement primaire. — V. Enseignement.
Enseignement secondaire. — V. Enseignement.
Enseignement supérieur. — V. Enseignement.
Épuration des magistrats. — V. Examen des magistrats. Sénatus-consulte du 12 octobre 1807.
Esclavage aux colonies. — V. Abolition de l'esclavage aux colonies.
Esclavage des nègres sous le Consulat : rétablissement, 313.
Établissements religieux sous le Consulat et l'Empire, 307-309.
État civil, 222-224.
— Ancien régime, 222-223.
— Assemblée législative, 223-224.
États Généraux, 2, 4, 25, 26, 28, 29, 30, 95, 96.
V. Necker, Parlement de Paris.
États Généraux d'Orléans (de 1560), 166.
V. Constitution civile du clergé.
États Généraux de Pontoise (1561), 156.
V. Nationalisation des biens ecclésiastiques.
États provinciaux, 87.
États-Unis, 40.
V. Constitution des États-Unis, Ministres.

Étrangers : Constitution de 1791, 221, in fine-222.
V. Décret des 8-15 avril 1791.
Évêchés, 76.
Évêques, 44, 51, 226.
V. Assemblées électorales de département ; Décret du 22 janvier 1793.
— Nomination par le Premier Consul, Serment de fidélité, Pouvoirs, 304 ; Traitement, 305.
Examen des magistrats, 296.
V. Épuration des magistrats.
Exclusion des filles (des successions), 218, in fine.
Excuses atténuantes : Code pénal de 1810, 338.
Exécution des lois, 85.
V. Organisation départementale.
Exemptions, 65.
Exploits notables. — V. Loi du 4 nivôse an IX.
Expropriation des journaux sous l'Empire, 318.
Expulsion des Jésuites, 153.

F

Fabrication des poudres. — V. Monopole de la fabrication des poudres.
Fabriques. — V. Concordat (du 26 messidor an IX).
Facultés de droit : sous l'Empire, 322, note 1.
Facultés de médecine : sous l'Empire, 322, note 1.
Facultés de théologie : création, 322, note 1.
Facultés des lettres : sous l'Empire, 322, note 1.
Facultés des sciences : sous l'Empire, 322, note 1.

Fénelon, 2, 3.

Féodalité contractante, 66, 67, 71.

  V. Comité des droits féodaux, Décret des 15-28 mars 1790.

Féodalité dominante, 66, 67, 71.

  V. Comité des droits féodaux, Décret des 15-28 mars 1790.

Ferme générale, 10, 123.

  V. *Necker*.

Fermeture des Églises, 145, 176.

  V. Loi du 3 ventôse an III.

Fers (Peine des), 253, 258.

Fêtes de l'Être Suprême (Les), 145, note 1.

Feuillants et Jacobins (Scission des). — V. Scission des Feuillants et Jacobins.

Fiefs, 59, 219.

Foi et hommage (Suppression), 70.

Fonctionnaires publics (Crimes des). — V. Crimes des fonctionnaires publics dans l'exercice de leurs fonctions.

Fondations. — V. Concordat (du 26 messidor an IX).

Fondations de pleine collation laïcale (Suppression des), 169.

  V. Constitution civile du clergé.

Force armée, 136-142.

— Réquisition, 85.

  V. Organisation départementale ; Organisation militaire.

Force probante (des actes de l'état civil), 223.

Forfaiture (des juges), 294.

Fournisseurs du pauvre. — V. Impôt des patentes.

Fourqueux, 25.

Fuies. — V. Droit des fuies (Abolition du).

G

Gabelle, 18, 122.

  V. Administration de la gabelle ; *Calonne*.

— Suppression par l'Assemblée Constituante, 123.

Gallicans (Les), 163-164.

Garantie administrative (ou des fonctionnaires). — V. Constitution de l'an VIII.

Garde nationale, 138-139.

Garennes ouvertes (Abolition du droit des), 66.

Gêne (Peine de la), 258.

Généralités (de l'ancienne France), 76.

Gerle (Dom), 149.

Gonzalez Tellez, 155.

Goupil, 66.

Gouvernement direct, 45.

Gouvernement parlementaire, 40

  V. Ministres.

Gouvernement représentatif, 270, *in fine*.

Gouvernements (de l'ancienne France), 76.

Grâce (Droit de).

—]Révolution, 27, *in fine*.

— Rétablissement sous le Consulat à vie, 274.

Grand électeur (Le) (de Sieyes), 272.

Grand-juge, 274, 278.

  V. Épuration des magistrats.

Grand-maître (de l'Université) : sous l'Empire, 323.

Grand sanhédrin. — V. Décision du Grand sanhédrin du 7 mars 1807.

Grands bailliages de 1788, 290.

Grèves. — V. Coalitions (Interdiction des) par l'Assemblée Constituante.

Guerre (Déclaration de), 39.

  V. Corps législatif, Roi.

Guichard, 239 note, 247.
Guillotine. — V. Peine de mort.
Guyot, 150.

H

Haute-Cour nationale, 115.
Haute-Cour de justice, 44, 55.
   V. *Assemblées électorales de département*; Conseil des Anciens; Conseil des Cinq-Cents; Directoire exécutif.
— Sous le Directoire, 120.
— Sous l'Empire, *278-279*, 280.
Hérault-Séchelles, 45.
Holbach (D'), 145.
Hollande, 105.
Huiles (Droits sur les) : suppression par l'Assemblée constituante, 123.
Hypothèques :
— Directoire, 248-249.
— Code rivil, 335.
Hypothèques *sur soi-même*. — V. Hypothèques.

I

Imposition territoriale, 19, 20, 23, 24, 25, 26.
   V. *Calonne, Loménie de Brienne*, Parlement de Paris.
Imposition des journaux sous le Consulat et l'Empire, 317.
Impôt féodal, 68.
Impôt foncier, 7, 130, 132, 135.
   V. *Physiocrates (Les)*; Contribution foncière.
Impôt d'enregistrement : maintien par l'Assemblée Constituante, 123.
Impôt direct seigneurial. — V. Droits fiscaux.

Impôt des aides : suppression par l'Assemblée constituante, 123.
Impôt des patentes, *132-133*.
   V. Loi du 1er brumaire an VII.
Impôt des aides sur les vins : rétablissement par Napoléon, 297.
Impôt des aides sur les boissons spiritueuses : rétablissement par Napoléon, 297.
Impôt sur le sucre, 298.
Impôt sur la fabrication du sel, 298.
Impôt sur le timbre, 19, 25, 26, 135.
— Maintien par l'Assemblée constituante, 123.
— (Projet d'), 132.
   V. *Calonne, Loménie de Brienne*, Parlement de Paris.
Impôt global sur le revenu : rejet par l'Assemblée constituante, 122.
Impôt sur les cartes à jouer, 135.
Impôt sur les portes et fenêtres 134, *in fine*-135.
Impôt sur les rentes dues par l'État, 133, *in fine*-134.
Impôts, 115, 116, 121-136.
— Consulat et Empire : 297-299.
   V. Contentieux en matière d'impôts.
Impôts directs, 85.
   V. Administration des impôts directs; Organisation départementale.
Impôts seigneuriaux indirects.
— V. Droits fiscaux.
Imprimerie : sous le Consulat et l'Empire : 314-319.
Inamovibilité des magistrats, 102.
   V. Élection des juges.

Incapacité de recevoir des anciens religieux, 162.

Incapacité de succéder des anciens religieux, 162.

Indemnité due par les individus impropres au service militaire, 299.

   V. Armée sous le Consulat et l'Empire.

Indire aux quatre cas. — V. Droit d'indire aux quatre cas (Suppression du).

Initiative des lois. — V. Proposition des lois.

Insignes nobiliaires étrangers (Respect des) par l'Assemblée constituante, 184.

Inspecteurs généraux (de l'Université), 323.

   V. Université de France.

Institut de France.

   V. Institut national des sciences et des beaux-arts.

Institut national des sciences et des beaux-arts, 214.

Institutions contractuelles, 221.

   V. Convention : successions, donations, legs.

Institutions privées : sous l'Empire, 322.

   V. Université de France : organisation.

Instruction préparatoire, 109.

   V. Juges de paix, Juridictions répressives.

— sous le Consulat (loi du 7 pluviôse an IX), 292.

— Code d'instruction criminelle, 356.

Instruction publique. — V. Enseignement.

Insurrection du 1er prairial an III, 49.

Intendants, 85, 116.

Interdiction pour les femmes d'être logées ou reçues dans l'intérieur des lycées et collèges : sous l'Empire, 324.

J

Jacobins (Acquittement des), 196.

Jacqueminot, 332.

Jacquerie (Méthode de la), 64.

Jaucourt, 306.

Jésuites, 212.

Joly de Fleury, 12.

Journaux. — V. Liberté de la presse, Suppression des journaux parisiens.

Journaux des départements. — V. Journaux et écrits périodiques.

Journaux et écrits périodiques : sous le Consulat et l'Empire, 314, *in fine*-319.

   V. Expropriation des journaux, Imposition des journaux, Mise en actions des journaux, Privilège tacite des journaux, Rédacteurs responsables.

Journée du 18 juillet 1791.

   V. Champ de Mars.

Journées des 5 et 6 octobre 1789, 201, 204.

Juges (Élection des), 33, 46.

   V. Constitution de 1793.

Juges ambulants, 97, 98.

Juges de paix, *104-106.*

— Attributions, 105.

— Élection, 43, 105.

— Éligibilité, 105-106.

— Réélection, 105.

— Instruction des affaires criminelles, 256-257.

   V. Assemblée constituante : lois pénales.

   V. Assesseurs (des juges de paix) : Bureau de paix, Instruction préparatoire, Organisation judiciaire.

Consulat et Empire.
— Suppléants, 289.
— Élection (loi du 27 ventôse an VIII), 293.
— Présentation (sénatus-consulte du 16 thermidor an IX), 293.
— Procédure, 335.
V. Substituts du commissaire du Gouvernement, près les tribunaux criminels.

Juges du tribunal de district, 44.
V. *Assemblées électorales de district.*

Juifs, 147, 148, *150.*
— Sous la Constituante, 150, *in fine*-152.
— Sous le Consulat et l'Empire, 312-313.

Jurandes, 8-9.
V. *Necker, Turgot.*
— Abolition, 132.

Juridictions administratives, 27, 115.
Juridictions civiles, *104-109.*
Juridictions d'exception, 115.
Juridictions ecclésiastiques, 95.
Juridictions répressives, 109-111.
Juridictions de jugement : Procédure (réglementation de la), par l'Assemblée constituante, 254-256.
— Code d'instruction criminelle, 336.
Jurie constitutionnaire, 270.

Jury.

Révolution.
— Angleterre, 97.
— Rejet en matière civile, 98-99.
— Admission en matière criminelle, 98.
V. Magistrature an-

glaise, Organisation judiciaire, *Tronchet.*

Consulat et Empire.
— 254, 255, 259, 338.
— Code d'instruction criminelle, 336, 337.
Jury d'accusation, 110.
— Sous le Consulat (loi du 27 ventôse an VIII), 291-292.
— Suppression (Code d'instruction criminelle), 337.
Jury de jugement, 110.
— Sous le Consulat (Loi du 27 ventôse an VIII), 291.
Jurymen, 97.
V. Magistrature anglaise.
Justice civile. — V. Juridictions civiles.
Justice pénale. — V. Juridictions répressives.
Justice retenue, 112.
V. Pourvoi en cassation.
Justice of the peace. — V. Juge de paix.
Justices seigneuriales, 27, 58, 60, 61.
— Suppression, 66, 68, 95.

K

Kérengal, 64.

L

Lamartine, 203.
Lambert (père), 302, note 1.
Lanjuinais, 177.
Lavemec, 127.
Law, 9.
Leblois, 196.
Lebret, 152, 163, note.
Lebrun, 265, 272.
Légion d'honneur :
— Sénat (sous le Consulat à vie), 277.

— Collèges électoraux (sous l'Empire), 279.

— Création, Organisation, 325-326.

Legs. — V. Convention : successions, Donations, Legs.

Letayer de Boutigny, 154.

Le Trosne, 63, 76, 78, 101.

Lettres patentes, 102.

    V. Organisation judiciaire, Roi.

Lettres de cachet, 324.

Le Vayer de Boutigny, 174.

Libéralités conditionnelles, 243.

Libéralités entre époux, 243, *in fine*.

Liberté individuelle, 215.

    V. Commission de la liberté individuelle (sous l'Empire), Prisons d'État.

Liberté de la défense. — V. Assemblée constituante : lois pénales.

Liberté de la presse, 190.

— Censure sous l'Ancien Régime, 190.

— Établissement de la liberté de la presse au retour de Necker, 190-191.

— Constitution de 1791 : 192.

    V. Commission de la liberté de la presse (sous l'Empire) ; Presse.

Liberté d'enseignement. — V. Enseignement.

Liberté de conscience, 215.

Liberté de culte, 215.

Liberté du travail et du commerce.

— Assemblée constituante, 313, *in fine*.

— Consulat, 313, *in fine*.

Liberté du commerce, du travail, de l'industrie, 132-133, 185.

Licence d'artisan (ou de commerçant), 133.

Licence en droit, 296.

— Obligation pour les juges, commissaires du gouvernement, substituts, avocats, d'avoir la —, 297.

Limitation apportée au droit de disposer par testament. — V. Legs.

Listes de confiance, *271-273*, 275.

— Nomination des juges sous le Consulat, 293, 295.

Livres et écrits non périodiques : Consulat, 314.

Livrées. — V. Suppression de la noblesse (par l'Assemblée constituante).

Locke, 37.

Loi *Chapelier*. — V. Loi des 14-17 juin 1791.

Loi *martiale*. — V. Loi du 21 octobre 1789.

Loi du *maximum*, 189.

Lois :

    8-9 octobre-3 novembre 1789 (Procédure criminelle), 250.

    21 octobre 1789 (Attroupements. Loi martiale), 201-202.

    22 décembre 1789 (Assemblées primaires), 35.

    V. Assemblée Législative.

    21 janvier 1790 (Peines. Flétrissure personnelle. Confiscation [suppression de la]), 250-251.

    7 février 1790 (Timbre [impôt du]), 123.

    2 mars 1790 (Douanes extérieures. Tarif), 124.

    11 mars 1790 (Droits sur les huiles. Marque des fers. — Suppression), 123.

    19-23 juin 1790 (Noblesse. Abolition), 183.

    16-24 août 1790 (Organisation judiciaire), 101, 102.

23 septembre-29 octobre 1790 (Armée. Grades), 138.

6 octobre 1790 (Communes-Responsabilité), 203, note.

31 octobre 1790 (Douanes. Tarif unique), 123.

23 novembre 1790 (Contribution foncière. Création. Répartition), 124, 126.

5 décembre 1790 (Enregistrement. Actes judiciaires. Titres de propriété), 123.

18-29 décembre 1790 (Rentes foncières. Rachat), 70-71.

13 janvier 1791 (Contribution. Contribution personnelle. Contribution mobilière. Perception), 128, 129.

19 février 1791 (Octrois des villes [Suppression des]), 123.

2-17 mars 1791 (Aides [Droits d']. Maîtrises et jurandes. Patentes [Suppression des]), 132.

4-20 mars 1791 (Tabacs étrangers. Droits), 123.

27 avril-25 mai 1791 (Ministère. Organisation), 40, 41.

4 mai 1791 (Milices. Suppression), 137.

10-15 mai 1791 (Haute-Cour nationale. Formation), 115.

14-17 juin 1791 (Corporations. Assemblées d'ouvriers) [Loi Chapelier], 186-187.

19-22 juillet 1791 (Police municipale et correctionnelle), 111, 253, in fine.

27 juillet 1791 (Communes-Responsabilité), 203.

16-29 septembre 1791 (Justice criminelle. Police de sûreté. Jurés), 109.

29-30 septembre 1791 (Socié-

tés populaires [Mesures relatives aux]), 207.

20-25 septembre 1792 (État civil. Mariage), 224, 227, note.

20-25 septembre 1792 (Divorce. Causes. Modes), 224, 227.

24 février 1793 (Armée. Recrutement), 140.

25 mai 1793 (Emprunt forcé), 134.

19 vendémiaire an II (Tableaux des productions en grains. Réquisitions), 188, in fine-189.

12 brumaire an II (Enfants naturels. Droits successifs), 235, 236-238, 239, 247.

4 frimaire an II (Impôts des portes et fenêtres. Création), 135.

14 frimaire an II (Gouvernement révolutionnaire), 48, in fine, 88.

16 frimaire an III (Adoption. Effets), 238, in fine-239.

17 nivôse an II (Successions. Donations), 220, 239-243, 247, 331.

12 germinal an II (Ministère. Organisation), 32.

3 ventôse an III (Cultes. Liberté. Exercice), 175-177, 178.

30 ventôse an III (Mesures préventives contre les attentats), 194.

1er germinal an III (Sédition. Attroupements. Représentation nationale), 195, 197, 203.

21 fructidor an III (Organisation administrative et municipale), 92.

3 vendémiaire an IV (Suc-

cessions et donations. Effet rétroactif. Abolition), 243.

7 vendémiaire an IV (Cultes. Police extérieure), 179-181.

10 vendémiaire an IV (Communes. Responsabilité. Police), 203.

19 vendémiaire an IV (Organisation administrative et judiciaire), 118.

30 vendémiaire an IV (Écoles. Services publics), 214, *in fine*.

3 brumaire an IV (Code des délits et des peines), *213-214*, 215.

28 germinal an IV (Délits de la presse. Répression), 196.

21 prairial an IV (Communaux. Partage. Sursis), 245.

19 fructidor an V (Mesures de salut public. Coup d'État), 197.

3 pluviôse an VI (Cartes à jouer. Timbre), 135.

19 fructidor an VI (Armée. Recrutement), *141-142*, 299.

3 vendémiaire an VII (Timbre), 135.

27 vendémiaire an VII (Octroi-Paris), 135.

1er brumaire an VII (Patentes. Organisation. Tarifs), 136.

11 brumaire an VII (Hypothèques. Régime hypothécaire), *248-249*, 335.

3 frimaire an VII (Contributions directes. Contributions foncières), 135.

11 frimaire an VII (Départements. Communes. Recettes et dépenses), 135.

22 frimaire an VII (Enregistrement), 249.

3 nivôse an VII (Contribu-

tions directes. Personnelle. Mobilière. Somptuaire), *135-136*.

19 brumaire an VIII (Directoire exécutif. Suppression. Consulat), *261-263*, 264, 268, 331, *in fine*.

5 nivôse an VIII (Conseil d'État. Organisation), 286.

28 pluviôse an VIII (Organisation administrative. Départements. Conseils de préfecture), *282-287*, 288.

17 ventôse an VIII (Armée. Remplacements), 299, note.

27 ventôse an VIII (Organisation judiciaire), *289-291*, 293, *in fine*-294.

4 germinal an VIII (Quotité disponible), 334.

4 nivôse an IX (Armes d'honneur. Exploits notables), 325, *in fine*-326.

7 pluviôse an IX (Instruction criminelle. Organisation), *291-292*, 336.

18 pluviôse an IX (Tribunaux spéciaux. — Organisation), *292*, 336.

18 germinal an X (Cultes. Organisation. Concordat), 305-306.

— Réglementation du culte protestant, 312.

11 floréal an X (Instruction publique), 320.

28 floréal an X (Armée. Recrutement), 299.

29 floréal an X (Légion d'honneur. Création), 326.

25 germinal an XI (Adoption), 239.

5 ventôse an XII (Contributions indirectes. Droits de circulation), 298.

9 ventôse an XII (Commu-

naux non partagés. Ren-
trée en possession des
communes), 245.
22 ventôse an XII (Écoles de
droit. Établissement. Organisation), 296-297.
30 ventôse an XII (Code civil.
Lois civiles. Réunion),
328, 332.
24 avril 1806 (Sel. Impôt),298.
10 mai 1806 (Université. Établissement), 323.
15 septembre 1807 (Cadastre.
Expertise), 297.
16 septembre 1807 (Cour des
comptes. Organisation),
288.
25 novembre 1808 (Boissons),
298.
20 avril 1810 (Organisation
judiciaire), 293.
23 mars 1855 (Transcription
en matière hypothécaire),
249.
10 août 1871 (Conseils généraux), 82.
25 août 1871 (Garde nationale. Abolition),138,*in fine.*
15-23 février 1872 (Conseils
généraux. Violences contre
les Assemblées), 195, note.
Lois civiles : Constituante, *218-
222.*
Législative, *222-231,* 232,
in fine-233, 244.
Convention, 231-232, *233,
in fine-248.*
Directoire, *248-249.*
Lois pénales : Constituante, *250-
257 ;* Législative, *257 ;* Convention, *257-259.*
**Lois organiques du Consulat et
de l'Empire,** *282-327.*
Loménie de Brienne, 24, *25-29.*
Louis XIV, 2, 309, 310.
Louis XV, 4, 77, 122, 160, 203, 329.

Louis XVI, 4, 5, 14, 32, 60, 87,
122, 137, 203, 212, 273, 300.
Lycées nationaux : Consulat, 320;
Empire, 322-324.

M

Mably, 3, 101, 139, 145, 153, 164,
212.
Magistrature anglaise, 97.
Maire, 283, 284.
    V. Organisation communale.
Maisons religieuses. — V. Ordres
religieux.
Maisons hospitalières de femmes.
    — V. Décret du 18 février 1809.
Maîtres d'étude : sous l'Empire,
323
Maîtres des requêtes, 114, 268,
note.
    V. Conseil d'État : Attribu-
    tions.
Maîtrises, 8, 9; Abolition, 132.
    V. *Necker, Turgot.*
Majorats : création, 326, *in fine-*
327.
Malesherbes, 190.
Malleville, 332.
Malouet, 206.
Mandat de dépôt. — V. Substi-
tuts du commissaire du Gou-
vernement près les tribunaux
criminels.
Marat, 192, 193.
Maréchaux, 40.
    V. Roi.
Mariage : Constituante, 222, 224,
in fine-226, 227.
— Code civil, 333.
Marque :
— Abolition (Assemblée consti-
tuante), 257.
— Rétablissement (Code pénal
de 1810), 337.
Maupeou, 5.

Meilleur cattel. — V. Droits de meilleur cattel.

Merlin, 66, 150, 219, 239, 241, 257, 258, 259.

Mignet, 263.

Milice américaine, 139.

Milice anglaise, 139.

Milices, 136-137.
V. Organisation militaire.

Ministère public :
— Constituante, 39, 103.
— Directoire, 119-120.
— Consulat, 291.
— Empire, 293.
V. Organisation judiciaire. Roi.

Ministres, 40, 48, 55, 266.
V. Choix des ministres. Conseil exécutif. Constitution de 1793. Constitution de l'an VIII. Directoire exécutif. Loi 27 avril-25 mai 1791. Roi. Rôle des ministres.

Ministres du culte. — V. Convention. Décret du 22 janvier 1793.

Mirabeau, 37, 78, 134, 139, 151, 201, 220, 221.

Miromesnil, 24.

Mise en actions des journaux sous l'Empire, 318.

Monastères.— V. Ordres religieux.

Moniteur (Le) : sous le Consulat, 319.

Monnaies. — V. Officiers des monnaies.

Monopole de l'enseignement. V. Enseignement : sous l'Empire.

Monopole de la fabrication des poudres, 299.

Monopole de la fabrication et de la vente des tabacs. — V. Décret du 29 décembre 1810.

Monopoles, 68.

Monopoles seigneuriaux. — V. Banalités.

Montesquieu, 34, 37, 97, 152, 216, 250.

Mort civile : rétablissement (Code pénal de 1810), 337.

Mort civile des religieux (Suppression par la Convention), 243.

Morte-main. — V. Droits de morte-main.

Municipalités (Élection des), 43.
V. Corps municipaux.

Municipalités de canton, 91-92.
V. Organisation communale : Convention.

Mutilation : Code pénal de 1810, 337.

N

Napoléon : Déchéance, 261 ; Centralisation, 282 ; Impôts indirects (rétablissement des), 297, in fine ; Appel prématuré des classes, 299 ; Nomination des évêques : conflit avec Pie VII, 309-312 ; Juifs, 312-313 ; Rôle exact dans la préparation du Code civil, 332, in fine-333 ; Jury, 336.

Nationalisation des biens ecclésiastiques, 152-158.

Necker, 8-12, 16, 24, 29, 190.

Noailles (Duc de), 64.

Noblesse : Empire, 326-327.

Nomination des agents, 39.
V. Roi.

Nomination des évêques : conflit entre Napoléon et Pie VII, 309-312.

Notables de la commune, 79.
V. Conseil général de la commune, Organisation communale.

Nuit du 4 août, 63, 64, 75, 121, in fine-122.

« Nulle terre sans seigneur », 69, 72.

« Nulla pœna sine lege », 252.

O

Obligations du Corps enseignant sous l'Empire. — V. Loi du 10 mai 1806, Décret du 30 mars 1808.

Octrois : suppression par l'Assemblée constituante, 123.

Octrois des villes, 135.

Officiers de cavalerie. — V. Armée.

Officiers d'infanterie. — V. Armée.

Officiers des monnaies, 39. V. Roi.

Oppositions à mariage, 225. V. Assemblée Législative : mariage.

Orateurs du Tribunat. — V. Tribunat : rôle et attributions.

Orateurs du Conseil d'État. — V. Conseil d'État : attributions.

Ordonnance de 1667 (procédure civile), 329, 335.

Ordonnance de 1670 (procédure criminelle), 329.

Ordonnance de 1673 (commerce des marchands), 329, 335.

Ordonnance de 1681 (marine), 329, 335.

Ordonnance de Louis XV (donations, testaments, substitutions), 329.

Ordre public, 85. V. Organisation départementale.

Ordre des avocats. — V. Loi du 22 ventôse an XII.

Ordres privilégiés, 65.

Ordres religieux.

— Nationalisation de leurs biens, 153.

— Ancien droit, 159.

— Constituante : suppression, 161.

— Consulat et Empire, 306, in fine-309.

Orfèvrerie. — V. Professions réglementées.

Organisation administrative.

— Constituante, 75-88.

— Convention et Directoire, 88-94.

— Consulat et Empire, 282-289.

Organisation communale :

— Constituante, 76, 77-81.

— Convention, 91-92.

Organisation judiciaire, Constituante, 95-117.

— Convention et Directoire, 117-120.

— Consulat, 289-295.

— Empire, 293, 295-296.

Organisation militaire.

— Ancien régime, 136-137.

— Assemblée constituante, 137-139.

— Assemblée législative, 139, in fine-140.

— Convention et Directoire, 140-142.

Organisation départementale, 76, 81-91.

Organisation des districts, 76.

Ormesson (D'), 12.

Otrante (Duc d'), 317.

Oudot, 231.

P

Panormitanus, 155.

Parentèles (Système des), 241.

Parlement de Paris, 8, 18, 25, 26, 28, 63, 95. V. Abolition du régime féodal, Calonne, Loménie de Brienne, Organisation judiciaire, Parlements : mesures destinées à leur affaiblissement, Turgot.

Parlements, 10, 11, 12, 24, 95, 212, 290.

— Lutte sous Louis XV et Louis XVI, 4.

— Restauration sous Louis XVI, 5; — Mesures destinées à leur affaiblissement, 27-28.

— Opposition à Turgot, 8.

V. Actes du 8 mai 1788, Capitation, *Compte-rendu au Roi* (de Necker), Instruction publique, *Necker*, Organisation judiciaire, Taille.

Paroisses, 92.

V. Organisation administrative.

Paroisses des campagnes, 77, 78, 136.

V. Armée, Organisation administrative.

Parricide. — V. Mutilation : Code pénal de 1810.

Partage des affouages. — V. Conseil municipal.

Patentes. — V. Impôt des patentes.

Patronage (Droit de) (suppression), 169.

V. Constitution civile du clergé.

Pays d'élection, 10, 11, 16.

V. *Calonne, Necker*.

Pays d'élection, 85.

Pays d'États, 85.

Pays rédimés, 18.

V. Gabelle.

Péages. — V. Droits fiscaux, Droits de péage.

Péages seigneuriaux, 17.

Peine de mort :

— maintien (Code pénal du 25 septembre 1791), 252.

— maintien par la Convention, 258-259.

Peines criminelles : Convention, 258.

Peines perpétuelles : Code pénal de 1810, 337, *in fine*.

Peines fixes, 253.

V. Code pénal du 25 septembre 1791.

Peines mobiles : Code pénal de 1810, 337, *in fine*-338.

Peines exclusivement temporaires, 253.

V. Code pénal du 25 septembre 1791.

« *Peines sont arbitraires au royaume de France* ». — Sens de la maxime, 251, *in fine*-252.

V. Caractère arbitraire des peines sous l'Ancien Régime.

Pensions (religieuses), 161.

V. Décret des 13-19 février 1790.

Pensions ecclésiastiques, 173.

Pensions de retraite. — V. Décret des 21-26 février 1793.

Pensions, pensionnats : sous l'Empire, 322.

V. Université de France : organisation.

Permanence. — V. Corps législatif.

Perquisitions, 122.

Petites écoles. — V. Écoles primaires.

Pétitions, 80.

V. Droit de pétition.

Pharmacie. — V. Professions réglementées.

Philosophie du xviii° siècle, 144.

Physiocrates (Les), 6-7, 16, 17, 20, 122-123.

Pie VII, 303.

Pierre Dubois, 157.

Police constitutionnelle, 36, 38, 39. — V. Corps administratifs élus, Corps législatif.

Portalis, 306, 307, note, 332.

Portes et fenêtres. — V. Impôt sur les portes et fenêtres.

Portion congrue. — V. Nationa-

lisation des biens ecclésiastiques.

Possession d'état (d'enfant naturel). — V. Enfants naturels :
filiation légale.

Pothier, 329.

Poudres. — V. Fabrication des
poudres.

Pourvoi en cassation (mat. civ.),
112, *113-114, 335* (mat. crim.),
257. — V. Tribunal de cassation.

Pouvoir directorial, 262.
    V. Consuls.

Pouvoir exécutif. — V. Conseil
exécutif, Directoire, Consulat,
Empire, Roi.

Pouvoir judiciaire (Nature du),
100.

Pouvoir législatif. V. Corps législatif.

*Pragmatique sanction de Char-
les VII*, 164, 166.

Préciputs, 219.

Préfets, *283*; Nomination, 284;
Pouvoirs, 285.

Préfets de police, 284.
    V. Loi du 28 pluviôse an
    VIII.

Premier Consul :
— Pouvoirs, 264, *in fine*-266.
— Promulgation des décrets, 270.
— Présentation des membres au
Sénat, 272.
— Pouvoirs sous le Consulat à
vie, *273-274*, 275, *in fine*-277.

Nomination des préfets et sous-
préfets, 283, *in fine*-284; des
conseillers de préfecture, des
secrétaires généraux de préfecture, 284; des conseillers généraux, 284; d'arrondissement,
284; des commissaires de police, 284; des maires, 284.
— Conseils généraux, conseils
d'arrondissement (nomination

aux), d'après le sénatus-consulte du 16 thermidor an X,
288-289.
— Choix des présidents des tribunaux criminels, 290, *in fine*-
291.
— Nomination-révocation des substituts du Gouvernement près
les tribunaux criminels, 291.
— Nomination des juges, 293.
— Présentation au Sénat des candidats aux sièges de juges au tribunal de cassation, 294.
— Nomination des officiers, 300.
— Concordat, 303-305, 310.

Préposés en chef aux contributions indirectes, 39.
    V. Roi.

Préposés en chef aux douanes,
39.
    V. Roi.

Président du directoire de département, 87, 88-89.

Président du tribunal criminel
de département, 44.
    V. Assemblées électorales de
    département.

Président du tribunal criminel :
    choix, 290, *in fine*-291.
    V. Premier Consul : choix
    des présidents des tribu-
    naux criminels.

Présidiaux, 197, 290.
    V. Parlements : mesures
    destinées à leur affaiblisse-
    ment.

Presse : sous le Consulat et
l'Empire. Suppression de la liberté de la presse, 314-319.
    V. Liberté de la presse.

Prestations foncières : maintien,
73.

Prêtres insermentés, 146, *168*,
171.
    V. Constitution civile du
    clergé.

Prêt à intérêt, 218.

Preuves légales (Abolition des), par l'Assemblée constituante, 255.

Preuves morales (Etablissement des), par l'Assemblée constituante, 255, 336.

Prisons d'État sous l'Empire, 324-325.

Privilège tacite des journaux sous le Consulat et l'Empire, 316, 317.

Privilège des corps, 65.

Privilèges des provinces, 65.

Procédure criminelle :
1º Ancien régime, 249.
2º Assemblée Constituante : a) devant la juridiction de jugement, 254-256 ; b) devant la juridiction d'instruction, 256-257.
3º Convention, 258-259.
4º Code d'instruction criminelle, 335, in fine-336.

Procédure d'instruction : règlementation par l'Assemblée constituante, 256-257.

Procédure devant la juridiction de jugement. — V. Juridiction de jugement : Procédure (réglementation de la), par l'Asblée constituante.

Procédure devant les tribunaux de police correctionnelle et municipale : Assemblée constituante, 257.

Proclamation royale, 281, note.

Procurateurs de la Nation (Grands), 115.
V. Haute-Cour nationale.

Procureur de la Commune. — V. Organisation communale.

Procureurs syndics (des États provinciaux), 87.

Procureurs généraux syndics, 87.

— Rétablissement, 90.

— Suppression par la Convention, 88.
V. Administration des départements.

Professeurs de droit canonique de la Faculté de droit, 210, note.

Professeurs de la faculté de théologie, 210, note.

Professeurs de théologie sous l'Empire, 321.

Professeurs des lycées, mariés, non mariés sous l'Empire, 324.

Professio religiosa, 160.

Professions réglementées, 185.

Profits seigneuriaux, 59.

Profits de justice. — V. Droits fiscaux.

Prohibitions en matière de mariage, 225.
V. Assemblée législative : mariage ; Mariage.

Projet (de Merlin), du 21 novembre 1790 (sur les successions ab intestat), 219.

— du 11 mars 1791 (sur les successions ab intestat), 220. .

Promulgation des lois, 37, 54.
V. Veto.

Proposition des lois, 36, 52, 54.
V. Consuls, Corps législatif, Directoire exécutif.

Propriété foncière : Code civil, 335.

Propriétés immobilières. — V. Biens immobiliers.

Propriété littéraire et artistique, 189-190.

Protestants : Restitution de l'état civil, de la capacité civile, de la liberté de conscience, 28, 223.

— Constituante, Empire, 147, 150.

Proudhon, 297.

Provisions instituant les juges.

— V. Sénatus-consulte du 12 octobre 1807.

Publications de mariage, 225.
V. Assemblée législative : mariage ; Mariage.

Publicité des séances. V. Corps législatif (Constitution de 1793).

Puissance paternelle (Assemblée législative), 233.

Q

Question préalable (abolition), 10, 27.

Question préparatoire (abolition), 10.

Questiones perpetuae, 253.

R

Rachat des droits féodaux, 62, 64.
V. Abolition du régime féodal.

Rachat des droits seigneuriaux, 68.

Ramel-Nogonet, 127.

Ratification du Concordat (23 fructidor an IX), 303.

Ratification des constitutions, 45.
V. Convention.

Ratification des traités, 39.

Réaffectation provisoire des anciennes églises non aliénées.
— V. Décret du 11 prairial an III ; Remise des églises aux évêques.

Real property (Transmission héréditaire de la), 241.

Réclusion, 258.
V. Projet de Merlin du 21 novembre 1790.

Rédacteurs responsables (des journaux) sous le Consulat et l'Empire, 317.

Redevances : Maintien (sauf rachat), par l'Assemblée constituante, 67.

Redevances seigneuriales : suppression (par l'Assemblée constituante), 72.

Redevances seigneuriales annuelles (Rachat des), 68.
V. Rachat des droits seigneuriaux.

Referendum, 45.
V. Constitution de 1793.

Régime féodal. — V. Abolition du régime féodal.

Registre civique, 51.
V. Corps législatif : élection.

Registres de l'état civil : Code civil, 333.
V. État civil.

Règlement du 5 nivôse an VIII (Conseil d'État, Organisation), 266, note.

Règlement (des Assemblées), 53.
V. Conseil des Anciens, Conseil des Cinq-Cents.

Regnault (de Saint-Jean d'Angély), 127.

Remariage des époux divorcés, 230.
V. Assemblée législative : divorce.

Remise des églises aux évêques, 305.
V. Concordat (du 26 messidor an IX).

Remise des biens des anciennes fabriques aux nouvelles, 305.
V. Concordat (du 26 messidor an IX).

Remplacement (militaire), 140, 141, 142.
V. Convention : armée ; Loi

du 24 février 1793; Orga-
nisation militaire : Con-
vention.

Remplacement des conscrits :
Loi du 17 ventôse an VIII, 299,
note ; Loi du 28 floréal an X,
299.

Rentes féodales, 59.

Rentes foncières : maintien, 73.

— Rachat, 70.

— (dues aux gens de mainmorte),
22.

V. Imposition territoriale.

Rentes dues par l'État. — V.
Impôt sur les rentes dues par
l'État.

Représentants en mission, 90.

V. Procureurs généraux
syndics.

Représentation (dans les successions ab intestat), 219, 221,
240, in fine.

V. Projet (de Merlin) du 21
novembre 1790.

Réserve. — V. Successions ab
intestat : Code civil.

Résolution du 9 fructidor an VI,
(Prorogation des dispositions
de l'art. 35 de la loi du 19 fructidor an V), 198.

V. Abrogation de l'art. 35
de la loi du 19 fructidor
an V (Mesures de salut
public); Loi du 19 fructidor an V.

Responsabilité pénale des ministres, 41, 55.

V. Ministres.

Retenue censuelle : suppression,
70.

Retrait féodal : suppression, 70.

Réunion (Droit de). — V. Droit
de réunion.

Revenu (Impôt sur le). — V. Impôt global sur le revenu : rejet
par l'Assemblée constituante.

Révocation des agents, 39.

V. Roi.

Révocation des ministres, 41,
55.

V. Choix des ministres, Directoire exécutif, Minis-
tres, Roi.

Révolution : Ses causes, 1.

Rewbele, 66.

Riot Act, 201.

V. Loi martiale.

Robespierre, 46, 98, 112, 172,
173, 201, 207.

Roederer, 127.

Roger-Ducos, 262, 272.

Roi :

Caractères, 33-34.

Initiative des lois, 36, in fine-
37.

Veto, 37-38.

Relations extérieures, 39.

Administration intérieure,
39-41, 42, 84, 101, 103.

Centième denier, 60.

Renonciation aux droits féodaux, 63.

V. Abdication légale. Abolition du régime féodal.
Ambassadeurs (nomination
des). Choix des ministres.
Agents diplomatiques (no-
mination des). Déchéance
du roi. Guerre (déclaration
de). Initiative des lois.

Rôle des ministres, 40, 55.

V. Ministres.

Rousseau, 139, 144, 164, 172, 173.

Rovigo (Duc de), 316.

S

Saint-Simon, 2, 3.

Saint-Pierre (Abbé de), 212.

Saisie censuelle : suppression,
70.

Saisie féodale : suppression, 70.

Sallier, 14.

Salmon, 66.

Sanction des lois. — V. *Veto*.

Savary, 315, 317.

Savoir professionnel. — V. Décret du 14 octobre 1792. Élection des juges.

Scission des Feuillants et Jacobins, 206.

Scrutin, 43.
  V. Citoyens actifs. Constitution de 1791. Corps législatif : élection.

Secrétaires généraux de préfecture, 284.
  V. Loi du 28 pluviôse an VIII.

Sel. — V. Impôt sur la fabrication du sel.

Séminaires, 166, 304, *in fine*.
  V. Concordat (du 2o messidor an IX). Constitution civile du clergé.

Sénat conservateur.
  I. Consulat :
    Composition, 267.
    Prédominance, 268.
    Rôle et attributions, 270, 272.
  II. Consulat à vie :
    Composition, 277.
    Attributions, 273, *in fine*-274, 276.
  III. Empire :
    Composition, 277-278.
    Attributions, 278.

Sénat impérial : Déchéance de Napoléon Ier, 260.

Sénatus-consulte du 16 thermidor an X (Constitution-Consulat), 273.

— Sénat, 277.

— Organisation administrative, *288*.

— Juges du tribunal de cassation; Juges de paix, 294.

Sénatus-consulte du 28 frimaire an XII (Corps législatif. Comité secret. Communications. Adresses), *276-281*.

Sénatus-consulte du 28 floréal an XII (Constitution-Empire), *276-281*.

— Sénat, 277, *in fine*-278.

— Haute-Cour de justice, 278.

— Corps législatif, 279, 281.

— Tribunat, 279, *in fine*-280.

— Organisation judiciaire, 295.

Sénatus-consulte du 14 août 1806 (Substitution. Dotation. Titre héréditaire), 327.

Sénatus-consulte du 19 août 1807 (Tribunat. Suppression), 280.

Sénatus-consulte du 12 octobre 1807 (Organisation judiciaire. Provisions à vie), 296.

Sentences capitales, 27.
  V. Grâce (droit de).

Séparation de corps : Code civil, 333, *in fine*-334.

Séparation des pouvoirs, 33, 34, 40, 50, 54.
  V. Directoire exécutif.

Séparation des Églises et de l'État, 145, 146, 224.

— Convention, *175-181*.

Serment civique, 151.

Serment des évêques et des curés. — V. Constitution civile du clergé.

Serres (De), 330.

Servage :
  Abolition sur les domaines de la Couronne, 10, 58.
  Abolition, 67.
  V. Abolition du servage en France. Domaines de la Couronne.

Serviteurs à gages, 43, 50, *in fine*, 271.
  V. *Citoyens actifs*. Constitu-

tion de 1791 ; Constitution
de l'an III.
Servitudes : Code civil, 335.
Sieyès, 42, 96, 98, 153, 172, 175,
191, 262, 263, 266, 268, 269,
270, 271, 272.
V. *Citoyens actifs, citoyens
passifs.*
*Société des amis de la Consti-
tution*, 204.
V. Club breton.
Sociétés populaires. — V. Clubs.
Solidarité en matière de paiement de la taille, 126.
V. Contribution foncière :
perception.
Sous-préfets : Consulat, 283, 284.
V. Loi du 28 pluv. an VIII.
Souveraineté nationale, 33, 42,
50, 270, *in fine.*
Substituts des commissaires du
Gouvernement près les tribu-
naux criminels : création par
la loi du 7 pluviôse an IX, no-
mination, révocation. pouvoirs,
291.
Substitutions : Ancien droit, 218,
in fine; Constituante, 220,
221; Assemblée législative,
233; Convention, 234; Code
civil, 334, *in fine*-335.
Subvention territoriale. — V.
Imposition territoriale.
Successions ab intestat, 219-221,
239-241, *334.*
V. Convention : successions,
donations, legs. Projet (de
Merlin) du 21 nov. 1790.
Projet (de Merlin) du 11
mars 1791.
Sucre. — V. Impôt sur le sucre.
Suffrage universel, 46, 271.
V. Constitution de 1793,
Corps législatif.
Suppléants des juges de paix :
Consulat, 289; Empire, 294.

Suppléants (Juges) des tribunaux
civils de première instance,
290.
Suppression de la noblesse : Assemblée constituante, 183.
Suppression des titres de noblesse : Assemblée constituante, 183.
Suppression des journaux : Directoire, 198.
Suppression des journaux parisiens, 192, *in fine*-193, 193.
Suppression des titres et établissements ecclésiastiques, 168,
in fine-169.
V. Constitution civile du
clergé.
Sûreté. — V. Liberté individuelle.
Suspension des corps administratifs élus, 39.
V. Roi : administration intérieure.
Suspension des fonctionnaires,
84.
V. Corps législatif : suspension des fonctionnaires;
Roi; administration inté-
rieure.
Suspension des administrateurs
de département ou de canton,
93-94.
Syndics. — V. Procureurs syndics (des États provinciaux).
Système Torrens. — V. Déclarations foncières.
Système des listes de confiance.
— V. Listes de confiance.

T

Tabacs : Monopole de la fabrication et de la vente, règlement
de la culture, 298.
Tabacs étrangers : établissement
de droits par l'Assemblée constituante, 123.

Tahoureau, 9.

Taille, 10, 58.

    V. *Necker*.

— Abolition (Assemblée constituante), 124.

Taille personnelle, 2, 18, 122.

    V. *Calonne*.

Taille réelle, 20.

Taille à volonté (Suppression de la), 68.

Tailles : maintien, sauf rachat (Assemblée constituante), 67, *in fine*.

Taxe d'habitation, *131-132*.

— Suppression (Directoire), 136.

Taxe sur es domestiques; chevaux, mulets de luxe, 131, 132, 135, *in fine*-136.

Taxes indirectes locales, 135.

Tenue des registres (de l'état des personnes). — V. Décret du 22 janvier 1793, État civil, Ministres du culte.

Tenures féodales, 59, 61, 69.

Tenures foncières : rachat, 70.

Tenures roturières, 67.

Tenures serviies, 67.

Tenures simplement foncières, 59.

Thouret, 98, 108, 116, 154.

Timbre. — V. Impôt sur le timbre.

Tirage au sort. — V. Milices.

Tirage au sort des places des membres des conseils des Anciens et des Cinq-Cents, 53.

Titres féodaux : destruction, 73.

Titres généalogiques (Destruction des). — V. Assemblée législative.

Titres nobiliaires (Suppression des) (Assemblée constituante), 183-184.

— (Création de) (Empire), 326.

Titres nobiliaires étrangers (Respect des) (Assemblée constituante), 184.

Traité d'Amiens (du 16 germinal an X), 313.

    V. Esclavage des nègres.

Traitement des militaires. — V. Décret des 21-26 février 1793.

Traitements des évêques et curés : Concordat, 305.

Traites, 17.

    V. *Calonne*.

— Suppression (Assemblée constituante), 123.

Traités, 39.

    V. Roi, Relations extérieures.

Traités d'alliance. — V. Consuls : pouvoirs, Consulat à vie, 273.

Traités de commerce. — V. Consuls : pouvoirs.

Traités de paix. — V. Consuls : pouvoirs, Consulat à vie, 273.

Transfert des biens immobiliers : Code civil, 335.

Transmission de la propriété foncière, 248.

    V. Convention : propriété foncière (transmission de la).

Travaux forcés. — V. *Fers* (Peine des).

Tréveneuc. — V. Loi des 15-23 février 1872.

Tribunal révolutionnaire, 118.

Tribunal de cassation.

    I. Constituante, 107, 112, 115; Élection des juges, 114; Éligibilité —, 114-115; Pourvoi, Caractères, 113, Formes, 114.

    II. Directoire, 119.

— Consulat, 297; Élection des juges par le Sénat (loi du 27 ventôse an IX), 294; par le Sénat sur présentation du Premier Consul (sénatus-consulte du 16 thermidor an X), 294.

— Empire, 293.

Tribunat.

    I. Consulat : Composition, 267, 272-273; Rôle et attributions, 268, in fine-269-270.

    II. Consulat à vie : Composition, 274; Rôle, 274.

    III. Empire : Composition, 279; Suppression, 280.

Tribunaux correctionnels : Convention, 119. — Consulat.

    V. Tribunaux civils de première instance.

Tribunaux criminels : Constituante, 110; — Consulat, 290; — Code d'instruction criminelle (suppression), 337.

    V. Juridictions répressives, Organisation judiciaire.

Tribunaux criminels d'exception. — Création : (Loi du 18 pluviôse an IX), Organisation, Compétence, 292.

Tribunaux d'exception : Suppression (Constituante), 111.

Tribunaux de commerce : Maintien (Constituante), 111.

Tribunaux d'appel : Création (Loi du 27 ventôse an VIII), 290; Organisation, 290.

    — (sous l'Empire), 293.

Tribunaux civils de département : Création (Constituante), 118-119; Suppression (Consulat), 289.

Tribunaux civils de première instance : Création (Loi du 27 ventôse an VIII), 289; Organisation, 290.

    — (sous l'Empire), 293.

Tribunaux de district : Création, 106-107, 133; Suppression, 118.

    V. Impôt des patentes, Juges de paix, Organisation judiciaire.

Tribunaux de police correctionnelle : Constituante, 111.

Tribunaux des prévôts des marchands, 292.

Tribunes, 53.

    V. Conseil des Anciens, Conseil des Cinq-Cents.

Tronchet, 66, 98-99, 332.

Turgot, 4, 6, 8-9, 126, 137, 186.

    V. *Physiocrates* (*Les*).

U

Unigenitus (Bulle), 306.

Université de France (L') : création, organisation, 320, 322.

Université de jurisprudence (L'), 296.

Universités, 210, 211.

    V. Enseignement.

V

Validité des décrets non-indissolublement liés à l'Empire, 281.

Vauban, 20.

Vénalité des charges, 95, 100.

Vendémiairistes (acquittement des), 196.

Veto, 37, 38, 54.

    V. Directoire exécutif: veto; Roi.

Vicaires, 166, 226.

    V. Constitution civile du clergé. Décret du 22 janvier 1793.

Vie en commun des proviseurs, censeurs — principaux et régents (des collèges) — maîtres d'étude.

    V. Célibat des proviseurs, censeurs — principaux et régents (des collèges) — maîtres d'étude, sous l'Empire.

Vingtièmes : abolition (Assemblée Constituante), 2, 10, 20, 21, 26. 122, 124.

　　V. *Calonne, Necker*, Parlement de Paris.

Visites domiciliaires, 122.

　　V. Impôts.

Vœux simples, 171.

　　V. Congrégations religieuses (suppression des) par l'Assemblée législative.

Vœux solennels. — V. *Vœux simples.*

Vœux des religieuses des maisons hospitalières (Décret du 18 février 1809).

Voies d'exécution, 59.

　　V. Tenures féodales.

Voltaire, 105, 250.

Vote des impôts, 36.

　　V. Corps législatif.

Vote des lois, 36.

　　V. Corps législatif.

Vote des dépenses publiques, 36.

　　V. Corps législatif.

Vote annuel du contingent militaire. 36.

　　V. Corps législatif.

Vuatrin, 283.

ERRATA

Page 35, ligne 19 :

Au lieu de : art. 33, *lire :* art. 32.

Page 111, ligne 8 :

Au lieu de : « La loi des 16-22 juillet 1791 », *lire :* « La loi des 19-22 juillet 1791 »..

Page 149, ligne 8 :

Au lieu de : « La Constitution de 1790 », *lire :* « La Constitution de 1791 ».

BAR-LE-DUC. — IMPRIMERIE CONTANT-LAGUERRE.

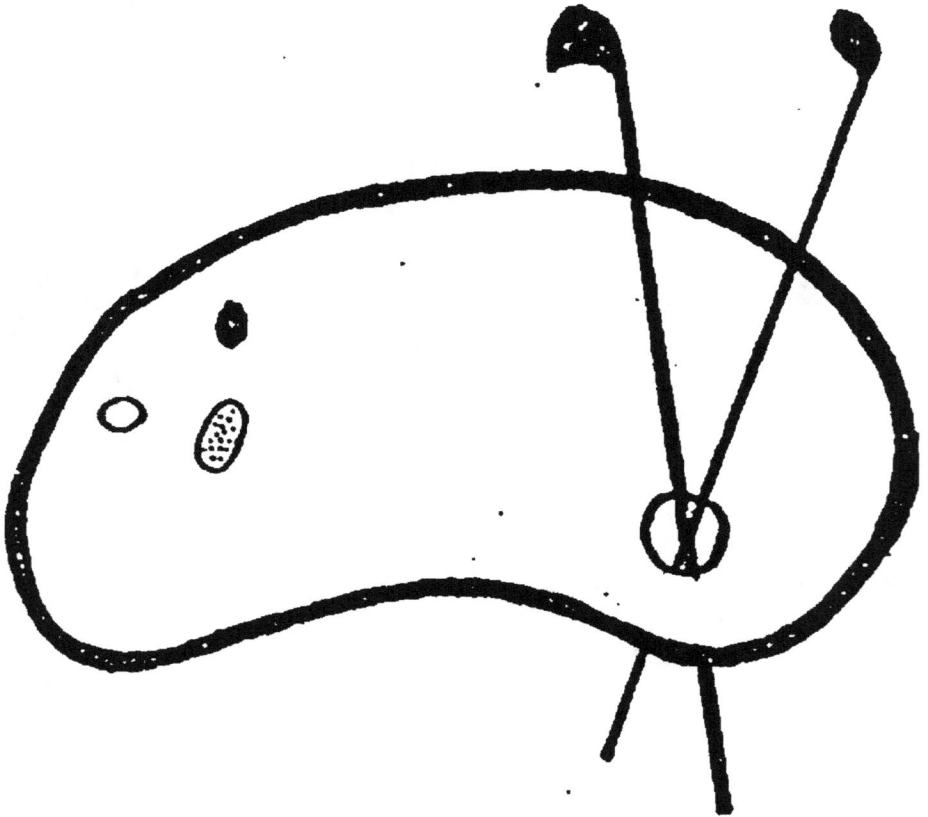

ORIGINAL EN COULEUR
NF Z 43-120-8

www.ingramcontent.com/pod-product-compliance
Lightning Source LLC
Chambersburg PA
CBHW061106220326
41599CB00024B/3928